汽车工业管理科学与工程丛书

汽车零部件企业
管理制度和表格大全

王海军　编著

机械工业出版社

本书结合我国汽车零部件制造企业管理实践，精选了常用、实用、通用的基本管理制度，旨在帮助汽车零部件企业完善管理制度、提高管理水平。全书以职能类别划分为10章，便于读者查找。这些制度包括综合管理制度、技术部门管理制度、质量部门管理制度、生产部门管理制度、采购部门管理制度、市场销售部门管理制度、设备部门管理制度、财务部门管理制度、仓储相关管理制度，以及环境、安全相关管理制度。本书的编写方式以列举管理制度示例为主，从实用角度帮助读者完善组织的管理制度，读者可根据企业自身的实际情况参考使用。

本书适合汽车零部件企业各级管理人员及其他相关制造企业管理人员参考，也可供企业员工、管理类专业院校师生参考。

图书在版编目（CIP）数据

汽车零部件企业管理制度和表格大全 / 王海军编著. —北京：机械工业出版社，2022.7

（汽车工业管理科学与工程丛书）

ISBN 978-7-111-71232-9

Ⅰ.①汽… Ⅱ.①王… Ⅲ.①汽车-零部件-汽车企业-工业企业管理-中国 Ⅳ.① F426.471

中国版本图书馆 CIP 数据核字（2022）第 130702 号

机械工业出版社（北京市百万庄大街22号 邮政编码100037）
策划编辑：母云红　　　　　　　　　责任编辑：母云红　王　婕
责任校对：梁　静　李　婷　　　　　责任印制：刘　媛
北京盛通商印快线网络科技有限公司印刷
2022年9月第1版　第1次印刷
180mm×250mm·18.25印张·382千字
标准书号：ISBN 978-7-111-71232-9
定价：149.00元

电话服务　　　　　　　　　　　网络服务
客服电话：010-88361066　　　　机　工　官　网：www.cmpbook.com
　　　　　010-88379833　　　　机　工　官　博：weibo.com/cmp1952
　　　　　010-68326294　　　　金　书　网：www.golden-book.com
封底无防伪标均为盗版　　　　　机工教育服务网：www.cmpedu.com

前　言

没有规矩不成方圆，在企业管理中，合理适宜的规章制度是企业高效运行的基本保障。制度是一种规范，它是给人制定的，是人进行工作活动的依据。管理制度是为实现既定目标而制定的管人理事的规范。管理制度一旦形成，便具有很强的权威性，人们应当在一定范围、一定时间内遵守。

企业管理制度是组织为了规范自身管理、维护工作秩序、提高工作效率、获得更高利润、占据更大市场等目标而制定的管理公司的规定和准则。企业管理制度是企业在生产经营过程中约束员工活动和规范运行标准的一系列相互关联的程序和规则。

汽车零部件企业通过 IATF 16949 质量管理体系认证，标志着它正式拥有了进入汽车供应链的资格。所有汽车零部件企业一般都需要通过 IATF 16949 质量管理体系认证，并且依据《质量手册》和《程序文件》等质量体系文件进行管理。但事实上，多数企业特别是新成立的企业往往会通过各种途径将其他企业的管理体系文件拿来稍加改动，从而作为自己的管理准则和运行依据。从某种意义上说，企业初创时期的"拿来主义"的确能快速提升企业的管理水平，但随着企业的成长，这些文件是不是适用于企业自身，就必须经过详细的评估与验证，进行适宜性的修订。《质量手册》和《程序文件》是企业管理的总方针、总目标和总要求，而企业正常运行、各项工作的具体实施还需要很多其他的管理制度和实施细则来支撑。

由于 IATF 16949 质量管理体系对汽车零部件企业的重要性，《质量手册》和《程序文件》两个层级的管理文件在企业中是必备的。而在实际情况中，鉴于一些汽车零部件企业尤其是新成立的中小企业对基本管理制度策划与实施的效果不佳，或支持过程运行的三级文件不足，本书基于汽车零部件制造企业常用、实用的基本管理制度、实施细则、指导文件等，结合中小汽车零部件制造企业的实践进行编写，旨在帮助企业完善管理制度、提高组织的管理水平。

本书的编写方式以列举管理制度示例为主，从实用角度帮助读者完善组织的管理制度。尽管罗列了这些管理制度的示例，但不建议照搬照用。各企业有各自的特点，其在经营范围、组织形式、所处地域、企业文化等方面存在较大差异，读者要尽可能根据企业自身的特点选择参考，并适时、适当进行更新与补充。另外，需要强调的是，这些制度是人定的，也是定给人的，在知识经济时代人员流动成为常态的情况下，企业都在拼人才，行业也以企业的人力资源状况来评价企业的实力。因此，企业应建立良好的企业文化以及完善的激励措施来吸引人才、留住人才。应以正向激励的思想来制定管理制度，且对知识型员工进行差异对待，在不违反大的规章制度的前提下，制定个性化的管理与激励制度。

本书内容以职能类别划分章节，便于读者速查。然而，企业管理涉及面甚广，包含诸如技术管理、财务管理、人力资源管理、环保管理等专业性较强的领域，本书只能挂一漏万，精选了汽车零部件企业常用、通用、实用的管理制度。

本书可供汽车零部件企业的各级管理人员及其他相关制造企业的管理人员制订企业管理制度时参考，也可供企业员工、管理类师生参考。

本书在编写过程中，参考了大量的文献资料，引用了一些企业的管理制度，参考文献中未能全部列出，在此向各位作者和相关企业表示感谢！

企业实际情况千差万别，书中汇集的管理制度并不一定适用于所有的汽车零部件制造企业，如若给某些企业带来不便，还请谅解。由于水平有限，书中错漏和不当之处在所难免，恳请读者批评指正。

资源说明

本书部分制度已制作成可编辑文件（目录见下），使用 Office/WPS 均可打开，读者可根据企业实际情况改编使用。扫描下方二维码付费即可使用。

课程空间码

请使用安卓（Android）系统手机或平板电脑登录
"天工讲堂"微信小程序扫描下方二维码付费使用

目 录

1. 员工入股管理办法
2. 知识管理制度
3. 例会管理制度
4. 继续教育管理办法
5. 门禁出入管理制度
6. 出差管理制度
7. 绩效管理制度
8. 提案管理制度
9. 应急计划管理规定
10. 技术规划
11. 技术人员定级管理规定
12. 技术人员劳动合同
13. 技术文件管理规定
14. 技术文件编码规则
15. 项目量产移交管理规定
16. 控制计划编制作业指导书
17. FMEA 实施规范
18. 检验员授权上岗制度
19. 审核员管理制度
20. GP12 管理制度
21. 实验室管理制度
22. 实验室安全管理制度
23. 电子拉力试验机操作规程
24. 内外部质量反馈处理规定
25. 质量例会制度
26. 自制量检具校验规程
27. 产品标识和可追溯性管理制度
28. NFT 管理规定
29. 测量系统分析管理规定
30. 生产准备管理制度
31. 班前会制度
32. 生产交接班管理规定
33. 返工、返修作业指导书
34. 随工卡使用管理规定
35. 生产异常处理流程
36. 快速反应会议制度
37. 工艺纪律检查办法
38. 尾数品管理规定
39. 供应商评价细则
40. 供方生产件批准管理制度
41. 采购价格管理规定
42. 原材料入库流程
43. 廉洁采购管理制度
44. 委外加工管理办法
45. 产品开发协议
46. 服务管理制度
47. 顾客满意度评价细则
48. 顾客门户网站操作权限管理规定
49. 顾客和外部供方财产管理制度
50. 顾客订单管理规定
51. 发货用车管理制度
52. 裁断机操作规程
53. 设备保养管理规定
54. 设备维修管理规定
55. 特种设备管理制度
56. 工装模具管理制度
57. 工装模具保养规范
58. 易损备件管理规定
59. 工位器具管理制度
60. 公司付款流程
61. 产品报价管理制度
62. 质量成本分析制度
63. 费用报销管理制度
64. 仓库管理制度
65. 成品出入库管理规定
66. 原材料贮存管理规定
67. 先入先出管理规定
68. 仓库盘点管理制度
69. 样品出入库管理制度
70. 消防器材管理制度
71. 产品安全控制规范
72. 安全生产管理制度
73. 安全生产责任制度
74. 危险废物污染防治责任制度
75. 危险废物出入库管理规定

目 录

前 言

第 1 章 综合管理制度

1.1 岗位说明书 / 001
1.2 股权激励制度 / 003
1.3 知识管理制度 / 005
1.4 例会管理制度 / 008
1.5 继续教育管理办法 / 010
1.6 门禁出入管理制度 / 012
1.7 出差管理制度 / 013
1.8 3定5S管理规定 / 016
1.9 绩效管理制度 / 021
1.10 提案管理制度 / 041
1.11 应急管理制度 / 043

第 2 章 技术部门管理制度

2.1 技术规划 / 050
2.2 技术人员定级标准 / 052
2.3 技术人员劳动合同 / 059
2.4 技术文件管理规定 / 063
2.5 技术文件编码规则 / 070
2.6 项目量产移交管理规定 / 073
2.7 控制计划编制作业指导书 / 077
2.8 潜在失效模式及后果分析实施规范 / 084

第 3 章 质量部门管理制度

3.1 检验员授权上岗制度 / 097
3.2 审核员管理规定 / 099
3.3 GP12 管理制度 / 103
3.4 实验室管理制度 / 107
3.5 试验操作规程 / 109
3.6 试验设备操作规程 / 111
3.7 内外部质量反馈处理规定 / 113

3.8　质量例会制度 / 117
3.9　自制量检具、治具校验规程 / 119
3.10　产品标识和可追溯性管理制度 / 121
3.11　NFT 管理规定 / 124
3.12　测量系统分析管理规定 / 126

第 4 章　生产部门管理制度

4.1　生产准备管理制度 / 138
4.2　班前会制度 / 141
4.3　生产交接班管理规定 / 143
4.4　返工、返修作业指导书 / 146
4.5　随工卡使用管理规定 / 148
4.6　生产异常处理流程 / 150
4.7　快速反应会议制度 / 152
4.8　工艺纪律检查办法 / 155
4.9　尾数品管理规定 / 159

第 5 章　采购部门管理制度

5.1　供应商评价细则 / 162
5.2　供方生产件批准制度 / 169
5.3　采购价格管理规定 / 174
5.4　原材料入库流程 / 175
5.5　廉洁采购管理制度 / 177
5.6　委外加工管理办法 / 178
5.7　委外产品开发协议 / 181

第 6 章　市场销售部门管理制度

6.1　服务管理规范 / 186
6.2　顾客满意度评价细则 / 188
6.3　顾客门户网站操作权限管理规定 / 192
6.4　顾客财产管理规定 / 193
6.5　顾客订单管理规定 / 195
6.6　发货用车管理制度 / 198
6.7　货物运输协议 / 201

第 7 章 设备部门管理制度

- 7.1 设备操作规程 / 203
- 7.2 设备维护保养管理制度 / 205
- 7.3 设备保养规程 / 208
- 7.4 设备点检作业指导书 / 209
- 7.5 设备维修管理规定 / 211
- 7.6 特种设备管理制度 / 213
- 7.7 设备工装统一编号规则 / 216
- 7.8 工装模具管理制度 / 217
- 7.9 模具制造合同 / 222
- 7.10 工装模具保养规范 / 225
- 7.11 易损备件管理规定 / 228
- 7.12 工位器具管理制度 / 229

第 8 章 财务部门管理制度

- 8.1 付款管理规定 / 233
- 8.2 产品报价管理制度 / 235
- 8.3 质量成本分析制度 / 238
- 8.4 费用报销管理制度 / 243

第 9 章 仓储相关管理制度

- 9.1 仓库管理制度 / 246
- 9.2 成品出入库管理规定 / 247
- 9.3 原材料贮存管理规定 / 249
- 9.4 先入先出管理制度 / 250
- 9.5 仓库盘点管理制度 / 252
- 9.6 样品出入库管理规定 / 254

第 10 章 环境、安全相关管理制度

- 10.1 消防器材管理制度 / 257
- 10.2 产品安全控制规范 / 263
- 10.3 安全生产管理制度 / 265
- 10.4 安全生产责任制度 / 271
- 10.5 危险废物管理制度 / 278
- 10.6 危险废物仓库管理制度 / 280

参考文献 / 282

第 1 章 综合管理制度

本章主要选编了汽车零部件企业后勤行政方面的管理制度,一般中小型汽车零部件企业会设置办公室或综合管理部进行统一管理,也有一些企业会设置人力资源部、网络信息部等部门来管理。这些部门所负责的工作内容比较繁杂,包含人力资源、绩效、办公室及办公用品、文件收发、接待、用餐、劳保用品、企业宣传等,这些工作为企业的运行提供基础保障。

1.1 岗位说明书

岗位说明书是描述企业所设置工作岗位的工作内容和任职资格的文件化的管理规范文件,也叫作职位说明书、职务说明书。岗位说明书对企业所设置岗位的工作职责、权限、任职条件、考核内容、工作关系等内容进行说明描述。

岗位说明书要根据公司的具体情况而制定,避免形式化、书面化,内容应具体、实际,文字的使用要浅显易懂、简单明了。而且,公司应对岗位说明书进行动态管理,在公司发展调整、内外环境的变化等情况下需对岗位说明书进行切合实际的修订。

岗位说明书一般使用表格的形式进行编制,也可使用文字叙述的方式,企业可以根据不同情况进行选择。

(1) 岗位说明书的内容

岗位说明书主要有以下几方面的内容。

1) 岗位基本信息:包括岗位名称、岗位编码、所属部门、直属上级、直属下级、岗位定员人数、生效日期及编制日期等基本内容。
2) 岗位目的:对岗位的概述。
3) 职责和权限:包括工作内容、职责、任务、权限等方面的描述。
4) 工作关系:内部部门之间与外部组织之间、相关人员之间的沟通与联系。
5) 任职资格:包括教育背景、工作经验、培训经历、所需技能等。
6) 绩效考核:工作完成情况的考核,绩效指标的内容。
7) 工作条件:工作的场所及环境。
8) 薪资标准及职位发展方向等。

(2) 岗位说明书的作用

岗位说明书的作用可以体现在以下几方面。

1) 使组织管理更加规范,使企业运转更加顺畅;有助于分析组织架构、职位设置、工作分配的合理性,从而优化组织结构与岗位定员。

2) 明确工作岗位的责任和权限,细化工作内容,使工作者清晰在自己的岗位应该做什么,自己在组织中的位置、作用以及职场关系,有助于提高工作效率。

3) 为绩效管理提供依据,便于据此制定适宜的绩效考核标准、考核目标与考核方式。

4) 为招聘、录用员工提供依据;可作为招聘员工的条件,确认入职员工是否满足岗位要求;且可以使新员工快速了解自己的职权,顺利进入工作角色。

5) 为企业制定薪酬制度提供依据;企业可据此划分员工的职位级别,确定合适的薪酬待遇。

6) 是企业员工教育与培训的依据;为制定员工教育培训的内容、培训计划提供依据。

7) 为员工晋升与发展方向提供依据;有利于规划员工的职业生涯,制定成长路线,使员工知晓自己的发展目标,激发工作热情。

下面是岗位说明书的一个示例。

例 GS-MS01-01: 岗位说明书

岗位说明书					文件编号:GS-MS01-01	
					版本:A/0	
岗位名称	车间主任	岗位编码	SC-01	部门	生产部	
直属上级	生产部长	直属下级	工段长	所辖人数	15~20	
岗位定员	1	生效日期		编制日期		
岗位概要	在生产部长领导下,全面负责生产车间的各项工作,保障生产顺利进行,按时完成生产计划和公司下达的任务。					
岗位职责	1. 贯彻公司质量方针和组织实现经营计划、质量目标 2. 对生产部长负责,主持车间的生产运行、安全和环保工作 3. 在生产部长领导下,保证生产按 IATF 16949 顺利运行 4. 负责车间员工队伍建设,督促本车间各岗位人员完成其职责范围内的各项工作 5. 保质保量地完成公司下达的生产计划和其他任务 6. 协调车间生产,按期完成技术中心下达的新产品试制任务 7. 组织好车间员工的思想、岗位和安全教育工作 8. 组织好安全、环保工作,防止人身安全事故和火灾安全事故,组织好工业废弃物处理、烟气排放等环保工作 9. 按设备管理要求,定期进行生产及环保设备、工装、工位器具的点检、保养 10. 推行精益生产,不断减少浪费、降低成本,持续改进现场管理及安全生产工作 11. 执行 3 定 5S 管理,组织做好现场管理 12. 保证工艺纪律的严格执行,应用好质量工具 13. 参与产品质量问题的分析与改进工作,对纠正和改进措施的实施负责;参与作业准备的验证 14. 按时完成公司下达的各项临时任务					

(续)

岗位权限	1. 有权根据公司的总生产计划和发货计划调整各工段的生产计划 2. 有权调配本车间内部人员的工作，有权对本车间员工进行人事调动和安排 3. 有权根据本车间员工的工作业绩提出考核建议 4. 有权提名车间副主任人选，有权聘任车间脱产岗位人员、工段长、班长 5. 在公司规定范围内，有权制定适合本车间实际的奖惩和激励办法
沟通关系	1. 上级：生产部长 2. 下级：工段长 3. 内部联系：财务部、综合管理部、市场部、采购部、技术中心、质量部、设备管理部 4. 外部联系：相关的外协厂家
任职资格	1. 具备生产管理、成本管理、机械等知识，熟悉 IATF 16949、ISO 14000、ISO 45001 管理体系 2. 具有 5 年以上从事汽车零部件行业、生产管理等相关工作经验 3. 机械、机电或管理类相关专业大学专科及以上学历（中专及以下需具备 10 年以上生产管理工作经验） 4. 熟悉冲压工艺，能够熟练运用办公软件和网络 5. 具有较强的沟通、协调、组织、激励和语言表达能力
考核目标	1. 生产计划完成率：100%/月 2. 转序产品不良率：≤3%/月 3. 废品损耗：≤7%/月 4. 工位器具完好率：≥95%/月 5. 顾客财产保管完好率：100%/月
工作条件	1. 工作场所：车间办公室、生产现场 2. 环境状况：噪声、车间高温 3. 注意生产现场安全

1.2 股权激励制度

股权激励是企业一种重要的管理制度，它将激励机制与约束机制相结合，将个人长远利益和企业长远利益相联系，可以有效促进公司的持续发展和员工的成长。员工入股、持股，能够有效提高企业员工的凝聚力、向心力，无论是从员工角度还是从企业角度来看，都具有一定的积极作用。

对员工来说，实施股权激励制度除了可以获得工资收益以外，还可以获得分红等诸多经济利益，增加收入；同时还使员工转变了自身观念，有了归属感、成就感，可以使员工分享企业发展的成果，从而工作更加稳定，幸福指数提升。

对企业来说，实施股权激励制度使员工与企业牢牢地绑在一起，命运与共。员工将全身心投入企业，责任感增强，工作积极性提升，企业也可以留住关键人才，有效稳定员工队伍，这是企业莫大的财富。同时，员工入股在一定程度上为企业注入了资金，也强化了企业内部的监督机制。

但员工持股也有一定的局限性，主要表现在：对企业员工来说，把工作岗位和积蓄都锁定在同一家企业，将限制其自身发展。员工入股也是一种相对冒险的投资，一旦企业经营不善，个人也会受到相当大的损失。对企业来说，员工入股后，其身份变成"雇员"与"老板"的重合，对企业管理规范化会有一些影响，对企业决策也会造成一定的迟缓。

各企业对于员工参股方法、持股形式不尽相同，大致有下几种类型：企业职工集资入股，股份公司内部职工购股，以及管理层合伙入股、干股赠予、收购股权等。员工参股制度是否适用于企业自身，可根据企业的规模、发展阶段、组织形式、经营理念等综合分析、平衡利弊后确定。

以下是一个中小企业员工参股分红制度的示例。

例 GS-MS01-02：员工入股管理办法

为强化公司的激励机制，构建员工与企业的利益共同体，提高公司员工的积极性、归属感和成就感，促进企业增效、员工增收，增强公司凝聚力，特制定此员工入股分红管理办法。

一、入股条件

1. 公司所有在职的正式员工，且在本公司工作年满 2 年以上。公司不接受非本公司人员、实习期员工、临时工入股。

2. 遵守国家法律法规和公司所有规章制度。

3. 对公司有突出贡献或关键岗位的员工、技术人才，公司会奖励一定数量的干股。

二、入股方式

1. 内部员工入股主要采取出资购股、奖励股权两种方式。

2. 出资购股是指内部员工出资认购公司的部分或全部股份的入股方式。

3. 奖励股权是指公司对有突出贡献的经营管理者、技术骨干和员工直接给予股权奖励的入股方式。

4. 内部员工入股由入股员工以自然人的身份直接认购。

三、入股金额

1. 科长以上员工入股比例不得超过总股份的_____%。

2. 科长以下员工入股比例不得超过总股份的_____%。

四、入股时间

符合条件的员工随时可以提出申请，公司审核后统一办理。

五、入股程序

1. 由入股人提出申请，公司审核入股人资格。

2. 公司审核通过后，双方签署入股协议。

3. 入股人将入股金额以现金或转账方式一次性交公司财务。

4. 公司按公司章程和相关法律为入股人签发股权证书。

六、入股分红

1. 分红每年进行一次，届时召开股东大会。分红由公司财务负责结算和发放。

2. 分红金额的计算：当年净利润的_____%用于股份分红，其余_____%作为公司发展资金转作各项专用基金。

3. 分红计算方法：用于分红的金额×出资比例。

七、入股员工的权利和义务

1. 享有企业经营状况、利润情况的知情权。

2. 享受公司年度纯利润分红。

3. 股权可以继承，不可以转让、买卖。

4. 持股人不得以股东身份干涉企业的管理，管理权由公司董事会任命，按职务分配。

5. 持股人按出资比例承担经营风险和经营损失，公司奖励的干股不承担公司的亏损。

6. 持股人应以主人翁的精神爱岗敬业，遵纪守法，起到表率作用。

八、退股

1. 退股人需提前一个月向公司提交退股申请，公司批准一个月后，公司按入股协议将全额股本退回退股人。

2. 退股人不享受当年的年底分红和股息。

3. 持有公司奖励的干股的员工，在本公司工作未满 5 年不得退股；年满 5 年可申请退股。

九、其他

1. 本办法解释权归××有限公司所有。

2. 本办法为公司规章制度的通用条款，具体细节内容以双方签署的入股协议为准，双方签署的入股协议具有法律效力。

1.3 知识管理制度

随着知识经济时代的到来，知识和信息逐渐成为企业最主要的资源，也是企业核心竞争力的重要体现。企业通过知识的积累、共享、使用，提高企业的创新能力，避免问题的重复出现。

知识管理是企业通过对显性和隐性知识信息和资源进行创造、收集、保存、分享、存储、更新等一系列活动的规范性、系统化管理。企业推行知识管理，使企业的知识得到有效的管理和利用，让企业在运行过程中受益，从而适应知识经济时代，助推企业的成功。

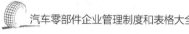

以下是知识管理制度的示例。

例 GS-MS01-03： 知识管理制度

1. 目的

为有效管理知识，确保知识在公司内共享、积累、有序传递和有效应用，提高企业的创新能力，特制定本制度。

2. 范围

适用于公司内部知识交流和共享管理、外部知识管理、企业知识资源的管理与控制。

3. 定义

3.1 知识管理：对显性和隐性知识进行收集整理、积累保存、有序传递、共享交流和提供应用的一系列规范性的活动。

3.2 内部知识：在企业经营过程中产生的、经过归纳整理、符合企业发展方向、有利于企业技术创新、提高经济效益的一系列形成文件化的知识。

内部知识主要包括但不限于：企业管理知识、专业技术知识、市场营销知识、成功经验总结、失败教训案例、培训心得体会等。

3.3 外部知识：企业从公司外部（国内国外、各行各业）搜集、经过归纳整理、符合企业发展方向、有利于技术创新、提高经济效益的一系列形成文件化的知识。

外部知识主要包括但不限于：外来技术资料、市场信息、学术交流、专业会议、从顾客或外部供方处收集来的知识等。

4. 职责

4.1 综合管理部是本制度的归口管理部门，负责公司知识管理的协调工作，负责公司所有制度文件和资料的管理，负责公司商标的管理，负责信息系统的建设、管理与技术支持。

4.2 技术部负责技术文件、各级技术标准、规范及专利的管理与控制。

4.3 市场部负责市场信息的收集及顾客相关方信息的收集、管理与控制。

4.4 各部门负责各自领域范围内的知识的收集、整理和发布。

5. 内容与要求

5.1 内部知识管理信息系统的建设。

5.1.1 综合管理部负责建立和维护内部信息网络，以便于员工进行知识分享、交流和使用。

5.1.2 各部门负责建立相应职能领域专业知识数据库，共享知识信息，从而在企业内部营造有利于员工生成、交流和验证知识的环境，并要求员工主动进行知识积累与交流。

5.2 内部知识的收集。

5.2.1 公司内部知识分为公司信息、专业技术知识、项目积累、其他知识四大类。

1）公司信息包括管理制度、程序文件与公司信息公告。管理制度规定了企业各项功能的运作和发展原则及要求；程序文件用于描述各部门为实现公司经营目标，开展各项工作的程序；公司信息公告是公司事件的宣传窗口，也是员工交流的园地。

2）专业技术知识包括研发方法、流程，新技术的应用与研究，生产过程控制技术，生产工艺，材料配方，设计手册，工程应用的经验教训积累等。

3）项目积累指各项目开发过程中的经验教训积累、试装问题与解决、设计变更的知识信息等。

4）其他知识主要是各部门运行过程中产生的各职能专业领域知识，如质量信息、体系运行不符合的关闭、顾客投诉处理方案等。

5.2.2　公司信息由综合管理部负责收集、整理与发布。

5.2.3　专业技术知识由技术部负责收集、整理与发布，每个技术人员都有责任主动完善该信息库。

5.2.4　项目积累由项目组负责收集、整理与发布，每个项目组成员都有责任主动完善该信息库。

5.2.5　其他知识由各部门负责相应领域的收集、整理与发布。

5.3　外部知识的收集。

5.3.1　外部知识可分为行政法规信息、市场信息、技术资料三大类。

1）行政法规信息包括来自于政府、机关部门的有关宏观政策、法律法规等。

2）市场信息包括来自顾客、供应商及竞争对手等利益相关方的信息，专家、顾客的意见，行业领先者的最佳实践调查，以及行业信息、市场动态等。

3）技术资料包括来自公司外部的技术规范、标准，顾客提供的图样，以及行业技术动态跟踪信息等。

5.3.2　行政法规信息由综合管理部负责收集、整理与发布。

5.3.3　由市场部、采购部及其他相关部门负责收集相应领域的市场信息，交综合管理部整理、发布。

5.3.4　技术资料由技术部收集，市场部、采购部及其他相关部门负责配合收集，技术部整理、发布。

5.3.5　外来技术资料必须进行评审，确认文件现行有效，并受控管理，具体按《技术文件管理规定》执行。

5.3.6　所有外来知识资料均需注明来源或出处。

5.4　知识的保存、发布。

5.4.1　公司获得的知识应分部门、分责任人按公司信息系统规范的格式进行保存。文字版本资料需按《文件管理程序》保存到相应的部门。

5.4.2　所有电子形式的知识资料应注明保存人、保存日期、有效期等信息。

5.4.3　公司保存的各种知识，应在"知识清单"上进行登记，详细记载知识名称、类型、版本、来源等内容。

5.4.4 公司可以发布的内、外部知识，通过例会、培训、橱窗、板报、内部网络等方式进行发布和共享。

5.5 知识的更新。

5.5.1 相关知识管理责任部门应及时对知识进行更新和修改，任何人均可提出知识文件更改的建议，可行时，由原保存人或管理者进行修改。

5.5.2 相关知识管理责任部门应定期对知识（包括电子文档与文件）进行检查、整理。

5.5.3 一定期限后对文档要进行有效性检查，保证发布知识资料的有效性。

5.5.4 重要文件应进行版本管理，发布新版本后，旧版本应存档备案。

5.6 知识的限制与保密。

5.6.1 相关知识管理责任部门应随时对知识（包括电子文档与文件）进行检查，并有权删除禁止发布或不宜发布的信息，禁止发布与不宜发布的标准由各知识管理责任部门制定。

5.6.2 有保密规定的文档不得擅自公开或发布。

5.6.3 公司任何员工均可提出知识公开、限制与保密的建议。

5.6.4 公司知识的限制级别应由公司专门会议讨论，根据不同类型的知识，设置不同授权级别，并规定相应的使用人权限。

5.7 公司的专利、商标等知识产权按《知识产权管理制度》执行。

6. 相关文件、记录

6.1 技术文件管理规定。

6.2 文件管理程序。

6.3 知识产权管理制度。

6.4 知识清单。

附件：知识清单

知识清单[一]

No：

序号	知识名称	类型	版本	来源	作者	接收日期	保存部门	状态	备注

 1.4 例会管理制度

例会指组织依据惯例每隔一定时间举行一次的会议。例会是一种非常有效的沟通

[一] 本书所有空行表格仅给出三行以做示例，实际应用中根据实际情况增减行数。

方式，企业通过举行例会，可有效促进组织上下级的沟通与合作，协调各部门的工作和资源，提高组织各部门的执行力和工作效率，追踪各部门的工作进度，集思广益改善管理和改进质量。

由于企业的性质、规模、管理方法不同，例会的种类也会有差异。汽车零部件制造企业通常会举行管理例会、技术例会、质量例会、生产例会和班前会等。汽车零部件制造企业通过制定例会制度来规范例会管理。

以下是例会管理制度示例。

例 GS-MS01-04： **例会管理制度**

1. 目的

加强沟通与合作，协调工作与资源，及时掌握各部门的工作进度，有效解决存在的问题，促进公司各项工作的顺利开展。

2. 范围

本制度适用于本公司各种例会的管理。本公司例会分为经营例会、生产例会、技术例会、质量例会、班前会、快速反应会。

3. 职责

3.1 经营例会由总经理组织、总经理主持，公司各副总经理、各部门负责人参加。

3.2 生产例会由生产部组织、生产部部长主持，各车间主任、工段长、统计员、检验员参加。

3.3 技术例会由技术部组织、技术部部长主持，技术部工程师、生产部部长、质量部部长参加。

3.4 质量例会由质量部组织、质量部部长主持，检验员参加。技术部、生产部、采购部、市场部视情况参加。

3.5 班前会由车间组织、车间主任主持，车间工段长、班长、检验员参加。

3.6 快速反应会由生产部组织、生产部部长主持，车间主任、工段长、质量工程师参加，其他部门视情况参加。

4. 内容与要求

4.1 例会时间与地点。

经营例会：每月一次，每月 5 日 14：00，二楼大会议室。

生产例会：每周五 15：00，二楼会议室。

技术例会：每周一 15：00，技术部会议室。

质量例会：每周一 16：00，质量部会议室。

班前会：每日上班前 10 分钟，生产线会议区。

快速反应会：每日 17：00，生产车间快速反应会议区。

4.2 如遇例会冲突，依组织小会服从大会、临时会议服从例会的原则，调整会议。

4.3 无特殊情况，相关人员按例会时间、地点参加会议。特殊情况下由各组织部门负责通知。

4.4 应参会人员确因工作需要或特殊情况无法参加例会的，必须在会前15分钟向主管领导请假。

4.5 各会议组织部门按要求做好记录，并由各组织部门负责存档和分发。

4.6 各会议的议程等具体要求按相应专项会议细则实施。

4.7 新产品开发项目会议按项目节点由项目负责人组织，重大质量问题专题会由质量部长适时组织，其他专项会议、临时会议由议项负责人适时组织。

4.8 会议纪律。

4.8.1 准时到会，按要求签到。

4.8.2 遵守会议纪律，手机调成振动状态，无特殊情况不得接听手机。

4.8.3 参会人员无重大事项不得中途离开会议室。

4.8.4 听从主持人安排，按次序发言。

5. 相关文件、表格

会议签到表。

附件：会议签到表

会议签到表

会议主题						
时间		地点		主持人		
姓名	部门	职务	姓名	部门	职务	

1.5 继续教育管理办法

继续教育一般是指在离开正规的学校教育以后，人们所参加的各种形式的教育。继续教育是已参加工作的人们完善知识结构、提升工作能力非常有效的方法。继续教育对于形成终身学习的教育体系、全民学习的社会风气，以及提高社会的整体素质具有非常重要的意义。

企业员工的继续教育主要包括学历（学位）教育、业务进修、职业资格教育、计划性培训、素质提升等。企业完善继续教育制度可以促进员工的学习积极性，在提高员工素质和知识水平的同时，为企业的发展奠定人力资源基础。

以下为某有限公司的继续教育管理办法，仅供参考。

例 GS-MS01-05： 继续教育管理办法

1. 目的
为创建学习型组织，完善员工激励机制，鼓励员工利用业余时间自主学习，促进员工不断更新知识，提高员工素质和学历层次，结合实际岗位工作需要，制定以下办法。

2. 范围
本办法适用于公司全体在岗正式员工（不含试用期员工）。

3. 职责
本办法归口管理部门为办公室，办公室负责公司员工继续教育的统一安排和管理。

4. 内容与要求

4.1 继续教育的种类

继续教育分为学历（学位）教育、业务进修、计划性培训和个人综合素质提升四大类。

1）学历（学位）教育是指参加国家教育部门承认的学历（学位）教育。

2）业务进修是指由公司安排的、与工作岗位专业对口的、学用一致、培养业务骨干的方式。

3）计划性培训是指公司安排的理论培训、业务技能培训、任职资格培训和专业技术人员继续教育等学习培训。

4）个人综合素质提升是指员工为提升本人综合素质报读的各类教育培训。

4.2 继续教育要求

1）报读学历（学位）教育、个人综合素质提升的员工应充分利用业余时间自主学习，提倡自学，尽可能避免与工作发生冲突。

2）参加业务进修、计划培训的员工应服从公司（部门）的统一安排。

3）员工报读继续教育，专业、科目应与报读员工的岗位职能高度相关，由本人提出书面申请，经部门领导审核后，报总经理批准。经批准的进修申请应及时到办公室登记备案。

4）除公司统一安排，公司目前可批准1个月以内的短期脱产学习，不允许长期脱产学习。

5）员工学习完毕取得证书后，要及时向办公室备案。

4.3 报销规定

1）凡未经批准自行报名参加的继续教育，接受教育期间调离公司的，继续教育费用不予报销。

2）经公司批准的计划性培训、业务进修，培训费可全额报销，但培训后未通过考核或未取得预期效果的，培训费不予报销。需外出培训的按公司出差管理规定补充考勤，报销车船费、住宿费及餐费。

3）参加自学考试的，公司报销全额考试费，考试期间按公司出差管理规定补充考勤，报销车船费、住宿费、餐费。

4）参加成人高考的，公司报销学费，每学年不超过2500元。接受教育期间的考试、集中培训可按正常出勤核算工资，其他费用不予报销。

5）参加网络教育和国家开放大学继续教育的，公司报销学费，每学年不超过1500元。接受教育期间的考试可按正常出勤核算工资，其他费用不予报销。

6）参加成人高考、网络教育、国家开放大学继续教育的员工，高起专和专升本费用报销各不超过3学年，专本连读费用报销不超过5学年。

7）公司鼓励员工参加提升个人综合素质的教育培训，教育费报销每次不超过2000元/人，每人每3年只能享受一次该报销待遇。

8）享受继续教育费用报销的员工，如取得证书后因个人原因离职的，第一年内应退回全部报销费用；第二年内离职应退回60%报销费用；第三年内离职应退回30%报销费用。

1.6 门禁出入管理制度

门禁管理对于公司的财产安全、员工的人身安全、维护正常的出入秩序及外来人员的管理起到非常关键的作用。以下是门禁出入管理制度的示例。

例 GS-MS01-06：门禁出入管理制度

1. 目的
为规范公司的出入管理，加强公司安保工作，维护公司财物和员工的人身财产安全，提升公司形象，制定本管理制度。

2. 范围
适用于公司全体员工、因业务来访人员。

3. 职责
3.1 办公室为该制度的归口管理部门，负责本制度的编制、修订。
3.2 办公室负责来访人员访问证的管理。

4. 内容与要求
4.1 我公司门禁使用员工卡感应开启，员工卡由办公室统一管理，按部门员工档案统一发放。
4.2 实行一人一卡制，每张员工卡只限员工本人使用，不得转借他人使用。

4.3 公司门禁为常闭状态，员工进入公司前将员工卡挂于胸前，刷卡进入，且应在公司内部全程佩带该员工卡。

4.4 对于未佩带员工卡的员工，门卫有权阻止其进入公司；对不听劝阻，强行进入公司者，将在该员工的绩效考核中扣除相应的行政分。

4.5 员工丢失员工卡，可凭分管领导证实的书面申请到办公室补办，并缴纳员工卡工本费20元。

4.6 因业务来访人员需进入公司的，需由来访者在《来访人员登记表》表登记，并电话联系对口部门接待人员。

4.7 对口部门接待人员前来门岗，在《来访人员登记表》上签字确认后，由门卫发给来访人员访问证，并由对口部门接待人员接其进入公司。

4.8 来访人员进入公司应全程佩带访问证，并由接待人员监督。

5. 相关文件、表单

来访人员登记表。

附件：来访人员登记表

来访人员登记表

序号	日期	来防人单位	来防人姓名	人数	来访时间	接待人	离开时间	备注

1.7 出差管理制度

出差是指工作人员临时因公被派遣外出办理公事，或到常驻工作地以外的地区或城市工作或担任临时职务。工业企业经常会有员工出差的情况，尤其是汽车零部件企业，在新产品开发、售后服务及办理其他事项时，都会到客户处进行对接交流或服务。企业为规范因公出差管理与出差工作的申请批准流程，合理控制差旅费用，一般会制定出差管理制度。

以下是出差管理制度的示例。

例 GS-MS01-07：出差管理制度

1. 目的

为规范公司因公出差管理工作，规范公司的出差工作流程，合理控制差旅费用的支出，特制定本制度。

2. 范围

适用于公司全体员工因办理业务、培训学习、售后服务等出差。

3. 职责

3.1　办公室为该制度的归口管理部门，负责出差人员的考勤统计。

3.2　财务部负责差旅费的借支、报销。

4. 内容与要求

4.1　出差审批。

1）出差申请。员工出差须提前 2~5 天提出书面申请，填写《出差申请单》。

2）出差审批。公司副总经理出差，报公司总经理审批；各部室部长出差，由分管副总审核、总经理批准；部长以下人员出差，由部长审核、分管副总批准。

3）公司领导临时指派出差，可即时审批。紧急情况下受派人员可按"2）出差审批"的规定以电话或微信形式报批，出差结束后补填《出差申请单》。

4）确因实际工作或意外事件需要延长出差时间的，须报请主管领导批准，并提供有效证明材料。

5）出差人员到达目的地后，第一时间向主管领导报道。

4.2　乘车标准。

1）出差人员，除可利用公司或本人车辆外，以乘坐公共汽车、火车等公共交通工具为原则。

2）近途出差，可自备车辆，公司给予每公里 1 元的燃油补贴。

3）远途因业务需要，经领导同意可自驾出差，公司给予每公里 1 元的燃油补贴，并报销高速及其他过路过桥费用（以出差日期内正式发票为准）。

4）出差乘火车时，副总经理以下人员（含业务经理）出差距离在 800 公里以内时，白天只能购买硬座票、动车（含高铁）二等座票；800 公里以上的，可购买硬卧车票。没有总经理批准，任何人不得乘坐软卧和动车（含高铁）一等座。

5）副总经理以上人员出差经总经理批准可乘坐飞机（经济舱）。

6）出差人员正常业务办理不允许乘坐出租车，特殊情况（如携带货物较多和重要业务紧急赶车等）需要乘出租车必须得到主管领导的同意，报销时必须有说明和业务经理的签字，报销单据必须是出租车公司的正规发票。

4.3　住宿标准。

1）县、普通地市级城市单人出差，科长以下员工每晚不超过 120 元标准、多人集体出差按两人一个标准间每人每晚不超过 60 元，科级/主管人员每晚不超过 160 元标准，部长/副总人员每晚不超过 200 元标准。

2）省会级（发达地区地级市）及以上城市（非中心）单人出差，科长以下员工每晚不超过 160 元标准、多人集体出差按两人一个标准间每人每晚不超过 80 元，科级/

主管人员每晚不超过 200 元标准，部长/副总人员每晚不超过 240 元标准。

3）北京、上海等一线城市及发达省会城市中心区办理业务需要住宿的，科长以下员工单人每晚不超过 180 元标准、多人集体出差按两人一个标准间每人每晚不超过 90 元标准，科级/主管人员每晚不超过 220 元标准，部长/副总人员每晚不超过 280 元标准。

4）公司临时售后服务人员在主机厂就近租住旅馆每人标准不得超过 50 元/天。

5）参加主机厂或行业会议、培训学习的住宿费按会议指定酒店实报实销。

4.4　餐费补贴。

1）本市以内当天往返出差的每人次 20 元。

2）本市以外的地市级城市和发达地区县级市出差每人每天 40 元，省会级（含发达地区地级市）及以上城市每人每天 60 元。

4.5　差旅费的预支。

1）因公出差的员工需要预支出差费用的，凭已核准的《出差申请单》到财务部依财务程序办理出差费用预支。

2）出差人员亦可自己垫付出差费用，出差结束后凭正规票据进行差旅费用核销。

4.6　差旅费的报销。

1）员工出差结束后 5 个工作日内进行差旅费用报销。

2）差旅费报销按公司《费用报销制度》的要求粘贴单据，填报《差旅费报销单》，到财务部核销费用。

4.7　其他规定。

1）员工出差结束后，在 5 个工作日内填写《出差申请单》的实际出差时间，报办公室核实存档，办公室按实际出差时间补算考勤。

2）员工出差结束后，必须向主管领导提交出差报告，否则不予审核《差旅费报销单》。

3）无公司通信费补助的出差人员，每天给予省内（不含本市）3 元/天、省外 5 元/天的话费补助，不再报销其他通讯费用。

4）其他费用需提前请示主管领导同意后方可办理，报销时必须有主管领导核实签字。

5）市场部业务经理及售后服务人员出差，根据公司年度核定的差旅费用，由营销副总制定出差时间及差旅费用的预算计划，报总经理进行审批，根据计划安排部门员工出差及控制差旅费用。

5. 相关文件、表单

5.1　费用报销制度。

5.2　《出差申请单》。

5.3　《差旅费报销单》。

附件 1：出差申请单

出差申请单

部门		姓名		同行人		共　　人	
事由							
目的地				经转			
计划出差时间	从　　年　月　日起，至　　年　月　日止，共　　天						
实际出差时间	从　　年　月　日起，至　　年　月　日止，共　　天					审核	
交通工具							
预支费用							

申请人：　　　　　　　　审核：　　　　　　　　批准：

附件 2：差旅费报销单

差旅费报销单

姓名　　　　　　　　年　月　日　　　　　　　　附原据　　张

出差事由				出差起止日			
起止地点	车船费	住宿费	餐补	其他	合计	备注	
至							
至							
至							
至							
至							
合计							
合计金额	（大写）						

部门负责人：　　　　　　　　单位负责人：　　　　　　　　报销人：

1.8　3 定 5S 管理规定

3 定 5S 是现场管理的基础。3 定即定位、定物、定量，也叫定置管理，是一种先进的现场管理方法。5S 即整理、整顿、清扫、清洁、素养，这 5 个词在日语的罗马拼音中首字母都是 S，所以简称 5S，也被称为"五常法则"。

3 定 5S 看似简单，若要形成习惯并保持，还需要一定的管理、推行工作。首次推行要制订推行计划。3 定 5S 一旦习惯化，给企业带来的益处是非常多的，例如改善工作环境、减少浪费、保障作业安全、提高工作效率、提升产品品质、降低生产成本、合理安排库存、形成良好习惯、提升企业形象等。

3定5S推行手册在各行业已非常普及，书中不再赘述。以下是一个中小企业3定5S管理制度的示例，点检表的示例附后供读者参考。

例GS-MS01-08：3定5S管理规定

1. 目的

为改善现场工作条件，保证产品质量，提高工作效率，提升企业形象，培养员工的良好习惯，使3定5S成为一种日常规律性的活动，以达到规范化管理的目的，特制定本规定。

2. 范围

适用于公司各生产现场、办公场所。

3. 职责

3.1 企业管理部为该规定的归口管理部门，负责3定5S推行手册及相关文件的编制，负责责任区域的划定，负责组织3定5S的培训，负责各生产现场、办公场所3定5S的日常监督检查与激励。

3.2 各车间、部室为所负责区域的责任者，也是3定5S活动的执行者，负责完成3定5S活动要求的目标，负责对3定5S检查中发现的问题进行改进。

4. 定义

4.1 3定：定位、定物、定量。

1）定位：即定位置，对物品的存放区域、位置进行规划，定位存放。

2）定物：也叫定名，规定位置应存放物品的名称，并予以明确标识。

3）定量：即定数量，规定位置存放物品的数量。

4.2 5S：整理、整顿、清扫、清洁、素养。

1）整理：工作现场区分要与不要的东西，除了有用的东西以外，一切都不放置。

2）整顿：把要的东西按规定位置摆放整齐，明确数量，明确标示，实现3定。

3）清扫：清除工作现场的脏污，保持干净，无垃圾、无污秽。

4）清洁：维持以上3S实施的效果，使工作人员觉得整洁卫生。

5）素养：养成良好的工作习惯，让员工能自觉遵守各项规章制度。

5. 内容与要求

5.1 企业管理部将3定5S的培训纳入培训计划，在制定年度培训计划时将3定5S列为每年的例行与强化培训，并负责组织培训。

5.2 企业管理部根据各生产现场、各部室的所处位置与人员情况规划划分3定5S

责任区域，并张贴明示。各部室的负责人为该区域的第一责任人。

5.3 各车间、部室对责任区域规划各种必须物品的定置位置，各位置的标识依据公司3定5S推行手册执行。

5.4 各车间、部室组织员工认真学习3定5S推行手册，持续进行3定5S活动，保持各责任区域的3定5S的活动成果。

5.5 企业管理部结合各部门制定各区域的3定5S点检表，负责组织点检与激励，3定5S点检表作为检查与激励的标准。

5.6 3定5S点检表总分为100分，不达标项将该项分值扣除；得分为85分以上为良好，60～85分为一般，60分以下为不合格。

5.7 得分为60分以下和配分为5分的项目不符合要求时，要立即整改，并在规定期限内提交整改报告。

6. 检查与激励

6.1 检查。

6.1.1 员工每日进行自检。

6.1.2 各部室、车间负责人或代理人每日监督检查。

6.1.3 企业管理部3定5S专员不定期进行检查。

6.1.4 由企业管理部长组织各部室、车间负责人、3定5S专员组成联合检查小组，每周五进行一次全公司全面联合检查。

6.2 激励

6.2.1 设3定5S优胜奖、进步奖、优秀改善奖。每季度末进行一次奖励，优胜奖一个，奖金150元/人；进步奖一个，奖金100元/人；优秀改善奖若干个，奖金500元/项。优胜奖和进步奖为团体奖，获奖的责任部门的每个人可获得该奖励。优秀改善奖为项目奖，完成该项的员工共同获得该奖励。

6.2.2 企业管理部每季度末对本季每次联合检查的结果进行汇总，平均分最高且每次评分不低于85分的授予优胜奖，平均分与上季度相比提高最大且每次评分不低于60分的授予进步奖。

6.2.3 鼓励员工对3定5S进行提案，每次联合检查时，安排发表3定5S提案，联合检查小组进行评定，评定为优秀且验证有效的可授予优秀改善奖。

7. 相关文件、表单

7.1 3定5S推行手册（略）。

7.2 3定5S点检表（生产现场）。

7.3 3定5S点检表（办公室）。

附件1：3定5S点检表（生产现场）

3 定 5S 点检表

生产现场：　　　　　　　　　　　　　　　　日期：　　　年　　月　　日

序号	点检内容	配分	得分	缺点事项
1	是否对生产现场划分了区域，各类物品是否定位存放	5		
2	生产现场是否使用了颜色区分与目视管理	5		
3	作业现场通道是否畅通，危险区域是否设置围栏等措施	5		
4	现场的材料、工具和设备是否按区域划分并摆放整齐	5		
5	物品品名和数量是否明确标识	4		
6	现场是否无摆放与生产无关的物品、生活用品、不需要的物料或废弃物	4		
7	货架、物料区是否码放整齐、标识明显	4		
8	工装、夹具、工具等是否易于拿取、不用寻找	3		
9	各种管道、线缆等布置是否合理、整齐	3		
10	现场需要的文件是否定位悬挂、无破损状态	4		
11	长期不用的物品和设备是否入库存放，并分类整齐摆放	5		
12	现场的清扫、清洁工具是否规划区域，且在区域定置存放	3		
13	作业现场是否定期进行清洁活动，现场是否清洁	3		
14	设备、作业案台周围是否有大量的修整遗留的碎屑或异物	3		
15	仓库、生产现场地面是否干净、整洁，无严重破损	3		
16	生产用材料和产品包装表面、作业台、设备、模具表面是否有灰尘、脏污	3		
17	现场的原材料是否区分存放、不易混淆	4		
18	成品、半成品、待检品、不合格品是否区分存放	5		
19	未使用完的原材料是否进行防污处理	5		
20	成品、半成品、待检品、不合格品是否有防尘和防异物管理	3		
21	不合格品存放箱、架、区是否使用红色区分	5		
22	模具、产品等是否有垫板、托盘、料箱、料架等，不是直接放在地面上	3		
23	是否对生产相关的设备、模具、工装、夹具等进行定期点检	5		
24	照明设备上是否有灰尘、破损，能否保证照明	3		
25	光线是否充足，能否保证作业者对外观检验的要求	5		
	合　　计	100		
评价基准	1. 得分为85分以上为良好，60~85分为一般，60分以下为不合格 2. 得分为60分以下时，要立即整改，并在规定期限内提交整改报告 3. 配分为5分的项目不符合要求时，必须在期限内进行整改	点检周期	1次/周	点检人：

附件 2：3 定 5S 点检表（办公室）

3 定 5S 点检表

办公室： 日期： 年 月 日

序号	点检内容	配分	得分	缺点事项
1	办公桌、文件柜、计算机、打印机等是否定位放置	5		
2	办公室内是否无长期不用的物品、无使用价值的物品	5		
3	地面是否干净清洁，无污物、纸屑、废弃物、水渍、浮土，无卫生死角	4		
4	门窗是否干净，无尘土，玻璃清洁、透明	3		
5	墙壁、天花板是否清洁，表面无灰尘、污迹	4		
6	窗帘、沙发、衣架等是否干净、整洁	4		
7	挂件、挂画及其他装饰品表面是否干净整洁	4		
8	饰品、盆景是否无残损，花木是否无枯死或干黄现象	3		
9	卫生工具是否定位存放，是否清洁、摆放整齐	3		
10	垃圾篓是否及时清理，无溢满，无异味	4		
11	台历、书籍、报纸等用品是否摆放整齐、有序	5		
12	办公桌面是否整洁，办公用品摆放是否合理、宜于取用	4		
13	各类办公用品摆放是否整齐，表面无灰尘、无污迹	3		
14	文件框、架内的文件是否分类放置，无与办公无关的物品放置其内	3		
15	计算机、打印机、复印机等表面是否干净清洁，下班或离开公司前要切断电源	5		
16	空调、饮水机等是否摆放整齐、无污垢、无灰尘	3		
17	文件柜、文件橱等是否摆放整齐、无污垢、无灰尘	4		
18	文件柜、橱内的文件、书籍是否分类、分层存放，是否整齐	5		
19	文件柜、橱内的档案盒是否清晰标示、整齐分类存放	5		
20	文件夹、文件是否易于识别、拿取方便	3		
21	电线、网线等线束整理是否有序、固定得当、无安全隐患	5		
22	照明灯具上是否有灰尘、破损，能否保证正常照明	4		
23	衣物摆放、悬挂是否整齐	3		
24	办公室门牌是否统一、是否干净、整洁	5		
25	各种标识牌、工作牌是否工整悬挂、摆放	4		
	合 计	100		
评价基准	1. 得分为 85 分以上为良好，60～85 分为一般，60 分以下为不合格	点检周期	1 次/周	点检人：
	2. 得分为 60 分以下时，要立即整改，并在规定期限内提交整改报告			
	3. 配分为 5 分的项目不符合要求时，必须在期限内进行整改			

1.9 绩效管理制度

绩效是个人或组织在一定时期内的工作行为、方式、结果及产生的客观影响,是成绩与成效的综合。在企业中,员工的绩效具体表现为完成工作的数量、质量、发生的成本费用,以及为企业做出的其他贡献等。

绩效具有多因性、多维性和动态性特点。

1) 多因性:指一个人绩效的优劣取决于内外多个因素的影响,包括诸如个人的智商、情商、技能、知识结构等内部因素,环境、机遇、工作条件、企业的激励等外部因素。

2) 多维性:指一个人绩效的优劣应从多个方面、多个角度去分析,才能取得客观、合理的评价结果。

3) 动态性:指一个人的绩效随着时间、职务、技能、阅历等情况的变化而变化。

绩效管理是企业人力资源管理的核心职能之一,科学、公正、务实的绩效管理是提高员工积极性和公司生产效率的有效手段。绩效管理是指在企业与其部门、员工之间就绩效目标及如何实现绩效目标达成共识,并帮助和激励员工取得优异的绩效,从而实现企业目标和使命的管理过程。绩效管理的核心是绩效评价和激励管理,绩效评价是企业实施激励管理的重要依据,激励管理是促进企业绩效提升的重要手段。

绩效管理制度的制定是一个非常系统的工程,建立科学的、有效的绩效管理制度要从公司实际出发,遵循实用、全面、客观、公平、公开的原则。

以下是绩效管理制度示例。

例 GS-MS01-09: 绩效管理制度

第一章 总则

第一条 为提高公司竞争力,保证公司目标的顺利达成,建立客观、公正、公开的绩效评价体系,完善员工的激励机制,特制定本绩效管理制度。

第二条 绩效管理是指管理者与员工就目标及如何实现目标达成共识,通过沟通、辅导、激励等方式提高员工达到目标的能力和素质,从而实现组织目标的管理过程。

第三条 严格遵循"客观、公平、公开、科学"的原则,实事求是地反映被考核人员的真实情况,避免岗位或其他主观因素对考核的结果影响。

第四条 绩效管理的作用。

1. 促进组织和员工绩效的提升。
2. 明确组织和员工共同努力的方向和目标。
3. 作为员工奖惩、调迁、薪酬、晋升、退职管理的依据。
4. 了解、评估员工工作态度与能力。
5. 作为员工培训与发展的参考。

6. 保证组织战略目标的实现。

第五条 本制度适用于公司内除董事长外的所有正式管理岗位员工。本制度不适用于试用期人员，不适用于特聘专家、一线作业员工，不适用于保安、保洁、食堂等后勤人员。

第六条 公司绩效分为公司、部门和岗位三个层面，这三个层面之间是决定与制约关系。

第七条 各级管理者为所属部门的绩效责任者，体现在：

1. 管理者的岗位绩效由部门与员工的绩效决定。
2. 管理者是部门与员工绩效的最终责任承担者。
3. 管理者负有不断改进和提高部门与员工绩效的责任。

第二章 绩效管理组织机构及职责

第一条 绩效与薪酬管理领导小组。绩效与薪酬管理领导小组是公司绩效管理的最高决策机构，由董事长、总经理、分管副总、人力资源部及外聘专家顾问组成。管理委员会的绩效管理职责：

1. 负责公司绩效管理的领导、监督工作。
2. 负责对制定、修订的绩效管理制度及相关制度进行审批。
3. 负责部门和中层管理人员绩效考核结果的审核。
4. 负责季度、年度绩效考核结果的审核。
5. 负责员工绩效工资调整和考核等级比例的确定。
6. 负责员工考核申诉的最终处理。
7. 负责评价绩效管理体系运行与实施状况，优化与绩效管理相关的管理措施，根据公司战略目标调整绩效考核指标及目标值。
8. 负责对公司级绩效结果的考核。

第二条 人力资源部。人力资源部是公司绩效管理的日常管理机构，其主要职责：

1. 负责绩效管理制度的制定、修订、推行及培训。
2. 负责对绩效考核过程进行纠正、指导、监督与检查。
3. 负责计算、汇总部门绩效考核评价结果，确定考核等级。
4. 负责各种绩效管理相关资料、数据、记录的归档管理。
5. 负责受理、协调绩效考核申诉，并做出初步处理。
6. 负责部门月度、季度、年度绩效考核结果的通报、公示。
7. 负责对各部门绩效考核指标和目标值的备案。
8. 负责组织各部门对相关业务部门进行绩效考核配合。

第三条 部门负责人。部门负责人是绩效的直接管理者，其主要职责：

1. 负责本部门的绩效考核管理工作。
2. 负责制定本部门的绩效考核指标和目标值。
3. 负责制定本部门各岗位的绩效考核指标和目标值。

4. 负责对本部门员工进行绩效考核及等级评定。

5. 负责对相关业务部门进行绩效考核配合。

6. 负责根据考核结果帮助员工制定改进计划。

7. 负责归口部门的关键绩效指标相关信息收集、指标核算。

第三章 绩效管理内容与要求

第一条 绩效管理是一项员工和管理者共同承担的协作性活动,绩效管理是一个不断循环的过程,包括:绩效计划制定、绩效辅导沟通、绩效考核评价、绩效结果运用、绩效改进。一个循环结束,就会再进入下一个循环。

第二条 人力资源部根据公司管理人员对绩效管理制度的掌握情况,制定培训计划,组织管理人员进行绩效管理相关培训。绩效管理培训的目的是使管理者掌握绩效管理相关技能,熟悉绩效管理的过程,掌握沟通、辅导方法,准确把握考核标准,克服绩效考核过程中常见的问题,分享绩效提升经验。

第三条 总经理根据公司董事会制定的"年度经营目标",制定公司的"年度经营计划",确定公司级绩效指标和目标。绩效与薪酬管理领导小组每季度、每年度对公司级绩效进行考核,考核结果影响总经理年薪、绩效奖金。

第四条 分管副总及部门负责人根据公司"年度经营目标"和"年度经营计划"制定本部门的年度、月度工作目标,制定本部门和各岗位的绩效考核指标,并指导、检查和考评目标达成情况。

第五条 各级管理者必须在本部门员工开展工作过程中给予有效的指导和协调,以及资源支持,并把工作过程中存在的比较突出的问题和良好的表现,如实记录在《绩效管理记录表》(附件 1)中,作为绩效考核的客观依据之一。

第六条 各级管理者对本部门员工进行绩效考核时,必须依据客观事实进行评价,本着公平、公正、严肃、认真的原则进行,避免主观因素影响,严禁徇私舞弊,同时做好评价记录。

第七条 在绩效考核结束后,各级管理者就考核结果与被考核人进行绩效沟通:

1. 肯定业绩,指出不足,为员工职业能力和工作业绩的不断提高指明方向。

2. 分析员工绩效不达标的原因,双方达成共同认可的绩效改善措施,并将其列入下一阶段的绩效改进目标。

3. 如有必要,经上级领导批准后,可修订绩效考核目标。

第八条 各部门的绩效考核结果,经分管领导核准后报人力资源部。人力资源部进行综合评定,核查考核分数是否正确无误,并根据考核分数确定考核等级。如发现问题,则与各部门负责人沟通后进行必要的调整。人力资源部对各部门考核结果进行汇总后,呈报总经理核准,并对批准后的考核结果进行公布。

第九条 任何员工对绩效考核结果不满,均可在一周内向上级管理者反馈,也可以直接向人力资源部申诉。向上级管理者反馈的,在管理者收到反馈的一周内,组织有关人员对不满员工进行再次绩效评价。向人力资源部申诉的,按绩效考核申诉条款解决。

第十条 考核结束后，人力资源部将绩效考核的最终结果交财务部，财务部根据最终的考核结果核算绩效工资。

第十一条 绩效考核资料必须严格管理，人力资源部负责将绩效考核的原始资料保管存档。

第四章 绩效指标的制定

第一条 绩效指标制定的原则。

1. 增值产出原则。在组织的价值链上能够产生直接或间接增值的工作产出。
2. 客户导向原则。界定工作产出必须从客户的需求出发，包括内部客户和外部客户。
3. 结果优先原则。工作产出应当是某项活动的结果。如果结果难以确定，则可以设定活动过程中的行为。
4. 设定权重原则。根据各项工作产出在工作目标中的重要性设定权重。

第二条 公司级绩效指标制定及分解。

1. 制定公司中长期战略规划。
2. 明确公司年度经营目标和计划。明确公司在经营过程中要达到的市场竞争地位和管理目标，包括在行业内的地位、总体规模、竞争力、市场份额、收入和收入增长率、利润和利润增长率、客户满意度、质量目标和管理目标等。具体按公司《经营计划管理程序》执行。
3. 明确关键绩效领域。确定最有效驱动经营目标的关键绩效领域（Key Performance Area，KPA）。KPA是对企业总体竞争地位和企业经营目标的实现有重大影响的变量、领域，它是制定关键绩效指标的重要依据。
4. 确定公司关键绩效指标。根据公司的关键绩效领域进行分析，可以采用鱼骨图分析法等方法确定组织机构与经营战略的绩效指标。根据重要性、可操作性、可控制性、关联性筛选，确定关键绩效指标。
5. 分解公司关键绩效指标。根据确定的关键绩效指标进行分解，分解到部门，再分解到每个岗位，落实到每个阶段，作为部门与员工日常工作的目标。
6. 公司关键绩效指标及分解表的编制。由办公室根据公司确定的关键绩效指标和分解，编制《公司级关键绩效指标及分解》表（附件2）。

第三条 部门绩效指标的制定。

1. 部门绩效的类型。部门绩效按内容分为业务绩效、工作绩效、行政绩效、配合绩效。

业务绩效是部门在完成公司经营目标和计划过程中所承担业务的结果，与具体部门的工作职责密切相关。对业务绩效的考评通常使用质量、数量、时效、成本等工作结果指标。

工作绩效是部门对工作目标管理的结果，即工作计划的制订与完成情况。

行政绩效体现各部门的行政管理工作情况。

配合绩效是与实现业务绩效有影响部门的表现，体现部门之间的配合与协作。

2. 部门业务绩效指标主要指关系公司战略目标的关键绩效指标和部门重要职责相关的目标和指标。指标内容由公司级绩效指标分解到部门的关键绩效指标和部门职责（过程）指标构成。

3. 部门工作绩效指标的内容为部门工作计划的完成情况，即各部门制定和完成《部门月度工作总结、计划表》的情况。部门工作绩效考核指标和标准见表1。

表1 部门工作绩效考核指标和标准（案例）

考核指标	标准分	考核标准			
		A	B	C	D
重要性	20	工作内容与公司经营战略目标非常密切相关（16~20分）	工作内容与公司经营战略目标较密切相关（12~15分）	工作内容与公司经营战略目标较少相关（9~11分）	工作内容与公司经营战略目标不相关（<9分）
规范性	20	工作内容完全符合SMART原则（16~20分）	工作内容较完全符合SMART原则（12~15分）	工作内容较少符合SMART原则（9~11分）	工作内容不符合SMART原则（<9分）
完整性	20	工作内容完全涵盖当周的主要任务（16~20分）	工作内容较完全涵盖当周的主要任务（12~15分）	工作内容较少涵盖当周的主要任务（9~11分）	工作内容不涵盖当周的主要任务（<9分）
达成率	20	每少达成一项工作任务，且无任何原因，扣5分			
及时性	20	《部门月度工作总结、计划表》每迟交一天，扣5分			

4. 部门行政绩效指标的内容主要为与各部门在有关行政管理方面的工作表现，总分20分。行政绩效考核标准见表2。

表2 行政绩效考核标准（案例）

序号	考核内容	考核周期	标准	权重分
1	所辖范围内目视内容更新（看板文化）4次/月	周	正	4
2	所辖范围内宣传报道内容更新（宣传栏、橱窗）1次/月	月	正	3
3	5S管理达标情况	月	正	3
4	各部室每月的行政监督检查资料	月	正	2
5	公司组织的各类培训或活动	月	正	2
6	公司月报征文中稿至少1件	月	正	2
7	相关部门投诉	月	负	2
8	工伤事故件数	月	负	2
合计				20

5. 部门配合绩效指标的内容是对实现本部门业务绩效有影响的部门的相关表现情况，主要体现在部门之间的配合与协作方面。部门配合绩效考核指标及标准见表3。

表 3　部门配合绩效考核指标及标准（案例）

考核指标	标准分	考核标准			
		A	B	C	D
配合主动性	20	经常主动与相关部门协调关系，从不需要催办配合的工作（16～20分）	主动与相关部门协调关系，很少需要催办配合的工作（12～15分）	较少主动与相关部门协调关系，经常等待催办配合的工作（9～11分）	从不主动协调其他部门，总是等待催办配合的工作（<9分）
配合及时性	20	其他部门提出合理工作协助要求时，每次都及时安排本部门人员及时配合（16～20分）	其他部门提出合理工作协助要求时，多数都及时安排本部门人员及时配合（12～15分）	其他部门提出合理工作协助要求时，少数能及时安排本部门人员及时配合（9～11分）	其他部门提出合理工作协助要求时，从不及时安排本部门人员及时配合（<9分）
解决问题时间	20	解决问题的时间远远低于预期（16～20分）	解决问题的时间在预期内（12～15分）	解决问题的时间超出预期（9～11分）	对于需解决的问题根本不处理（<9分）
信息反馈及时性	20	协助工作完成后，每次都及时将完成情况反馈到要求协助的部门（16～20分）	协助工作完成后，多数能及时将完成情况反馈到要求协助的部门（12～15分）	协助工作完成后，偶尔能及时将完成情况反馈到要求协助的部门（9～11分）	协助工作完成后，从来没有及时将完成情况反馈到要求协助的部门（<9分）
服务质量	20	对协助工作结果非常满意（16～20分）	对协助工作结果满意（12～15分）	对协助工作结果不太满意（9～11分）	对协助工作结果不满意（<9分）

第四条　岗位绩效指标的制定。

1. 各部门负责人以下的基层管理人员、专业技术人员的岗位绩效指标主要由岗位职能指标、临时任务指标、工作态度指标、管理能力指标组成。岗位职能指标由各部门负责制定，报人力资源部备案。岗位绩效考核指标及标准见表4。

表 4　岗位绩效考核指标及标准（案例）

考核内容	岗位职能	临时任务	工作态度（纪律性、责任心、敬业及团队精神和创新……）	管理能力（组织与自我管理）	通报或处分	____次	□病假	天数____
					不良事故	____次	□事假	天数____
					表扬或奖励	____次	□旷工	天数____
权重	70%	10%	10%	10%				

2. 生产班组和一线作业员工的绩效指标参照《生产一线员工绩效考核实施办法》。

第五条　绩效考核分数与考核等级的关系。

绩效考核结果分为 A（优）、B（中）、C（差）三个等级，绩效考核分数与考核等级对照关系见表5。

表 5　绩效考核分数与考核等级对照关系

考核分数	分数≥90分	75分≤分数<90分	分数<75分
考核等级	A（优）	B（中）	C（差）

第五章 绩效辅导与沟通

第一条 绩效管理体系对管理者的要求。

1. 管理者应对被管理者的业务有充分的了解。
2. 管理者应熟练掌握绩效管理的基本原理及操作实务。
3. 在绩效管理过程中,管理者必须与被管理者进行有效的沟通和辅导。

第二条 人力资源部除根据培训计划进行绩效管理培训外,还应在每季度和年度绩效考核实施前一周组织一次宣贯和培训。培训内容主要包括:

1. 组织的目标。
2. 绩效标准。
3. 绩效考核流程和制度。
4. 绩效考核方法以及考核实施过程应注意的问题。

第三条 绩效沟通。绩效沟通的目的是管理者和被管理者为具体的绩效指标和目标及如何达成目标形成共识。绩效沟通的内容如下:

1. 团队的目标是什么?
2. 为了完成目标,我们部门和团队所承担的责任是什么?
3. 被管理者要承担的工作任务应达到什么标准?
4. 各项任务应完成的期限是什么?
5. 要完成目标可能遇到哪些困难?需要哪些资源支持?
6. 准备如何完成工作目标?如何反馈工作结果?

第四条 绩效辅导。绩效辅导的目的主要是对被管理者的工作进行指导和纠正。绩效辅导作为一种激励手段,是日常工作,需要管理者经常关注被管理者的工作进展状况。绩效辅导的主要内容如下:

1. 工作的进展情况怎么样?
2. 员工和团队是否在达到目标和绩效标准的正确轨道上运行?
3. 如果有偏离方向的趋势,则应该采取什么样的行动扭转这种局面?
4. 哪些方面的工作进行得比较好?
5. 哪些方面的工作碰到了困难或障碍?
6. 面对现状,要对工作目标和达成目标的行动做出哪些调整?
7. 管理人员可以采取哪些行动支持员工?需要哪些部门支持?

第五条 各级管理者要通过观察、工作日志、报表或记录、访谈、问卷等方式,记录被管理者的相关绩效信息,记录在《绩效管理记录表》(附件1)中。记录的内容包括但不限于以下几方面:

1. 工作目标完成情况的信息。
2. 客户的表扬。
3. 客户的投诉。

4. 工作业绩突出的行为表现。

5. 工作绩效存在突出问题的情况。

6. 对公司或部门有重大业绩影响的事件。

第六条 绩效总结沟通会。人力资源部每半年后第一个月的 15 日前，组织召开半年绩效总结沟通会，董事长、总经理、部门负责人等全体高层管理者参加。

1. 半年度绩效总结沟通会的目的：

1）提升经营管理透明度，以便于做好配合绩效考核。

2）加强上下级的绩效沟通。

3）部门横向之间分享经验，吸取教训，共享管理信息与智慧。

2. 各部门于会议 3 天前，提交部门《半年度绩效总结报告》（附件 3）至人力资源部。

3. 各部门负责人、分管副总、总经理依次通过投影的方式，在会上汇报上半年度工作情况，重点是找差距与不足，提出改善对策，并计划下半年度重点工作。

4. 全体参会人员对报告者的报告进行点评，并提出建设性意见。

第六章　公司级绩效考核

第一条　公司级绩效考核周期分为季度考核和年度考核。

第二条　公司季度绩效考核。绩效与薪酬管理领导小组每季度依据公司月度绩效考核指标和标准对公司整体的季度经营情况进行一次考核评分，确定考核等级。

第三条　公司年度绩效考核。绩效与薪酬管理领导小组每年度初依据公司年度绩效考核指标和标准对公司上年度的整体经营情况进行考核评分，确定考核等级。

第四条　公司季度和年度绩效考核评分按《公司季度/年度关键绩效指标考核表》（附件 4）进行计算。

第五条　公司级季度和年度绩效考核等级决定公司总经理的奖金及工资。

第七章　部门绩效考核

第一条　部门绩效考核周期分为月度绩效考核、季度绩效考核、年度绩效考核。

第二条　部门绩效考核结果＝业务绩效＋工作绩效＋行政绩效＋配合绩效。

第三条　部门业务绩效考核。

1. 部门业务绩效考核周期为每月一次。

2. 每月 5 日前，各部门将本部门的业务绩效达成情况报办公室，办公室汇总后交人力资源部，由人力资源部根据办公室汇总的绩效指标完成情况进行考核。

3. 部门业务绩效考核评分按《部门月度业务绩效考核表》（附件 5）进行计算。

第四条　部门工作绩效考核。

1. 部门工作绩效考核周期为每月一次。

2. 部门工作绩效考核流程：

1）各部门分管副总每月 3 日前，从工作内容的重要性、规范性、完整性、达成率对部门上月工作计划完成情况以《部门月度工作总结、计划表》为依据进行考核评分

（总分 80 分），评分低于 70 分时，需记录在《绩效管理记录表》（附件 1）中。

2）各部门将评分结果提交人力资源部。

3）办公室每月 4 日前对《部门月度工作总结、计划表》提交的及时性进行考核评分，总分 20 分。将评分结果报人力资源部。

4）人力资源部每月 5 日前，计算、汇总各部门工作绩效考核分数，填写《工作绩效考核月度考核表》（附件 6）。

第五条 部门行政绩效考核。

1. 部门行政绩效考核周期为每月一次。

2. 办公室对部门行政绩效按行政绩效考核标准进行考核，填写《行政绩效考核表》（附件 7），每月 5 日前报人力资源部汇总。

第六条 部门配合绩效考核指标及标准。

1. 部门配合绩效考核周期为每月一次。

2. 每月 5 日召开公司月度经营分析会时，人力资源部组织各部门责任人对部门配合绩效进行交叉考核评分，填写《部门配合绩效评分表》（附件 8）。

3. 人力资源部根据各部门的考核评分，计算各部门的配合绩效平均分数，汇总填写《部门配合绩效考核表》（附件 9）。

第七条 部门月度绩效考核。

1. 人力资源部在每月 10 日前按《部门月度绩效考核汇总表》（附件 10）中规定的权重计算、汇总各部门业务绩效考核分数、工作绩效考核分数、行政绩效考核分数、配合绩效考核分数和合计分数，确定考核等级，提交总经理审批。

2. 总经理与分管副总、部门负责人进行绩效反馈及面谈，分析绩效问题，提出绩效改进方案。

3. 各部门在考核周期内有突出表现或重大事故，由部门申请，分管副总审核，总经理批准，可加减分。加减分值在 10 分之内。

4. 人力资源部公示部门月度绩效考核结果，并对考核结果存档。

第八条 部门季度绩效考核。

1. 部门季度绩效考核分数为本季度各月考核分数的平均值。

2. 人力资源部于每季度的第 1 个月 10 日前统计、汇总各部门上季度部门绩效考核分数，计算平均分，确定考核等级，编制《部门季度绩效考核汇总表》（附件 11），提交总经理审批。

3. 总经理与部门分管副总、部门负责人进行绩效反馈及面谈，分析绩效问题，提出绩效改进方案。

4. 人力资源部公示部门季度绩效考核结果，并对考核结果存档。

第九条 部门年度绩效考核。

1. 部门年度绩效考核分数是部门月度绩效考核分数的平均值。

2. 人力资源部于每年 1 月 15 日前统计、汇总各部门上年度部门绩效考核分数，计算平均分，确定考核等级，编制《部门年度绩效考核汇总表》（附件12），并提交总经理审批。

3. 总经理与部门分管副总、部门负责人进行绩效反馈及面谈，分析绩效问题，提出绩效改进方案。

4. 人力资源部公示部门年度绩效考核结果，并对考核结果进行存档。

第八章 岗位绩效考核

第一条 总经理由公司董事会考核，考核内容包括季度绩效考核、年度绩效考核。公司绩效考核结果即为总经理绩效考核结果。

第二条 分管副总、部门负责人绩效考核结果由人力资源部根据其分管部门的业务、工作、行政、配合绩效考核结果，按分数就低不就高的原则计算得出考核分数，确定其绩效考核等级，编制月度《副总/部门负责人绩效考核表》（附件13），报总经理审批。

第三条 各部门负责人以下的基层管理人员、专业技术人员的岗位绩效由各部门负责人考核。

1. 考核人应认真对被考核人的工作进行实事评价等级，并说明原因和理由以及改进方向和重点。

2. 考核人对本部门被考核人员不认真评价，带有主观随意性、感情性方式进行评价的，其考核人的评价等级将降为"C"级，情节严重的取消其当月的绩效工资。

3. 考核人每月编制《员工月度绩效考核表》（附件14），并于每月5日前报人力资源部。

4. 各部门负责人与被考核人进行绩效沟通，分析绩效问题，提出绩效改进方案。

第四条 生产班组和一线作业员工的绩效考核参照《生产一线员工绩效考核实施办法》。

第五条 员工出现以下几种情况时，不参与绩效考核：

1. 月度累计病假6天者或事假4天者，不参与月度绩效考核，即无绩效工资。

2. 全年累计病假45天或事假30天者，不参与年度绩效考核。

3. 凡有严重违纪、违规行为者或人为原因给公司造成经济损失2000元及以上的，不参与当月、当年的绩效考核。

第六条 岗位年度绩效考核。

1. 员工岗位年度绩效考核分数是员工月度绩效考核分数的平均值。

2. 人力资源部于每年1月15日前统计、汇总各部门上年度员工绩效考核分数，计算平均分，确定考核等级，编制《员工年度绩效考核汇总表》（附件15），并提交总经理审批。

3. 各部门负责人与被考核人进行绩效沟通，分析绩效问题，提出绩效改进方案。

第九章 绩效考核结果运用

第一条 绩效考核等级与绩效工资。

1. 绩效考核结果作为绩效工资核算标准，绩效考核等级 A（优）、B（中）、C（差）各级的绩效工资核算标准见表6。

表6 绩效考核等级与绩效工资对应关系

等级	A（优）	B（中）	C（差）
绩效工资标准	120%×绩效工资	100%×绩效工资	80%×绩效工资

2. 财务部根据员工工资构成和绩效考核结果，核算绩效工资，绩效工资随工资一起发放。

第二条 部门季度绩效考核奖励方案。

1. 根据部门绩效考核分数前三名，对部门、分管副总、部门负责人进行奖励，奖励方案见表7。

表7 部门季度绩效考核奖励方案

部门季度绩效考核分数排名	部门荣誉	部门奖金	部门负责人奖金	分管副总奖金
第一名	季度业绩冠军			
第二名	季度业绩亚军			
第三名	季度业绩季军			

2. 部门季度绩效奖金的分配。部门季度绩效奖金的分配由部门分管副总、部门负责人根据个人季度绩效考核级别优:中＝5:4的比例进行分配，考核等级为差的员工不享受部门绩效奖金。

第三条 部门年度绩效考核奖励方案。

1. 根据部门年度绩效考核分数前三名，分别授予年度业绩冠军、亚军、季军荣誉称号，对部门、分管副总、部门负责人进行奖励，奖励方案见表8。

表8 部门年度绩效考核奖励方案

部门年度绩效考核分数排名	部门荣誉	部门奖金	部门负责人奖金	分管副总奖金	优秀员工分配比例
第一名	年度业绩冠军				30%
第二名	年度业绩亚军				20%
第三名	年度业绩季军				10%

2. 部门年度绩效奖金的分配。部门年度绩效奖金的分配由部门分管副总、部门负责人根据个人季度绩效考核等级优:中＝5:4的比例进行分配，考核等级为差的员工不享受部门绩效奖金。

3. 对年度绩效考核分数前三名的部门，对优秀员工评选分别配以30%、20%、10%的名额。

第四条 总经理的绩效工资。总经理季度/年度绩效工资、绩效奖金根据公司级季度和年度绩效考核等级确定。具体考核奖励办法参见《总经理聘用合同》。

第五条 岗位年度绩效考核晋级。连续两个年度绩效考核等级为A（优）的员工，且满足岗位任职资格，其职级晋升一级；连续两个年度绩效考核等级为C（差）的员工，其职级下调一级，同时取消当年的工龄工资；连续三个年度考核等级为C（差）的员工，给予转岗或辞退。

第十章 绩效改进

第一条 考核者应在每期绩效考核结束后，就考核分数及评价结果与被考核者进行绩效面谈，与被考核者分析绩效问题，提出绩效改进计划。

第二条 绩效考核分数为0的项目，或考核得分排列最后的3项，填写《绩效改进表》（附件16），并跟进绩效改进计划的执行情况。

第三条 《绩效改进表》（附件16）中"紧急对策"是指当期为改善绩效项目而制定的临时解决/应对方案；"永久防止对策"指今后可在一定时期内使用的防止类似问题出现的长远对策。

第四条 《绩效改进表》（附件16）应于面谈后5个工作日内交人力资源部备案，同时被考核者所在部门做相应备案。

第五条 各级部门应根据《绩效改进表》（附件16）帮助员工制订培训计划。

第六条 人力资源部应依据公司目前的员工绩效状况，制订有针对性的培训计划，并安排、组织各部门员工参加培训。

第十一章 绩效考核申诉

第一条 申诉受理机构。绩效与薪酬管理领导小组是员工绩效考核申诉的最高管理机构。人力资源部是管理委员会的常设办事机构。一般申诉由人力资源部负责调查协调，提出建议；重大申诉提交管理委员会受理。

第二条 申诉。被考核人如对绩效考核结果不清楚或者持有异议，可以采取书面形式向人力资源部提交《绩效考核申诉书》（附件17）。《绩效考核申诉书》内容包括：申诉人姓名、部门、申诉事由、证明材料等。

第三条 申诉受理。

1. 人力资源部接到员工申诉后，应在3个工作日做出是否受理的答复。对于申诉事项无客观事实依据，仅凭主观臆断的申诉不予受理。

2. 受理的申诉事件，首先由人力资源部对员工申诉内容进行调查，然后与员工所在部门负责人进行协调、沟通。不能协调的，人力资源部上报公司绩效管理委员会处理。

第四条 申诉处理。人力资源部应在接到申诉申请书15个工作日内明确答复申诉人处理结果；人力资源部不能处理的申诉，应及时上报管理委员会处理，并将进展情况告知申诉人。管理委员会在接到申诉处理记录后，一周内必须就申诉的内容组织审查，并将处理结果通知申诉人。

附：绩效考核申诉流程

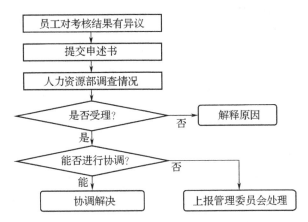

第十二章 附则

第一条 本制度自批准日起开始实施。

第二条 修订与完善。本制度每年由人力资源部根据公司的年度目标和发展现况做一次全面的检查及修订，经绩效与薪酬管理领导小组审核、董事长批准后实施。

第三条 本制度由人力资源部负责解释。

本制度更改记录

序号	更改日期	更改条款	更改内容	更改标记	更改申请表号	更改人
1						
2						
3						

编制： 审核： 批准：

附件1：绩效管理记录表

绩效管理记录表

部门： 绩效期别：＿＿月度 填写时间：

序号	日期	绩效管理事件描述	成绩或改善对策	加/减分	见证人	修改得分

部门负责人： 分管领导： 总经理：

填写说明：
1. 本表格用于在工作中所表现出的比较突出的问题和良好的表现。
2. 如果是好的表现，则应记录相应的成绩和值得学习之处；如是不好的行为（或问题），则应分析原因，提出改善对策。
3. 加分/减分可依据《不良事故分类考核明细》《企业管理制度考核标准》或其他管理规定。
4. 若员工对加/减分数有异议，则由分管副总与员工进行沟通，最后确定得分。
5. 本表记录的扣分或加分情况将作为岗位绩效考核内容之一，计入绩效考核总分数。
6. 本表作为绩效考核的附件1提交到人力资源部，归入绩效考核档案。
7. 填表人需将员工的好或不好表现如实描述，如出现无中生有、恶搞、诬陷，则扣/加分无效，并追查相关人员责任。

附件2：公司级关键绩效指标及分解

公司级关键绩效指标及分解（案例）

指标类型	关键绩效领域	关键绩效指标	目标值	权重	主要责任部门	季度指标			
						第一季度	第二季度	第三季度	第四季度
财务指标	销售收入	销售收入			生产部				
	产值	产值							
	利润	利润额							
市场指标	市场开发	新增客户数			市场部				
		新产品开发按期完成率			技术中心				
		客户退货率			生产部				
企业管理	生产管理	原材料合格批次率			采购部				
		生产计划完成率			生产部				
		OEE设备综合效率			设备部				
	质量管理	产品合格率			质量部				
	持续改进	改进效益			所有部门				
	安全环境	安全事故发生件数			生产部				
人力资源	员工培训	培训计划达成率			人力资源部				
	员工满意度	员工流失率							

附件3：半年度绩效总结报告

半年度绩效总结报告

报告人：　　　　　职位：　　　　　部门：　　　　　报告时间：

上半年目标计划完成情况	
自我评价（差距与不足）	
下半年工作计划	
点评意见	

附件4：公司季度/年度关键绩效指标考核表

公司季度/年度关键绩效指标考核表（案例）

指标类别	关键绩效指标	权重与配分	指标定义/计算公式	数据来源	考核周期	标准	指标值	实际值	实际完成程度	考核分数
财务指标	销售收入	10	生产的产品数量×产品销售单价	财务部	季度/年度	正				
	产值	10	生产的产品数量×产品销售单价	财务部	季度/年度	正				
	利润	5	利润额	财务部	季度/年度	正				
市场指标	新增客户数	10	新增客户数量	市场部	季度/年度	正				
	新产品开发按期完成率	10	（应完成新产品数量/实际按期完成新产品数量）×100%		季度/年度	正				
	客户退货率	5	（退货次数/总交货次数）×100%		季度/年度	负				
企业管理	原材料合格批次率	5	检验合格批次数/到货批次数×100%	质量部	季度/年度	正				
	生产计划完成率	10	（实际产量/计划产量）×100%	生产部	季度/年度	正				
	产品合格率	5	（合格成品数量/交验成品数量）×100%	质量部	季度/年度	正				
	OEE设备综合效率	5	时间开动率×性能开动率×合格品率×100%	设备部	季度/年度	正				
	改进效益	5	因管理、技术创新所带来的经济效益	各部门	季度/年度	正				
	工伤安全事故件数	5	工伤安全事故发生的件数	办公室	季度/年度	正				
人力资源	培训计划完成率	10	（实际完成次数/计划培训次数）×100%	人力资源部	季度/年度	正				
	员工流失率	5	（员工流失人数/总员工数）×100%	人力资源部	季度/年度	正				
合计										

注：实际完成程度＝实际值/指标值×100%；考核分数＝权重与配分×实际完成程度。

附件5：部门月度业务绩效考核表

_____年 _____月部门业务绩效考核表

部门：　　　　　　　　　　　　　　　　　　　　　　　　　　　　　　　制表日期：

指标类别	关键绩效指标	权重与配分	指标定义/计算公式	数据来源	考核周期	极性	考核标准	实际值	实际完成程度	考核分数
合计										

部门负责人：　　　　　　　　　　　　分管领导：　　　　　　　　　　　　总经理：

注：实际完成程度＝实际值/考核标准；考核分数＝权重与配分×实际完成程度。

附件6：工作绩效考核月度考核表

工作绩效考核月度考核表

汇总部门：人力资源部　　　　　　　　考核月度：　　　　　　　　制表日期：

考核分数	部门							
	技术中心	生产部	质量部	采购部	办公室	市场部	财务部	人力资源部
重要性								
规范性								
完整性								
达成率								
及时性								
总分								

附件7：行政绩效考核表

行政绩效考核表（案例）

考核部门：　　　　　　　　考核月度：　　　　　　　　制表日期：

序号	考核内容	考核周期	标准	权重分	考核得分	备注
1	所辖范围内目视内容更新（看板文化）4次/月	周	正	4		
2	所辖范围内宣传报道内容更新（宣传栏、橱窗）1次/月	月	正	3		
3	5S管理达标情况	月	正	3		
4	各部室每月的行政监督检查资料	月	正	2		
5	公司组织的各类培训或活动	月	正	2		
6	公司月报征文，中稿至少1件	月	正	2		
7	相关部门投诉	月	负	2		
8	工伤事故件数	月	负	2		
	合计			20		

附件8：部门配合绩效评分表

部门配合绩效评分表

考核部门：　　　　　　　　考核月度：　　　　　　　　制表日期：

考核指标	标准分	被考核对象							
		技术中心	生产部	质量部	采购部	办公室	市场部	财务部	人力资源部
配合主动性	20								
配合及时性	20								
解决问题时间	20								
信息反馈及时性	20								
服务质量	20								
合计									

附件9：部门配合绩效考核表

部门配合绩效考核表

制表部门：人力资源部　　　　　考核月度：　　　　　制表日期：

考核部门	被考核部门							
	技术中心	生产部	质量部	采购部	办公室	市场部	财务部	人力资源部
技术中心	—							
生产部		—						
质量部			—					
采购部				—				
办公室					—			
市场部						—		
财务部							—	
人力资源部								—
平均分								

附件10：部门月度绩效考核汇总表

部门月度绩效考核汇总表

汇总部门：人力资源部　　　　　绩效月度：＿＿月　　　　　制表日期：

考核指标	权重	技术中心	生产部	质量部	采购部	办公室	市场部	财务部	人力资源部
业务绩效	40%								
工作绩效	20%								
行政绩效	20%								
配合绩效	20%								
加减分	10分								
合计									
考核等级									

总经理：

附件11：部门季度绩效考核汇总表

部门季度绩效考核汇总表

汇总部门：人力资源部　　　　　第＿＿季度　　　　　制表日期：

考核分数	部门							
	技术中心	生产部	质量部	采购部	办公室	市场部	财务部	人力资源部
第一月考核分数								
第二月考核分数								
第三月考核分数								
季度考核平均分数								
考核等级								

总经理：

附件12：部门年度绩效考核汇总表

部门年度绩效考核汇总表

汇总部门：人力资源部　　　　　　　　　_____年度　　　　　　　　　制表日期：

考核分数	部门							
	技术中心	生产部	质量部	采购部	办公室	市场部	财务部	人力资源部
第1月考核分数								
第2月考核分数								
第3月考核分数								
第4月考核分数								
第5月考核分数								
第6月考核分数								
第7月考核分数								
第8月考核分数								
第9月考核分数								
第10月考核分数								
第11月考核分数								
第12月考核分数								
年度考核平均分数								
考核等级								

总经理：

附件13：副总/部门负责人绩效考核表

副总/部门负责人绩效考核表

考核人：　　　　　　　　　_____年___月　　　　　　　　　制表日期：

所管部门绩效	业务绩效	工作绩效	行政绩效	配合绩效	平均分数	考核等级
姓名1						
姓名2						

总经理：

附件14：员工月度绩效考核表

_____年___月员工绩效考核表

部门：　　　　　　　　　考核人：　　　　　　　　　考核时间：

考核内容	岗位职能	临时任务	工作态度	管理能力	考核分数	特记事项		出勤		评定等级	改进方向和重点
权重	70%	10%	10%	10%							
姓名1						通报或处分 ___次		□病假 天数___		□优 A	
						不良事故 ___次		□事假 天数___		□中 B	
						表扬或奖励 ___次		□旷工 天数___		□差 C	
姓名2						通报或处分 ___次		□病假 天数___		□优 A	
						不良事故 ___次		□事假 天数___		□中 B	
						表扬或奖励 ___次		□旷工 天数___		□差 C	

附件 15：员工年度绩效考核汇总表

员工年度绩效考核汇总表

部门：　　　　　　　　　绩效周期：_____年度　　　　　　　制表时间：

序号	姓名	岗位	绩效考核分数（月份）												总分	平均分	等级
			1	2	3	4	5	6	7	8	9	10	11	12			

汇总负责人：　　　　　　　　　　　　　　　　　　　　　　　总经理：

附件 16：绩效改进表

绩效改进表

姓名：　　　　部门：　　　　岗位：　　　　考核期：　　　　日期：

	需改善事项	原因分析	紧急对策	永久防止对策	实施责任人	实施日期	实施确认
1							
2							
3							

面谈对象签名：_____　　　　　面谈主持人：_____

附件 17：绩效考核申诉书

绩效考核申诉书

	申诉人姓名：		部门：		岗位：	
申诉栏	考核分数：　　　分			考核等级：　　　等		
	申诉事由：					
	证明材料：					
复核栏	部门负责人复核意见： 　　　　　　　　　　　　　　　　　　　　　　　　签名：_____					
	分管副总复核意见： 　　　　　　　　　　　　　　　　　　　　　　　　签名：_____					
	人力资源部复核意见： 　　　　　　　　　　　　　　　　　　　　　　　　签名：_____					
	总经理复核意见： 　　　　　　　　　　　　　　　　　　　　　　　　签名：_____					
	最终考核得分：　　　分			最终绩效等级：　　　等		

申诉人签名：_____　　　　　日期：_____

1.10 提案管理制度

持续改善是企业不断提升产品和服务质量、获得更高的管理水平和经济效益的有效手段。通过让企业员工全员参与的方式进行持续改善可以最大化地促进企业发展。员工提案是实现全员参与改善活动的有效方法。提案改善活动越来越受到企业的高度重视，这种活动在有些公司也称为"创意功夫""提案功夫""合理化建议""全员献策活动"等。

员工是从事具体工作的主体，对于熟悉的工作他们更有经验，更能发现问题和改善的地方。通过员工提案，对持续提升或改善企业运营效率、降低成本、提高质量、优化环境、安全防护等起到积极的推动作用，可提高员工的主人翁意识和成就感，充分发挥员工的创造性、积极性，对提升企业竞争力有着重要意义。

以下是提案管理制度示例。

例 GS-MS01-10：提案管理制度

1. 目的

为充分调动员工参与公司管理的积极性，提高员工的主人翁意识，充分发挥员工的聪明才智，不断改进，不断创新，改善公司的经营管理，提高经济效益，特制定本制度。

2. 范围

本制度适用于公司全体员工对管理类、生产类、技术类及其他对公司有益的建议或方案（节能降耗、提质增效，环保安全、质量提升、技术改进等各个方面都在提案范围之内）。

3. 职责

3.1 综合管理部是本制度的归口管理部门，负责提案管理。

3.2 公司内所有岗位的员工均可进行提案。

3.3 常务副总经理负责提案的审批，指定部门或人员组织提案的实施和验证。

4. 内容与要求

4.1 提案应客观、具体，应有较明确的方法思路，可实施，能量化的必须量化，且不能重复提出或具有很高的相似性，否则不予受理。

4.2 提案员工填写"提案表"，"提案表"可以书面或电子形式提交到综合管理部，由综合管理部进行登记、初选、评价后报常务副总经理审批。

4.3 项目可行，提案批准后，由副总经理指定部门或人员组织实施和验证。

4.4 综合管理部负责跟踪提案实施的效果并统计和保存相关的数据资料。

4.5 提案的分类及奖励，按提案所能产生的预期效益或效果，分为鼓励奖、创新奖、贡献奖三类，按不同类别实施奖励。

1）鼓励奖：能够在经营、生产或管理中产生一定的积极效果或有所提高和改善的。奖金100元，于实施后次月发放。

2）创新奖：具有创新性，能够解决生产中的问题，产生较明显的改善，或产生较高经济效益的。经验证，提案实施后，问题得到解决，有较明显改善或产生较高经济效益，于实施3个月后发放奖金1000元，并按项目实施后12个月的实际经济效益的10%给予提成奖励。

3）贡献奖：能够产生重大改进或显著的经济效益，对生产、经营、管理、质量等方面的提升有重大的意义和效果。经验证，提案产生了重大改进或显著的经济效益，于实施3个月后发放奖金3000元，并按项目实施后12个月的实际经济效益的15%给予提成奖励。

4.6 奖励的实施管理：鼓励奖奖金的发放由副总经理审核后批准发放；创新奖和贡献奖由副总经理组织各相关部门进行现场测评验证，并召开评审会审核，总经理批准后发放。

4.7 奖金的发放比例，提案提出者或组织者为80%，配合实施的人员为20%。

4.8 对不能产生直接经济效益，不能按实施后12个月的实际经济效益确定奖金额度的创新奖和贡献奖，由副总经理提出奖励方式报总经理批准后执行。

4.9 对于提出较多有价值提案或得到创新奖或贡献奖的员工，将在岗位晋级、聘任、工资调整等方面得到优先考虑。

5. 相关文件、记录

提案表。

附件：提案表

提案表

No：

姓名		部门		岗位		提案编号	
提案名							
提案类别	□技术		□生产		□管理	□其他：	
现状及存在问题							
提案内容及方案							
预期效果或效益							
部门意见							
综合管理部意见							
副总经理意见							
实施情况							
验证情况							
备注							

1.11 应急管理制度

在我国，国家层面的应急管理是对特重大事故灾害的危险问题提出的应对机制。而汽车供应链上的企业，是基于以顾客为中心和防范风险的思维，根据潜在风险对顾客的影响而制订应急计划，从而确保在紧急事件发生时，产品和服务持续满足顾客的要求和供应的连续性。

下面是一个应急计划管理规定的示例。

GS-MS01-11： 应急计划管理规定

1. 目的

根据内外部风险和对顾客的影响制订应急计划，并确保这些应急计划有效；保证在突发事件发生的情况下，能够向顾客提供满足质量、数量和交货期要求的产品。

2. 范围

适用于本公司在发生停电、停水、关键设备故障、火灾、劳动力短缺、基础设施损坏、原材料中断、自然灾害等突发事件的应急处理。

3. 职责

3.1 办公室为本计划的归口管理部门，负责组织应急计划的制订、更新修订、组织评审、演练检查和横向协调工作。

3.2 各部门负责相应责任应急计划措施的制订和修订、负责组织相应责任的应急演练、参加应急计划的评审。

3.3 各责任部门负责突发事件时应急措施的实施。

3.4 总经理负责应急计划及修改的审定。

3.5 市场部负责应急情况下与顾客的沟通。

4. 定义

应急计划：为应对突发事件，避免或降低损失，确保供应的连续性而制订的行动计划。包括抢救活动和快速恢复生产经营活动等各项计划。

5. 内容与要求

5.1 《应急计划》应基于组织识别和评估的内外部风险和对顾客的影响进行制订。

5.2 《应急计划》由办公室组织各责任部门，以确保生产输出和顾客要求得到满足为目标，以多方论证的方式共同制订，《应急计划》由总经理审定执行。

5.3 每年 12 月底，办公室定期组织一次由总经理和责任部门相关人员参加的《应急计划》评审，根据评审结论对《应急计划》进行更新，并保留评审证据。

5.4 每年年初，办公室结合各部门的工作情况，根据最新现行有效的《应急计划》内容，编制《应急计划演练、测试计划》，所有应急计划每年由责任部门组织一次应急演练或测试。

5.5 各责任部门按《应急计划演练、测试计划》进行演练或测试，并由办公室对演练测试的实施情况进行检查。

5.6 如发生紧急情况，各责任部门启动《应急计划》，按《应急计划》规定的应急措施实施工作，并对其有效性负责。

5.7 当突发事件影响产品的质量和交期时，由市场部将突发事件和事件对顾客的影响程度、时间、采取的措施等情况通知顾客。

5.8 当发生突发事件停产，重新开始正式生产前，要重新对产品进行首件检测确认；如发生材料、供方、过程等更改，按《变更管理程序》的要求执行，确保产品持续满足顾客规范和要求。

6. 相关文件、记录

6.1 风险控制程序。

6.2 变更管理程序。

6.3 应急计划。

6.4 应急计划演练、测试计划。

6.5 应急计划评审报告。

6.6 应急计划演练记录。

附件1：应急计划

应急计划

No：

序号	突发事件	应急措施	责任部门
1	火灾	1. 按《生产安全事故应急预案》的火灾应急保障、应急处置等要求做好应急措施 2. 如火灾造成供应中断，由市场部与客户沟通补货事宜，生产部应在恢复生产后立即安排生产补货，市场部采用专车等运输方式发货	总经理（主）办公室各部门
2	意外停电	1. 内部停电，立即维修，恢复供电 2. 外部供电故障，立即与供电部门联系，了解恢复供电时间 3. 恢复供电后，安排加班赶工 4. 对于独家供货的产品，安排安全库存	设备部（主）生产部市场部
3	意外停水	1. 内部故障，立即安排维修，恢复供水 2. 外部故障，立即与供水部门联系，了解恢复供水时间 3. 恢复供水后，安排紧急加班 4. 对于独家供货的产品，安排安全库存	设备部（主）办公室生产部市场部
4	原材料、外购件、外协件供应中断	1. 向供方紧急催货，必要时进驻供方现场加催 2. 仓库设置安全库存量，低于安全库存时，立即采购 3. 对关键原材料设潜在供应商，必要时启动评价合格的潜在供方采购 4. 批量的原材料、外购件质量问题，立即通知供方退货、换货。供方不能及时处理退换货，影响生产进度时，启动潜在供方供货	采购部（主）生产部

(续)

序号	突发事件	应急措施	责任部门
5	关键生产设备故障	1. 设备维修部门及时组织维修人员抢修 2. 建立《易损备件清单》及安全库存，并每天监视安全库存量 3. 建立《设备档案》，注明设备厂家的技术人员和联系方式，向设备制造厂家紧急求助 4. 对依赖于唯一设备的产品，设置安全库存	设备部（主） 采购部 生产部
6	劳动力短缺	1. 编制员工素质矩阵，实施一人多岗技能培训，建立顶岗机制 2. 保持与劳动力市场的联系，当发生劳动力短缺时，紧急招聘员工培训上岗 3. 当发生劳动力短缺时，由生产部或生产车间临时采用加班、开通夜班等形式，调整现有人员上班时间	办公室（主） 生产部
7	运输中断	1. 货车驾驶员及时与市场部联系，确认延误时间，是否影响交期，并由市场部与客户沟通交货延期事宜 2. 启用安全库存，重新发货 3. 选择备选的运输方式、路径	市场部（主）
8	生产过程中出现成批不合格品	1. 不合格品立即隔离 2. 质量部立即召集有关人员对不合格品进行分析，确认不合格原因 3. 责任部门提出纠正和预防措施，质量部负责纠正和预防措施实施过程中的监督，并验证其效果 4. 启用安全库存发货	质量部（主） 生产部 技术部 采购部
9	顾客处产品批量质量问题及退货	1. 市场部售后服务人员立即到顾客现场了解情况，并与顾客进行沟通 2. 产品可维修，顾客允许时，售后服务人员现场维修，并将问题反馈公司 3. 若顾客退货，售后服务人员办理退货手续，立即通知公司补货 4. 退货后，市场部采用加急运输方式补货 5. 质量部组织、分析产品质量问题，并防止再发生	市场部（主） 质量部 生产部
10	暴雨、暴雪、大雾等恶劣天气	1. 如遇不可抗力的自然灾害，由市场部第一时间通知顾客 2. 选择航空、铁路、专车等适宜的加急运输方式 3. 运输中采用雨布等防雨措施	市场部
11	环保设备故障	1. 设备维修部门及时组织维修人员抢修 2. 向当地环保部门寻求帮助 3. 建立《环保设备档案》，注明设备厂家的技术人员和联系方式，向设备制造厂家紧急求助	设备部（主） 办公室 生产部
12	网络攻击	1. 安装防病毒软件，并定期杀毒 2. 定期备份重要的数据资料 3. 发现网络攻击时，立即断网，并通知网络管理员 4. 彻底清理计算机病毒 5. 查看数据损坏程度，使用备份数据恢复	办公室（主） 各部门

（续）

序号	突发事件	应急措施	责任部门
13	发生生产停止的紧急情况重新开始生产之后，以及在常规停机过程未得到遵循的情况下	1. 质量部和生产部重新对产品进行首件检测确认 2. 如发生材料、供方、过程等更改，按《变更管理程序》的要求执行 3. 立即组织相关人员强化培训	质量部（主） 生产部 采购部 办公室
14	限电或通知停电	1. 当发生限电情况，由生产部调整生产计划，确保重点生产设备的供电 2. 当收到停电通知时，由生产部调整生产计划，恢复供电后，安排加班赶工 3. 每年冬季，市场部根据客户的要货计划，提高安全库存量	生产部（主） 市场部
编制		审核	批准	日期

附件2：××××年应急计划评审报告

××××年应急计划评审报告

No：

评审目的	确保应急计划的持续适宜性、充分性和有效性。确保在突发事件发生的情况下，能够向顾客提供满足质量、数量和交货期要求的产品		
评审日期	年　月　日	地点	
主持人			
评审依据	公司的应急计划管理规定、应急计划、以往的应急事件实施情况、演练测试情况		
评审内容			
事件/项目	措施/行动		结果
1. 火灾	1. 按《生产安全事故应急预案》的火灾应急保障、应急处置等要求做好应急措施 2. 如火灾造成供应中断，由市场部与客户沟通补货事宜，生产部应在恢复生产后立即安排生产补货，市场部采用专车等运输方式发货		适宜、充分、有效
2. 意外停电	1. 内部停电，立即维修，恢复供电 2. 外部供电故障，立即与供电部门联系，了解恢复供电时间 3. 恢复供电后，安排加班赶工 4. 对于独家供货的产品，安排安全库存		适宜、充分、有效
3. 意外停水	1. 内部故障，立即安排维修，恢复供水 2. 外部故障，立即与供水部门联系，了解恢复供水时间 3. 恢复供水后，安排紧急加班 4. 对于独家供货的产品，安排安全库存		适宜、充分、有效
4. 原材料、外购件、外协件供应中断	1. 向供方紧急催货，必要时进驻供方现场加催 2. 仓库设置安全库存量，低于安全库存时，立即采购 3. 对关键原材料设潜在供应商，必要时启动评价合格的潜在供方采购 4. 批量的原材料、外购件质量问题，立即通知供方退货、换货。供方不能及时处理退换货，影响生产进度时，启动潜在供方供货		适宜、充分、有效

（续）

5. 关键生产设备故障	1. 设备维修部门及时组织维修人员抢修 2. 建立《易损备件清单》及安全库存，并每天监视安全库存量 3. 建立《设备档案》，注明设备厂家的技术人员和联系方式，向设备制造厂家紧急求助 4. 对依赖于唯一设备的产品，设置安全库存	适宜、充分、有效
6. 劳动力短缺	1. 编制员工素质矩阵，实施一人多岗技能培训，建立顶岗机制 2. 保持与劳动力市场的联系，当发生劳动力短缺时，紧急招聘员工培训上岗 3. 当发生劳动力短缺时，由生产部或生产车间临时采用加班、开通夜班等形式，调整现有人员上班时间	适宜、充分、有效
7. 运输中断	1. 货车驾驶员及时与市场部联系，确认延误时间，是否影响交期，并由市场部与客户沟通交货延期事宜 2. 启用安全库存，重新发货 3. 选择备选的运输方式、路径	适宜、充分、有效
8. 生产过程中出现成批不合格品	1. 不合格品立即隔离 2. 质量部立即召集有关人员对不合格品进行分析，确认不合格原因 3. 责任部门提出纠正和预防措施，质量部负责纠正和预防措施实施过程中的监督，并验证其效果 4. 启用安全库存发货	适宜、充分、有效
9. 顾客处产品批量质量问题及退货	1. 市场部售后服务人员立即到顾客现场了解情况，并与顾客进行沟通 2. 产品可维修，顾客允许时，售后服务人员现场维修，并将问题反馈公司 3. 若顾客要退货，售后服务人员办理退货手续，立即通知公司补货 4. 退货后，市场部采用加急运输方式补货 5. 质量部组织、分析产品质量问题，并防止再发生	适宜、充分、有效
10. 暴雨、暴雪、大雾等恶劣天气	1. 如遇不可抗力的自然灾害，由市场部第一时间通知顾客 2. 选择航空、铁路、专车等加急的运输方式 3. 运输中采用雨布等防雨措施	适宜、充分、有效
11. 环保设备故障	1. 设备维修部门及时组织维修人员抢修 2. 向当地环保部门寻求帮助 3. 建立《环保设备档案》，注明设备厂家的技术人员和联系方式，向设备制造厂家紧急求助	适宜、充分、有效
12. 网络攻击	1. 安装防病毒软件，并定期杀毒 2. 定期备份重要的数据资料 3. 发现网络攻击时，立即断网，并通知网络管理员 4. 彻底清理计算机病毒 5. 查看数据损坏程度，使用备份数据恢复	适宜、充分、有效
13. 发生生产停止的紧急情况重新开始生产之后，以及在常规停机过程未得到遵循的情况下	1. 质量部和生产部重新对产品进行首件检测确认 2. 如发生材料、供方、过程等更改，按《变更管理程序》的要求执行 3. 立即组织相关人员强化培训	适宜、充分、有效

(续)

事件/项目	措施/行动	结果
14. 以往的应急事件实	1. 因环保限电一次，调整生产计划，未对顾客产生影响 2. 本年度未发生其他应急事件	补充限电时应急计划
15. 应急演练测试	1. 应急演练或测试按计划进行，都做了记录 2. 未发生异常情况	适宜、充分、有效

评审结论：
1）公司的应急计划是适宜、充分、有效的
2）因环保要求，需增加限电时的应急计划

评审人：

编制/日期		审核/日期	

附件3：2022年度应急计划演练、测试计划

2022年度应急计划演练、测试计划　　　　　　　　　　No：

序号	应急事件	演练时间	责任部门	备注
1	火灾	2022年6月	总经理	
2	意外停电	2022年3月	设备部	
3	意外停水	2022年4月	设备部	
4	原材料、外购件、外协件供应中断	2022年1月	采购部	
5	关键生产设备故障	2022年5月	设备部	
6	劳动力短缺	2022年3月	办公室	
7	运输中断	2022年10月	市场部	
8	生产过程中出现成批不合格品	2022年8月	质量部	
9	顾客处产品批量质量问题及退货	2022年9月	市场部	
10	暴雨、暴雪、大雾等恶劣天气	2022年11月	市场部	
11	环保设备故障	2022年12月	设备部	
12	网络攻击	2022年5月	办公室	
13	发生生产停止的紧急情况重新开始生产之后，以及在常规停机过程未得到遵循的情况下	2022年8月	质量部	
14	限电或通知停电	2022年10月	生产部	

附件4：应急计划演练记录

应急计划演练记录

No：

演练项目		火灾应急演练		演练地点	厂区车间外空地
组织部门		办公室	总指挥	演练时间	2021.3.22
参加部门和单位		公司应急救援小组全体人员、安全员、员工10人			
演练类别		■实际演练　□模拟测试　□提问讨论式演练		演练级别	□全部预案　■部分预案
物资准备		灭火器3个，点火用铁箱子1个，木材燃料若干，打火机1个，周围物品若干			
人员培训		由安全员对参加演练人员讲解消防、灭火的有关知识和安全要求			
演练过程描述		1. 布置场景，演练厂地先放一个红色箱子，周围放置物品若干，将3个灭火器放置于易取位置 2. 将燃料放在箱子内点燃，两名员工发现火情后，立刻大声呼喊："着火了！着火了！" 3. 应急救援小组、安全员和员工闻讯快速赶到现场，工人们在现场总指挥的指挥下迅速展开扑救行动 4. 安全员与模拟火警（119）取得联系，详细汇报公司情况、火灾部位、火情、联系方式及行走路线 5. 电工因事外出，无法立即赶到公司断电，通讯联络人员立即与当地电力分局联系，切断厂区电源 6. 现场指挥人员指挥在场员工将着火处附近的其他物品搬走，将火源与其他物品隔离 7. 其他在场员工取灭火器进行灭火，最终将火彻底扑灭 8. 演练过程中，全部人员即赶赴现场仅用3分钟，5分钟彻底灭火。演习结束后，由总经理进行了总结性发言			
适宜性、充分性评审		适宜性：■全部能够执行　□执行过程不够顺利　□明显不适宜 充分性：■全满足应急要求　□基本满足，需要完善　□不充分，必须修改			
演练效果评价	人员到位情况	■迅速准确　□基本按时到位　□个别人员不到位　□重点部位人员不到位 ■职责明确，操作熟练　□职责明确，操作不够熟练　□职责不明，操作不熟练			
	物资到位情况	现场物资：■现场物资充分，全部有效　□现场准备不充分　□现场物资严重缺乏 个人防护：■全部人员防护到位　□个别人员防护不到位　□大部分人员防护不到位			
	协调组织情况	整体组织：□准确、高效　■协调基本顺利，能满足要求　□效率低，有待改进 抢险组分工：□合理、高效　■基本合理，能完成任务　□效率低，没有完成任务			
	实战效果评价	■达到预期目标　□基本达到目的，部分环节有待改进　□没有达到目标，须重新演练			
	外部支援部门和协作有效性	报告上级：　　　　■报告及时　　□联系不上　　□未演习 消防部门：　　　　■按要求协作　□行动迟缓　　□未演习 医疗救援部门：　　□按要求协作　□行动迟缓　　■未演习 周边政府撤离配合：□按要求配合　□不配合　　　■未演习			
存在问题和改进措施		存在问题：部分人员态度不够严肃，技能不够熟练 改进措施：1. 对部分人员进行加强培训训练；2. 对演练过程中大家的表现记入责任制考核			
记录人			评价人员		日期

第 2 章 技术部门管理制度

技术部门是企业可持续发展的关键部门，承担着新产品开发和创新的任务，决定着企业的核心竞争力。汽车零部件企业根据自身的产品类别、企业现状不同，其技术部门组织结构和职责也不尽相同，大多数汽车零部件企业的技术部门承担着新产品项目管理、产品设计、工艺、材料和技术文件管理以及知识产权、科研、标准化等工作。

2.1 技术规划

技术规划是在企业发展战略和目标的指导下，企业技术经济活动的构想与计划。技术规划是一种战略性的方案，它规定了一定时期的总目标、总任务、主要技术工作方案和具有重大意义的技术经济措施。

以下是技术规划示例。

例 GS-MS02-01：技术规划

科学技术是第一生产力，技术创新是企业的核心竞争力。为增强企业技术创新能力，推动企业科技进步，提高公司的研发水平，开发高技术含量的产品，特制定本技术发展规划。

一、制定依据

企业发展战略规划。

二、指导思想及目标

以"科学技术是第一生产力"为指导思想，以"科技创新""机器换人""新旧动能转换"为契机，瞄准国内外汽车零部件和新能源行业的前沿技术，研究开发环保、技术含量高、附加值高、市场竞争力强的产品。加大企业技术部投资力度，逐步完成技术部门软硬件建设，力争在 3~5 年内，扩大技术部的规模，增强企业技术实力，逐步建设成具备相当规模和实力的技术中心。

三、新产品规划

加大新产品研发力度，新产品的先期策划和设计开发严格按 IATF 16949 质量管理体系标准要求进行。

1. 新产品开发立项数量不低于 50 种/年。
2. 产品开发方向逐步向科技型、环保型产品过渡。
3. 3 年内完成变截面挤出产品、双色注塑产品、软骨架外水切、防夹条等项目的开发。

四、知识产权建设规划

公司高度重视知识产权工作，提高企业知识产权保护力度。知识产权有助于增强企业的技术创新能力，形成公司的核心竞争力，提高市场占有率和经济效益。

1. 加大知识产权经费的投入，不断开发形成更多的自主专利技术。
2. 建立健全知识产权工作体系和管理制度，加大对知识产权发明人的奖励，促进企业自身发展。
3. 积极申请专利，专利申请受理目标每年不少于 5 项。

五、企业技术中心建设规划（筹）

以企业技术部为平台，建立合理运行的研究开发机构，建立健全公司技术部门管理制度，完善科研经费的管理，筹建企业技术中心，逐步提升公司在行业内的地位。

1. 做好新产品开发与立项。将部分具有代表性的、技术含量高的新产品、新技术纳入技术创新发展规划项目，积极争取政府各项政策扶持。
2. 积极进行技改，增强技术创新能力。努力从产品优化、机器换人、节能降耗等方面进行挖掘，每年完成技术改造不少于 5 项。
3. 维持研发经费投入。维持对技术研发经费的投入，3 年内公司对技术研发经费的投入维持在销售收入比例的 10% 以上。
4. 加强与高校和科研院所的合作。技术部秉承产、学、研相结合的发展之路，依托现有企业资源，采取引进、消化吸收的创新策略，加快提升技术创新能力。与高校和科研机构加大合作范围、层次和深度，寻求合作伙伴及合作项目。
5. 利用政策优势，加大技术创新力度。积极争取国家、地方政府对于技术创新项目的各项政策支持及资金支持。积极承担省、市级科研项目、创新项目。
6. 积极推进科技型企业、科技平台的申报工作。力争 1 年内完成科技型中小企业的申报与认定、3 年内完成市级企业技术中心或市级实验室的申报与认定、5 年内完成省级企业技术中心或省级实验室的申报与认定。
7. 加强企业知识管理。逐步完善企业产品数据库、过往经验数据库和设计手册。
8. 实现技术资源的信息化、产品平台化建设，力争 5 年内实现产品数据管理（PDM）与产品生命周期管理（PLM）的建设运行。
9. 积极参与行业、国家或地方标准的起草工作。

六、技术人才队伍建设规划

市场经济体制下的激烈竞争，归根到底是人才的竞争。谁拥有了人才优势，谁就会在竞争中取得胜利。对一个企业来说，要想实现企业目标，加快企业发展进度，做大做强，就必须加大人才资源建设。人才的规划中，技术人才更是重中之重，不仅要引得进，还要留得住。不断完善人员培训机制，制定有效的人事管理制度，创造优良的发展环境，真正做到人尽其才，使人才真正成为公司最宝贵的资源。

1. 吸引人才与稳定队伍。推行晋升与灵活的用人机制，引进与重用高学历、高技能人才。3年内技术部引进本科以上高分子、机械、汽车工程等专业人才10人，高级工程师或高级技师3人。

2. 不定期、有计划地进行培训，提高员工素质和能力，每年至少组织2次专业技术类培训。鼓励员工自学和继续教育，公司对学习费用按公司规定给予补贴或报销。

3. 建立健全人才激励制度。公司计划每年提取利润的5%为专项资金用于人才引进、奖励、培训和福利。对具有真才实能的人才委以重任，免费提供住房、配备专车，提供一系列有力政策，鼓励其发展。最大限度地调动人员的积极性和创造性。

4. 鼓励有条件的员工加入汽车工程学会、汽车工业协会、橡胶工业协会等组织，公司对加入协会的会员给予资金支持和奖励。

2.2 技术人员定级标准

很多企业因为缺乏激励和晋升机制，导致技术人员工作积极性不高，甚至流失，给企业带来很大的损失。技术人员是企业拥有技术能力和专业知识的高层次人才，是企业最重要的人力资源，代表着公司的技术实力。企业做好技术人员的晋升机制，优化技术人才梯队，形成赶、学、帮、超的氛围，让技术人员感到职业发展的希望，让他们"有盼头"，使他们的技术能力、专业水平和报酬相一致，从而让企业留住技术人才，更好地发挥人才的作用。

以下是技术人员定级管理制度示例。

例 GS-MS02-02： 技术人员定级管理规定

1. 目的

为促进技术人员的开拓精神，激发技术人员的创造性，提高技术人员的积极性，规划技术人员的职业生涯，推动公司技术进步，实现技术人员的薪酬、技能与绩效的紧密结合，特制定本规定。

2. 范围

本规定适用于公司技术中心技术人员的岗位定级。

3. 职责

3.1 本制度由技术中心和人力资源部统一制定。

3.2 人力资源部负责组织技术人员等级评定工作。

3.3 技术中心主任负责技术人员的管理、技术人员等级申请的审核以及入职技人员的等级推荐。

4. 内容与要求

4.1 技术人员等级设置。

我公司技术人员共设十四级，分别为技术员一级、助理工程师四级、工程师四级、高级工程师四级及专家级工程师，详见下表。

级别	等级	职务
十四级	专家	专家
十三级	高四	高级工程师
十二级	高三	
十一级	高二	
十级	高一	
九级	中四	工程师
八级	中三	
七级	中二	
六级	中一	
五级	助四	助理工程师
四级	助三	
三级	助二	
二级	助一	
一级	技术员	技术员

4.2 技术职务任职条件。

4.2.1 技术员。

1. 中专或以上学历，熟悉机械或高分子材料基础知识。

2. 熟练使用 AutoCAD、Word、Excel、PowerPoint 软件，能够运用 CATIA 软件进行图样的转化。

3. 能够独立完成产品 2D 图样设计。

4.2.2 助理工程师。

1. 中专或以上学历，具备机械或高分子相关专业知识，熟悉生产工艺。

2. 熟练使用 AutoCAD、Word、Excel、PowerPoint、Project 软件，能够运用 CATIA 软件进行简单产品的设计。

3. 独立完成产品 2D 图样设计。

4. 具有产品问题分析能力，能够进行技术质量问题的原因分析。

5. 熟悉 IATF 16949 和质量管理 5 大工具。

4.2.3　工程师。

1. 大专或以上学历，具备所从事技术岗位较全面的专业知识。

2. 熟练使用 AutoCAD、Word、Excel、PowerPoint、Project 软件，能够运用 CATIA 软件进行较复杂产品的设计。

3. 熟悉项目管理知识，能够统筹管理新产品、新项目的开发。

4. 可以识读、查阅英文技术资料。

5. 熟悉 IATF 16949，熟练运用质量管理 5 大工具。

6. 能够从提高产品质量、节能降耗、降低成本方面提出技术改进方案。

4.2.4　高级工程师。

1. 大专或以上学历，具备所从事技术岗位系统、扎实的理论和专业知识。

2. 熟练使用 AutoCAD、Word、Excel、PowerPoint、Project 软件，能够运用 CATIA 软件进行较复杂产品的设计。

3. 能够运用计算机仿真分析软件进行常规的仿真分析。

4. 具有丰富的项目管理经验，能够独立负责新产品、新项目的开发。

5. 可以翻译英文技术资料。

6. 熟悉 IATF 16949，熟练运用质量管理 5 大工具。

7. 具有较强的创造力和创新意识。

8. 具有培训新人的能力。

4.2.5　专家。

1. 本科或以上学历，具备广博、扎实的理论和专业知识，具有非常丰富的开发、管理经验。

2. 具有制定公司技术研发规划的能力，能够领导产品技术攻关或重大技术课题。

3. 熟悉知识产权管理和政府、团体与技术相关的政策、标准、法规。

4. 在行业内具有较强的影响力和权威性。

5. 能够承担省、市级或公司级重大技术项目。

4.3　技术等级的初评。

4.3.1　按公司岗位要求，初招应届毕业生到我公司，实习期满，考核合格按以下标准定级：研究生定中一，本科定助三，大专定助一，中专定技术员。

4.3.2　公司外引外聘技术人员，根据实际技术能力评定技术等级。公司不拘一格吸纳各种人才，对有特殊技术和高能人才，给予特例特办。

4.4　晋级、降级规定。

技术人员的晋级、降级分为正常晋级、破格晋级和降级三种。

4.4.1　正常晋级。技术人员在技术岗工作，同时满足以下要求，可正常晋升一个等级。

1. 当前技术等级岗位任职满一年。

2. 年度绩效考核分数≥90 分，考核为 A 级。

3. 满足晋升等级的任职条件。

4.4.2　破格晋级。技术人员在技术岗工作，满足以下条件，并在上一年度绩效考核中获 B 级以上，且满足晋升等级的任职条件，可破格晋级。技术人员申请破格晋级，条件达到时可随时申请。

1. 取得相应等级的学历，可按 4.3.1 的规定申请晋升至相应等级。

2. 经人力资源和社会保障系统或行业评定，或考试取得专业技术职称后，可按下表申请晋升至相应等级。

职称	等级
正高级工程师	专家
高级工程师	高一
工程师	中一
助理工程师	助一

3. 取得技能等级证书，可按下表申请晋升至相应等级。

技能等级	等级
高级技师	高一
技师	中一
高级工	助一

4. 在现技术等级任职期间，取得以下科研成果，可破格晋升两级。

1）作为前两位发明人，获授权发明专利一项，或实用新型三项，或外观专利三项。

2）作为前两位作者，在国家核心期刊发表有影响力的论文一篇，或在其他专业期刊发表论文两篇，或出版专著一部。

3）通过技术改进，在技术岗位做出较大成绩，明显提高了产品质量、节能降耗、降低成本，或为公司创造较大经济效益。

4）作为项目组组长成功完成三项或以上新产品项目。

4.4.3　降级。技术人员在技术岗工作，出现以下情况之一，其等级下调一级。

1. 连续两个年度绩效考核等级为 C。

2. 年度内工作失误导致产品不合格、顾客不满 5 次以上。

4.5　技术人员等级基本工资标准。

4.5.1　技术人员按等级评定享受对应级别的基本工资，等级确定后次月执行。技术人员等级基本工资标准见下表。

级别	等级	职务	基本工资
十四级	专家	专家	
十三级	高四	高级工程师	
十二级	高三		
十一级	高二		
十级	高一		
九级	中四	工程师	
八级	中三		
七级	中二		
六级	中一		
五级	助四	助理工程师	
四级	助三		
三级	助二		
二级	助一		
一级	技术员	技术员	

4.5.2 技术人员工资核算按《薪酬管理制度》执行,其工资构成如下:基本工资+绩效工资+管理职能工资+项目奖+各项补贴。

4.6 技术人员等级评定。

4.6.1 技术人员的评定坚持"公平、公开、客观"原则,注重技术能力和工作业绩。

4.6.2 技术人员评定小组。

1. 由技术中心专家、生产工艺专家、质量专家组成技术人员等级评定小组。

2. 每次技术人员等级评定,3名评定小组人员参加。评定实行3过1不过的原则,即有1名评定小组人员评价不合格,即不予通过。

4.6.3 技术人员入职等级评定。

1. 新入职应届毕业生,实习期满,考核合格后由技术中心主任根据其学历情况,推荐技术等级,人力资源部审核后确定。

2. 公司外引外聘技术人员,技术中心主任根据实际技术能力推荐技术等级,人力资源部审核,经技术人员评定小组评审后确定其技术等级。高级工程师和专家级别的技术人员,由总经理审定。

4.6.4 技术人员年度等级评定。

1. 正常情况下,每年10月,公司统一进行一次技术人员等级评定。

2. 评定时,由技术人员申请,技术中心主任审核后,报人力资源部。人力资源部组织技术人员评定小组进行统一评审。

3. 评定小组根据技术人员的业绩、上一年度的绩效、任职条件进行评审,审核技术人员的申报材料,对技术人员进行综合评定。

4. 技术人员连续两个年度绩效考核等级为C时,人力资源部直接做降级处理。技术人员因严重工作失误，年度内导致产品不合格、顾客不满 5 次以上时，技术中心主任书面通知人力资源部，人力资源部直接做降级处理。

5．评定结果经人力资源部部长核准后，次月生效。

4.6.5 破格晋级评定。

技术人员达到规定的条件，随时提出申请，经技术中心主任审核后，报人力资源部。人力资源部组织技术人员评定小组评审后确定其技术等级。

5．相关文件、记录

5.1 薪酬管理制度。

5.2 绩效管理制度。

5.3 招聘管理制度。

5.4 技术人员绩效考核表。

5.5 技术人员等级申请表。

附件 1：技术人员绩效考核表

技术人员绩效考核表

No：

部门：		被考核人姓名：		考核日期：		
考核项目		考核内容	占比	分值	考核得分	级别
工作任务完成情况	1	能实时跟进工作，提前完成任务	30%	30		
	2	能跟进工作，按期完成任务		26～29		
	3	在监督下完成任务		14～25		
	4	在指导下，偶尔不能完成任务		＜15		
工作质量	5	出色，准确，无任何差错	20%	20		
	6	完成任务质量尚好，但还可以加强		15～19		
	7	工作疏忽，偶有小差错		9～14		
	8	工作质量不佳，常有差错（包括重要错误）		＜10		
工作技能	9	具备丰富的专业技能，能轻松完成本职工作	10%	10		
	10	有相当的专业技能，足以应对本职工作		8～9		
	11	专业技能一般，但对完成任务尚无障碍		7		
	12	技能程度稍感不足，执行任务需请教他人		5～6		
	13	对工作必需技能不熟悉，日常工作难以完成		＜5		
工作态度与责任感	14	任劳任怨，竭尽所能完成任务	15%	15		
	15	工作努力、主动，能较好地完成分内工作		13～14		
	16	有责任心，能自动自发		10～12		
	17	交代的工作需要督促方能完成		7～9		
	18	敷衍了事，无责任心，做事粗心大意		＜7		

(续)

	19	与人协调无间,为工作顺利完成尽最大努力		15	
团队协作能力	20	爱护团体,常协助别人	15%	13~14	
	21	应他人要求能帮助别人		10~12	
	22	仅在必须与人协调的工作上与人合作		7~9	
	23	散漫,不肯与别人合作		<7	
纪律性	24	自觉遵守和维护公司各项规章制度	10%	10	
	25	能遵守公司规章制度,但需要有人督导		8~9	
	26	偶有迟到,但是上班时兢兢业业		7	
	27	纪律观念不强,偶尔违反公司规章制度		5~6	
	28	经常违反公司规章制度		<5	
加分项	29				
减分项	30				
综合考核得分					

附件2:技术人员等级申请表

技术人员等级申请表

No:

申请人		学历		任职年限		申请日期	
年度绩效考核分		绩效等级		现技术等级		拟申请技术等级	
工作业绩							
技术中心意见							
评定小组意见							
人力资源部意见							

2.3 技术人员劳动合同

专业技术人员可以广义理解为拥有特定的专业技术，以其专业技术从事专业工作，并因此获得相应报酬的人。对于企业来说，技术人员特别是专业技术人员对企业发展壮大非常关键，因此，企业对技术人员都很重视。

劳动合同是证明用人单位与劳动者存在劳动关系最有利的证据，也是对用人单位和劳动者之间权利义务的最好规范。专业技术人员因其自身的特殊性，为明确权利义务，约定相关内容，企业一般会与专业技术人员签订技术人员劳动合同。以下为技术人员劳动合同案例范本。

例 GS-MS02-03： 技术人员劳动合同

技术人员劳动合同

甲方（用人单位）名称：_____ 法定代表人（授权代理人）：_____
地址：_____ 联系电话：_____
统一社会信用代码：_____

乙方（被聘者）姓名：_____ 性别：_____
家庭住址：_____ 联系电话：_____
身份证号码：_____

经甲、乙双方平等协商，并根据《中华人民共和国劳动合同法》及相关法律、法规的规定，甲乙双方遵循合法、公平、诚信的原则自愿签订本合同。

一、聘用岗位及职务
甲方因工作需要，聘用乙方在_____岗位工作，并聘任_____职务，负责_____工作。

二、聘用合同期限
经甲乙双方协商一致，采取固定期限形式的合同期限。合同期限如下：
本合同自_____年____月____日起至_____年____月____日止，期限为____年。试用期自_____年____月____日至_____年____月____日止，期限为____个月。

三、工作内容和工作时间
1. 乙方的工作内容和职责：_____
_____

2. 甲方根据工作需要，经双方协商一致，可以调整乙方工作岗位或安排从事临时性工作。调整乙方工作岗位须签订变更协议，岗位调整后，不影响本合同的继续履行。

3. 乙方应按照本岗位的工作内容及要求，认真履行岗位职责，按时完成工作任务，遵守甲方依法制定的规章制度。

4. 乙方的工作时间采用标准工时工作制：乙方每日工作不超过__8__小时，每周工作不超过__6__个工作日，平均每周工作不超过__48__小时。

5. 甲方确因工作需要，经与乙方协商同意，可延长工作时间，但不得超过国家劳动法律、法规的规定。

6. 甲方依法保证乙方的休息权利。乙方依法享受法定节假日以及探亲、婚丧、生育、带薪年休假等休假权利。

7. 乙方因事请假遵循甲方的请假销假制度。

四、工作报酬

1. 经双方协商，采用计时工资。乙方的工资标准为_____元/月（周），绩效工资（奖金）依据甲方经济效益和乙方实际劳动贡献确定。

2. 双方约定试用期的，乙方试用期期间的工资标准为_____元/月（周）或执行甲方依法制定的试用期工资标准。

3. 工资按月核发，甲方应于次月____日前以货币或转账形式足额支付乙方上一个月的工资。如遇节假日或休息日，应提前至最近的工作日支付，并向乙方提供工资清单。

4. 甲方安排乙方延长工作时间或者在休息日工作的，应依法安排乙方补休或者按照国家相关规定向乙方支付加班工资。

5. 国家和地方政府规定应由甲方支付的津贴、补贴，由甲方在约定的工资标准以外向乙方另行支付。

6. 奖金和分红及其他福利按甲方的相关规定执行。

7. 本合同签订后，乙方工作岗位变更的，甲乙双方可协商调整工资标准，约束在岗位变更协议中。也可不调整工资标准，按本合同的规定执行。

五、社会保险和福利待遇

1. 甲方依照国家法律、法规和政策规定，为乙方及时足额向社会保险部门缴纳社会保险费。社会保险费中的个人负担部分由甲方按国家规定从乙方月工资中扣除后代缴。

2. 乙方在合同期内，休息休假、患病或负伤、患职业病或因工负伤、生育、死亡等待遇，以及医疗期、孕期、产期、哺乳期的期限及待遇，按照国家和地方政府法律、法规的规定执行。

3. 甲方为乙方提供以下补充保险和福利待遇：_____

_____

六、工作条件和劳动保护

1. 甲方应建立健全操作规程、工作规范和劳动安全卫生、职业危害防护制度，并对乙方进行必要业务技术、安全作业等培训。乙方在工作过程中应严格遵守各项制度规范和操作规程。

2．甲方根据国家有关规定，按乙方岗位要求提供必需的工作条件和劳动保护设施，保障乙方的安全与健康。

3．甲方对可能产生职业病危害的岗位，应当向乙方履行如实告知的义务，并对乙方进行劳动安全卫生教育，预防劳动过程中事故的发生，减少职业危害，定期为乙方进行健康检查。

4．甲方违章指挥、强令冒险作业，危及乙方人身安全的，乙方有权拒绝。乙方对危害生命安全和身体健康的劳动条件，有权对用人单位提出批评、检举和控告。

七、聘用合同的终止、解除、续订和变更

1．本合同期限届满，即行终止。

2．本合同经甲、乙双方协商一致，可以解除。

3．乙方有下列情形之一的，甲方可以解除聘用合同：

1）在试用期被证明不符合聘用条件。

2）严重违反劳动纪律或者甲方依法制定的规章制度。

3）连续两年考核不合格。

4）严重失职、渎职，营私舞弊，对甲方利益造成重大损害。

5）被依法追究刑事责任或劳动教养责任。

4．有下列情形之一的，甲方可以与乙方解除聘用合同，但应提前30日书面通知乙方：

1）乙方患病或非因工负伤，医疗期满后，不能从事原工作也不能从事甲方另行安排的适当工作。

2）乙方不能胜任工作，经培训或调整岗位后仍不能胜任工作。

3）本合同订立时所依据的客观情况发生重大变化，致使原聘用合同无法履行，经甲、乙双方协商不能就变更合同达成协议。

4）乙方不能履行聘用合同。

5．甲方经营发生严重困难，确需裁员时，可依法定程序裁员。

6．乙方有下列情形之一，甲方不得依本条4、5项规定解除合同：

1）乙方患职业病或因工负伤并被确认丧失或部分丧失劳动能力。

2）患病或负伤，在法定医疗期内。

3）女职工在孕期、产期、哺乳期内。

4）国家法律、行政法规规定的其他情形。

7．乙方解除本合同，应提前30日书面通知甲方。

8．有下列情形之一，乙方可随时通知甲方解除合同：

1）试用期内。

2）甲方以暴力、威胁或非法限制人身自由的手段强迫劳动。

3）甲方未按合同约定支付劳动报酬或提供劳动条件。

4）国家法律、行政法规规定的其他情形。

9. 乙方承担专业技术工作或管理工作，并承担甲方重大技术项目或涉及知识产权、技术秘密的，解除合同会造成较大经济损失，在甲乙双方协商未达成一致意见前，不得提前解除或终止合同。

10. 乙方被依法开除、劳动教养、判刑的，本合同自行解除。

11. 甲方依据本条第 2、4、5 项解除合同时依法给予经济补偿金。

12. 甲方违法解除或者终止本合同，乙方要求继续履行本合同的，甲方应当继续履行；乙方不要求继续履行本合同或者本合同已经不能继续履行的，甲方应当依法按照经济补偿金标准的 2 倍向乙方支付赔偿金。

13. 乙方违法解除劳动合同，给甲方造成损失的，应当承担赔偿责任。

14. 解除、终止本合同时，甲方应当依据有关法律法规等规定出具解除、终止劳动合同的证明，并在 15 日内为乙方办理档案和社会保险、党团等关系转移手续。乙方应当按照双方约定，办理工作交接。甲方应当支付经济补偿的，在办结工作交接时支付。

15. 合同期满，经甲、乙双方协商同意，可以续延本合同期限，办理续订手续。

16. 甲方因生产经营状况发生变化，经与乙方协商同意，可变更合同有关条款内容，办理合同变更手续。

17. 本合同依法订立后，不因乙方法定代表人变动和公司名称变动而解除。

18. 本条第 11、12、14 项所提到的经济补偿金为本合同工资标准额的 6 个月的工资。

八、其他事项

1. 甲方为乙方提供专业技术培训，并承担培训费用，双方可以订立专项协议，约定服务期。乙方违反服务期约定的，应当按照约定支付违约金。

2. 乙方负有保密义务的，双方可以订立专项协议，约定竞业限制条款。乙方违反竞业限制约定的，应当按照约定支付违约金。给用人单位造成损失的，应当承担赔偿责任。

3. 以下协议作为本合同的附件：

1）培训协议书。

2）保密协议书。

3）……

4. 双方约定的其他事项：_____

5. 甲乙双方因履行本合同发生劳动争议，可以协商解决。协商不成的，可以依法申请仲裁、提起诉讼。

6. 本合同未尽事宜，按国家和地方有关规定执行。

7. 本合同自甲乙双方签字或盖章之日起生效。本合同一式两份，甲乙双方各执一份。

甲方盖章：　　　　　　　　　　　　　　　乙方签章：
甲方法定代表人（委托代理人）签章：
　　年　月　日　　　　　　　　　　　　　　年　月　日

2.4 技术文件管理规定

汽车零部件企业的技术文件，包括外来技术文件和内部技术文件。外来技术文件主要包括来自国家、行业、顾客等的标准、数据、图样、技术规范等；内部技术文件主要是技术部门编制的图样、配方、设计手册、控制计划、作业指导书、检验指导书、技术通知书等。

技术文件是公司指导生产和各项技术工作的依据，是公司的核心文件，必须加强管理。由于汽车零部件企业的技术文件种类繁多，又与具体产品相对应，一般会设置专门的技术文件管理部门，并在各部门设置专职或者兼职资料员负责各种技术文件的管理工作。技术文件的管理包括文件的编制、登记、保管、复制、收发、销毁、归档和保密等工作，保证技术文件的规范、有效、安全、统一等。

以下是技术文件管理规定示例。

例 GS-MS02-04：技术文件管理规定

1. 目的

1.1 规范技术文件的编制、发放、回收、作废、存档等管理。

1.2 保证公司各部门、车间所使用的工艺及其他技术文件和资料受控、有效，防止使用无效或作废文件。

2. 范围

适用于本公司图样、控制计划、作业指导书、检验指导书、技术通知书等技术文件的管理。

3. 职责

3.1 技术部负责技术文件的编制，技术部长负责技术文件的审核。

3.2 资料室负责技术文件的存档、发放、回收、检查、作废、销毁。

3.3 各部室、车间负责各技术文件的保管与使用。

4. 内容与要求

4.1 技术文件的版本、编号与受控码。

4.1.1 图样分为 S、A、B 三个阶段，S 为试制阶段标记，A 为小批量阶段标记，B 为批量阶段标记。对图样的更改，在标题栏记载清楚更改的标记、处数、更改文件号、更改人和更改日期。

4.1.2 作业指导书、检验指导书、试验大纲的版本标记规定："A/0"，"A" 为版本，按英文字母顺序排列；"0" 为修订次数，按阿拉伯数字顺序排列。

4.1.3 控制计划和失效模式与影响分析（FMEA）按更改日期控制。

4.1.4 技术文件编号，按"技术文件编码规则"执行。

4.1.5 技术文件受控码按部门区分，规定见下表。

部门	技术部	质量部	生产部	采购部	市场部	办公室	财务部
受控码	01	02	03	04	05	06	07

4.2 技术文件的编制与审批。

4.2.1 技术部工程师负责产品图样的绘制、控制计划的编制，技术部长或项目负责人审核，工艺人员和标准化人员会签，总工程师批准。

4.2.2 作业指导书、检验指导书、试验大纲、技术通知书、工程更改单及其他技术文件由技术部工程师编制，技术部主管科长或项目负责人审核，技术部长批准。

4.2.3 产品质量先期策划（APQP）输出的文件按项目组分工进行编制和审批，FMEA 由 FMEA 小组编制。

4.3 技术文件的存档。

4.3.1 技术部接到外来技术文件、原图后，组织相关部门进行评审，评审后和"外来文件评审记录"一同交资料室，资料室依据其来源性质，在"外来文件台账"上进行分类编目、登记，并在外来技术文件上加盖"受控"章存档。

4.3.2 技术部编制的技术文件，经批准后交资料室，同时将电子版拷贝到资料室。资料室在"技术有效文件清单"上分类登记，加盖"受控"章存档。

4.3.3 资料室要妥善保管技术文件，做好防火、防水、防霉、防虫、防丢失、防光等工作。

4.3.4 资料室建立电子"技术有效文件清单"，便于文件的检索。

4.3.5 除外来文件、顾客有要求不可复制的保密文件外，内部技术文件均保存一份电子版在资料室专用计算机硬盘上。

4.4 技术文件的发放与回收。

4.4.1 技术文件按以下范围进行发放，特殊情况下，按技术部说明发放。

文件类别	图样	作业指导书	检验指导书	控制计划	PFMEA[一]	技术通知书	工程更改单
发放范围	质量部 生产部	生产部 相关车间	质量部	质量部 生产部	质量部 生产部	按需	质量部 生产部

4.4.2 资料室管理员将经过审批后的文件，按发放范围进行复印，并在该文件的右上角盖红色"受控"印章和"受控码"。填写电子和纸质"文件发放、回收记录"后，一个工作日内发放到相应部门。

4.4.3 接收部门收到技术文件后，必须在"文件发放、回收记录"手写签字，确认签收。

4.4.4 如因采购、外协、开发工装、模具等情况需向外部发放技术文件，则由经

[一] PFMEA 即过程潜在失效模式及影响分析。

办人员到资料室办理文件发放手续。经办人需与文件接收人在"协议"等文件中做好保密约定。资料室管理员与主管技术人员确认后，进行复印、发放。同时发出"技术文件发送、接收确认单"，文件接收人收到技术文件后，5个工作日内签字确认，并回传至我公司资料室。

4.4.5 当文件更改、换版、作废或停用时，需将原发放的技术文件收回。资料室管理员检索电子版的"文件发放、回收记录"后，按其原发放范围对旧版文件进行收回，在"文件发放、回收记录"中原发放记录的位置填写回收日期与回收人。如需换发新版技术文件，重新登记、发放换版后的文件。

4.5 技术文件的使用和保管。

4.5.1 技术部工程师如需查阅技术文件，可到资料室借阅，借阅时填写"文件借阅记录"，限期归还。

4.5.2 除因采购、外协、开发工装、模具等情况需向外部发放技术文件，其他情况技术文件未经总经理批准，一律不外借。

4.5.3 各部门、车间要妥善保管技术文件，分别建立"技术有效文件清单"和使用规定。

4.5.4 当技术文件破损严重、影响使用时，使用部门可持破损文件到资料室换领新文件，新文件受控码仍沿用原文件，资料室将破损文件回收后统一销毁。

4.5.5 各部门、车间确认技术文件丢失，填写"文件补发申请单"，说明丢失原因，经丢失人部门负责人审核，技术部长批准后，到资料室办理补发，补发文件受控码仍沿用原文件。

4.6 技术文件的作废与销毁。

4.6.1 文件更改、换版产生的作废文件，旧版文件可直接做作废处理。

4.6.2 经确认不再需要的文件，由文件的编制部门填写"文件作废申请单"，经原审批人批准后执行作废处理。

4.6.3 作废文件由资料室管理员全部统一回收，并在"文件发放、回收记录表"中做好记录。

4.6.4 资料室管理员将资料室存档的1份作废文件，盖红色"作废"章，长期保存，填写"文件作废留存记录"，同时更新"技术有效文件清单"，其余收回文件销毁。

4.6.5 技术文件销毁过程需要至少两人参加，填写"文件销毁记录"。重要文件销毁时使用碎纸机；一般文件销毁时在文件内容上画×，技术部人员可以使用文件纸张背面做草纸，以节约资源。

4.7 技术文件的检查。

4.7.1 每年12月，资料室管理员依据电子版"技术有效文件清单"按20%的比例抽查现场文件，确认技术文件的有效性。检查内容包括使用的文件名称、编号及版本是否正确、有效等，资料室管理员将检查结果记录在"文件资料周期检查记录"上。

4.7.2 技术部联合工艺纪律检查小组每月1次按"工艺纪律检查办法"的要求对现场技术文件的有效性进行检查。

4.8 技术文件的修订与更改。

4.8.1 作业指导书、检验指导书、试验大纲的更改分为修订与换版两种形式。

4.8.2 作业指导书、检验指导书、试验大纲的修改内容与范围较小或因笔误造成文件编写错误时进行文件修订，其修订次数在3次之内：即A/0为首次发布，A/1为第一次修订，A/2为第二次修订，A/3为第三次修订，再次发生修订时即为换版。

4.8.3 作业指导书、检验指导书、试验大纲的编写依据发生变更、文件修改的范围与内容较大，其修订信息为第四次修订时均需要换版。

4.8.4 图样、控制计划、FMEA的修订和更改，按相应的版本规则进行控制。

4.8.5 对于重要的设计变更、4M变更而发生的较大的文件更改，技术部工程师需编制"工程更改单"，并将其和更改后的文件一并交资料室，资料室按更改内容填写"文件更改一览表"。

4.8.6 当文件修订、更改后，资料室管理员将已发放的老版本技术文件收回，换发新版技术文件，重新在"文件发放、回收记录"上进行登记。

5. 相关文件、记录

5.1 文件控制程序。

5.2 记录控制程序。

5.3 技术文件编码规则。

5.4 工艺纪律检查办法。

5.5 外来文件台账。

5.6 外来文件评审记录。

5.7 技术有效文件清单。

5.8 文件发放、回收记录。

5.9 技术文件发送、接收确认单。

5.10 文件借阅记录。

5.11 文件补发申请单。

5.12 文件作废申请单。

5.13 文件作废、留存记录。

5.14 文件销毁记录。

5.15 文件资料周期检查记录。

5.16 文件更改一览表。

附件1：外来文件台账

外来文件台账

No：

序号	文件名称	文件编号	版本	文件类型	来源	接收人	接收日期	状态	备注

附件2：外来文件评审记录

外来文件评审记录　　　　　　　　　　　　　　　　　　No：

文件名称：		文件编号：	
文件来源：			
评　审　记　录			
新版文件版次/日期：		旧版文件版次/日期：	
新版文件要求		旧版文件要求	
是否需要进一步行动：　□ 是　　□ 否 如果否，说明原因；如果是，填写下面栏目内容			
需制定新工艺文件　　是 □　　否 □ 需更改工艺文件　　　是 □　　否 □ 需查阅相关标准　　　是 □　　否 □ 需发放给有关部门　　是 □　　否 □ 需翻译有关内容　　　是 □　　否 □ 其他行为　　　　　　是 □　　否 □		说明：	
评审人员：		评审日期：	

附件3：技术有效文件清单

技术有效文件清单　　　　　　　　　　　　　　　　　　No：

序号	文件名称	文件编号	版本/修改码	文件类型	使用部门	厂家	备注

附件4：文件发放、回收记录

文件发放、回收记录　　　　　　　　　　　　　　　　　No：

序号	厂家	文件名称	文件编号	文件版本	发放范围	类型	数量/份	发放时间	接收人	回收原因	回收时间	回收人	备注

附件 5：技术文件发送、接收确认单

技术文件发送、接收确认单

No：

收件	发件
公司名： _____ 地址： _____ 收件人： _____ 邮箱： _____	公司名： _____ 地址： _____ 经办人： _____ 审批： _____ 发件人： _____ 邮箱： _____

文件信息：

序号	文件名	文件编号	版本	页数	日期	发送理由	备注

文件接收确认：

接收人： _____　　　接收日期： _____
部门： _____　　　电话： _____

＊文件接收人收到技术文件后，5个工作日内签字确认，扫描回传至我公司资料室邮箱。

附件 6：文件借阅记录

文件借阅记录

No：

序号	文件名称	文件编号	文件类型	借阅事由	借阅人	借阅时间	借阅期限	归还时间	备注

附件 7：文件补发申请单

文件补发申请单

No：

申请部门		申请日期	
文件名称		文件编号		份数	
申请原因			
申请人		审核		批准	

附件 8：文件作废申请单

文件作废申请单　　　　　　　　　　　　　　　　　No：

申请部门			申请日期		
序号	文件名称	文件编号	版本	文件日期	备注
作废原因					
申请人		审核		批准	

附件 9：文件作废、留存记录

文件作废、留存记录　　　　　　　　　　　　　　　No：

序号	文件名称	文件编号	版本/日期	文件类型	作废原因	作废时间	存档时间	存档人	备注

附件 10：文件销毁记录

文件销毁记录　　　　　　　　　　　　　　　　　　No：

序号	文件名称	文件编号	版本/日期	数量/份	销毁原因	销毁时间	销毁人	监销人	备注

附件 11：文件资料周期检查记录

文件资料周期检查记录　　　　　　　　　　　　　　No：

序号	检查时间	厂家	文件名称	文件编号	文件版本	文件类型	使用部门	是否有效	检查人

附件 12：文件更改一览表

文件更改一览表　　　　　　　　　　　　　　　　　No：

序号	文件名称	更换位置		更改前内容	更改后内容	更改人	批准人	日期	版本号
		页码	章节						

2.5 技术文件编码规则

汽车零部件企业为整车厂或上游企业配套产品，所生产的产品具有特定性、型号多、随车型而异的特点。同时，汽车零部件企业的技术文件包括图样、作业指导书、技术通知书、技术更改单等多种类别。为便于技术文件的分类、识别、受控，汽车零部件企业制定技术文件编码规则来统一管理这些技术文件，使每份技术文件在公司内都有唯一的身份标识，促使公司技术文件的管理更加标准、规范。

以下是技术文件编码规则示例。

例 GS-MS02-05：技术文件编码规则

1. 目的
便于技术文件分类、识别和检索，统一技术文件编码，使技术文件管理标准化、规范化。

2. 范围
适用于公司内部图样、工艺文件、检验文件等技术文件的编码。

3. 职责
技术部为该规则的归口管理部门，负责技术文件的编码。

4. 内容与要求

4.1 产品图样的编号。

4.1.1 顾客有确定的图号或零件号时，产品图样编号与顾客确定的图号或零件号一致，在受控文件清单中只编入顺序号。

4.1.2 顾客无确定的图号或零件号时，按以下规则进行编号，所确定的每个零件的编号是唯一的，在公司内部统一使用。

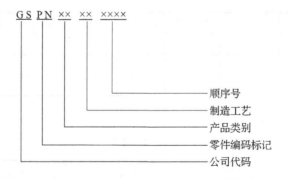

1) 产品类别。

产品类别	三元乙丙橡胶（EPDM）产品	聚氯乙烯（PVC）产品	热塑性硫化橡胶（TPV）产品	塑料产品	骨架	卡扣
代号	01	02	03	04	05	06

2）制造工艺（按主要工艺区分）。

制造工艺	挤出、压延	模压、注胶	注塑	吹塑	吸塑	冲压	辊轧	辊剪
代号	01	02	03	04	05	06	07	08

3）顺序号按产品类别进行编排，如 EPDM 产品第 1 个零件的顺序号为 0001，塑料产品的第 5 个零件的顺序号为 0005。

示例：卡扣类注塑工艺的第 11 个产品编号为 GSPN06030011。

4.2 工艺文件。

4.2.1 胶料配方。胶料配方按以下规则进行编码：

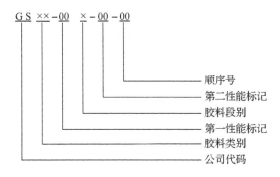

1）胶料类别。

胶料类别	密实胶	海绵胶	接角料
代号	MS	HM	JJ

2）第一性能标记为密实胶胶料的硬度或海绵胶密度的两位阿拉伯数字，如将密度为 0.65g/cm^3 的海绵胶标记为 65。

3）胶料段别按 A、B 两段区分。

4）第二性能标记为密实胶胶料的强度，海绵胶和接角料省略。

5）顺序号按同一性能的胶料进行排序。

示例：硬度为 HA70、强度为 6MPa 的密实胶 A 段胶的第一种配方，编码为 GSMS-70A-06-01。

4.2.2 作业指导书。作业指导书按以下规则进行编码：

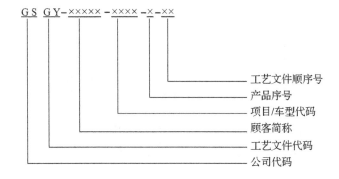

1）顾客简称为5位编码，由顾客组织名称关键词的第一个字母组成，如少于5个关键词，在顾客简称前补0；如多于5个关键词，则从后边将多余的词省略。如：中国重型汽车集团有限公司，顾客简称为0ZZZQ。

2）项目/车型代码为4位编码。原则上，顾客的项目/车型代码如少于4位，则在代码前补0；如多于4位，则尽量保全代码中的数字，根据区分的重要性可从前端或后端省略。

3）产品序号按项目类别进行编排，以英文字母代替。如HOWO车型的第5个产品，编码为E。

4）工艺文件顺序号，用两位阿拉伯数字表示。如某产品的第2个工序的作业指导书，则编码为02。

示例：中国重型汽车集团有限公司HOWO车型第5个产品的第2个工序的作业指导书，编码为GS-GY-0ZZZQ-HOWO-E-02。

4.3 检验文件。

4.3.1 检验指导书。检验指导书按以下规则进行编码：

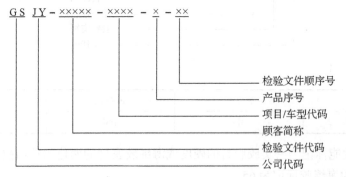

顾客简称、项目/车型代码、产品序号、检验文件顺序号的编码规则同作业指导书。

示例：中国重型汽车集团有限公司HOWO车型第5个产品的第2个工序的检验指导书，编码为GS-JY-0ZZZQ-HOWO-E-02。

4.3.2 原材料检验卡。原材料检验卡按以下规则进行编码：

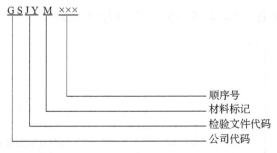

示例：第一种原材料的检验卡，编码为GSJYM001。

4.3.3 外购件检验卡。外购件检验卡按以下规则进行编码：

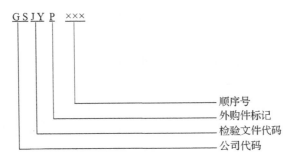

示例：第一种外购件的检验卡，编码为 GSJYP001。

4.4 技术通知书。技术通知书按以下规则进行编码：

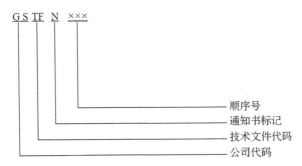

示例：第一个技术通知书，编码为 GSTFN001。

4.5 工程更改单。工程更改单按以下规则进行编码：

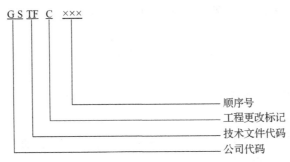

示例：第一个工程更改单，编码为 GSTFC001。

4.6 各种外来文件、标准、法律法规文件以官方或顾客的编号为准，在受控文件清单中只编入顺序号。

5. 相关文件、表单

5.1 文件控制程序。

5.2 变更控制程序。

2.6 项目量产移交管理规定

新产品、新项目开发完成，进入持续时间较长的量产阶段，表明开发工作结束，可以开始大批量生产了。项目开发的结果得到顾客认可后（一般会进行生产件批准，即PPAP），顾客会开始下正常的生产订单，随着量产开始，职责权限发生转移，项目开发的结果就需要移交至生产部门。

项目量产移交，大型企业可能存在人、机、料、法、环、测等全面的移交。而对于中小型汽车零部件企业，大多采用组建横向职能小组开发新产品，开发过程中各部门参与，加之汽车零部件企业产品类别单一、专业性强，大多采用共线生产的特点，相对移交的内容不多，主要是对工艺文件、工装模具、新材料规范、专用检具等进行移交。

以下是项目量产移交管理规定示例。

例GS-MS02-06： 项目量产移交管理规定

1. 目的

规范组织新产品项目开发结束后，经验收合格，进行项目资产和文件资料的量产移交。做好开发到量产的衔接，使项目开发的成果成功转化，避免开发到量产过渡的交接不清、责权不明，并确保遗留问题得到有效解决。

2. 范围

本规定适用于公司新产品开发项目及更改项目的量产移交。

3. 职责

3.1 技术中心是项目量产移交的归口管理部门，负责项目资产和文件资料的具体移交工作，负责向相关部门移交项目资产和文件资料，如新增设备、新增工装模具、新增量检具、工艺文件等。

3.2 项目组负责项目资产和项目文件资料的汇总和整理，对项目资产和文件资料输出的有效性和完整性负责。

3.3 技术中心技术资料管理室负责将项目开发输出的文件资料归档，将有关量产用的工艺和指导类文件受控分发。

3.4 生产部模具库负责接收新增工装模具、工装、夹具、辅具。

3.5 设备部负责接收新增设备、备件及设备相关资料。

3.6 质量管理部负责接收新增检具、量具、试验设施。

4. 工作内容和程序

4.1 项目移交的时机。试生产之后，确认产品和过程设计无重大缺陷，产品和过程确认符合项目预期的结果，量产条件可接受，PPAP工作顾客批准，且项目资料汇总整理归档完毕，进行项目的量产移交。

4.2 项目移交的内容。项目移交的内容为项目开发过程中，归项目组所有的文件资料、新增设备、新增工装模具、新增量检具等硬件设施，以及技术文件更改权限。

4.2.1 项目所输出文件资料包括：APQP、PPAP资料或顾客特定要求的等同资料，产品图样/计算机数据，包装规范，工艺规程，原材料、外协件、过程检验标准，作业指导书，控制计划，标准，样件等。

4.2.2 新增设备及设备的使用说明书、设备验收等相关资料。

4.2.3 新增模具、工装、夹具、辅具，及其图样/计算机数据、验收资料等相关资料。

4.2.4 新增量具、专用检具、试验设备，及其相关使用说明书、检定验收资料等相关资料。

4.2.5 项目遗留问题，尚未完成整改验证的相关资料。

4.2.6 技术文件的更改权限。

4.3 项目资产的汇总及整理。

4.3.1 项目组将新产品开发项目输出的文件资料进行整理汇总，包括APQP、PPAP资料或顾客特定要求的资料，以及项目开发过程中来自外部的标准、样件等。

4.3.2 项目组负责将各种已验收完成的项目资产，包括新增的设备、工装模具、检具等硬件设施及相关资料准备校核。

4.4 项目移交的过程。

4.4.1 项目组应将按4.3.1条要求汇总整理的项目资料原件移交技术中心资料管理室存档。技术中心资料室负责收回之前分发的试制及试生产的技术文件，发放正式生产的技术文件。技术文件的收发按照《文件控制程序》的要求执行。

4.4.2 项目组应将按4.3.1条要求的项目输出技术文件的复印件及电子版移交给技术中心，同时这些技术文件的更改权限也由项目组移交至技术中心。

4.4.3 新增设备由项目组移交至设备部管理，并由生产部车间接管使用，设备备件及相关资料由项目组移交至设备部保管。设备部负责建立设备档案，并按《设备维护保养规定》进行维护。

4.4.4 新增的模具、工装、夹具、辅具及相关资料由项目组移交至生产部模具库，由模具库管理人员负责建立模具台账，并按《工装模具维护保养规定》维护保养。生产部车间根据生产计划按《工装模具使用规定》领用模具。

4.4.5 新增量具、专用检具、试验设备及相关资料由项目组移交至质量部，质量部按相关规定保管和使用。

4.4.6 项目组将已经发现但尚未完成整改验证的各种遗留问题的资料移交各相应责任部门，由责任部门负责进行后续的整改及跟踪验证。

4.4.7 项目组按移交内容编制《项目移交单》，并附详细的《项目移交设施资产清单》和《项目移交文件资料清单》。项目移交的交接双方清点后，在《项目移交单》上签字确认。

4.5 项目移交完成。项目组完成所有文件资料及新增设备、工装模具、量检具等设施的移交后，将移交清单等资料原件交技术中心资料室归档后，公司正式发布通告宣布项目移交完成。

4.6 项目移交资料的保存。移交至技术中心资料室的所有项目文件资料，均由技术中心资料室保管。技术文件的管理按《文件控制程序》的要求执行。

5. 相关程序、文件、记录

5.1 相关程序、文件。

5.1.1 文件控制程序。

5.1.2 产品质量先期策划程序。

5.1.3 工装模具维护保养规定。

5.1.4 工装模具使用规定。

5.1.5 设备维护保养规定。

5.2 相关记录。

5.2.1 项目移交单。

5.2.2 项目移交设施资产清单。

5.2.3 项目移交文件资料清单。

附件1：项目移交单

项目移交单

编号：

项目编号：＿＿＿＿＿＿＿＿＿＿＿＿＿＿＿ 项目名称：＿＿＿＿＿＿＿＿＿＿＿＿＿＿＿

顾客名称：＿＿＿＿＿＿＿＿＿＿＿＿＿＿＿ 项目经理：＿＿＿＿＿＿＿＿＿＿＿＿＿＿＿

接收部门：＿＿＿＿＿＿＿＿＿＿＿＿＿＿＿ 接收日期：＿＿＿＿＿＿＿＿＿＿＿＿＿＿＿

序号	移交物	数量	接收人	备注
1	工程图样			
2	控制计划			
3	PFMEA			
4	工艺文件			
5	工装、模具			
6	夹具、辅具			
7	设备			
8	检具			
9	样件			
10	材料			
11	包装物			
12	其他			

未决或改进事项：

序号	未决或改进事项	改善方案	责任人与预期时间

主管领导意见：

移交人： 接收人：

日期： 日期：

附件2：项目移交设施资产清单

项目移交设施资产清单

项目名称： 　　　　　　　　　　　　日期： 　年　月　日　　　　编号：
　　　　　　　　　　　　　　　　　　　　　　　　　　　　　　　第　页，共　页

序号	产品名称	产品图号	资产名称	资产编号	数量	价格	备注

移交部门：　　　　　　　　　　　　　　　接收部门：
移交人：　　　　　　　　　　　　　　　　接收人：

附件3：项目移交文件资料清单

项目移交文件资料清单

项目名称：　　　　　　　　　　　　日期：　年　月　日　　　　编号：
　　　　　　　　　　　　　　　　　　　　　　　　　　　　　　第　页，共　页

序号	文件资料名称	页数	份数	备注

移交部门：　　　　　　　　　　　　　　　接收部门：
移交人：　　　　　　　　　　　　　　　　接收人：

2.7　控制计划编制作业指导书

在汽车零部件制造企业，控制计划是企业质量管理体系不可缺少的一部分，是产品质量先期策划（APQP）非常重要的输出，是质量计划的一种表现形式。控制计划按阶段分为三种，即样件控制计划、试生产控制计划和批量生产控制计划。

控制计划方法是一种结构化的方法，适用于零件和过程的整个体系，且应在产品的整个寿命周期中被保持和使用，可协助汽车零部件制造企业根据顾客的要求制造出优质的产品。控制计划表格提供了使过程和产品变差最小化的、系统的、文件化的书面描述。

控制计划描述了包括进料、加工和出货在内的每个阶段所需的控制措施，并保证所有的过程输出满足要求所需的阶段性措施。在正式生产运行中，控制计划提供了用来控制特性的过程监视和控制方法。控制计划是一种动态文件，由于过程是不断更新和持续改进的，控制计划应实时修订，以与过程的改进状况相对应。

以下是控制计划编制作业指导书示例。

例 GS-MS02-07： 控制计划编制作业指导书

1. 目的
规范控制计划的编制，确保控制计划的有效性，从而使制造过程可控，制造出满足顾客要求的高质量产品。

2. 范围
适用于公司样件控制计划、试生产控制计划和批量生产控制计划的编制。

3. 定义
3.1 样件控制计划：在样件制造过程中，对样件的尺寸测量、材料和性能试验做出的书面描述。

3.2 试生产控制计划：在样件完成后、全面生产之前，对所要进行的尺寸测量、材料和性能试验做出的书面描述。

3.3 批量生产控制计划：在大批量生产过程中，对产品和过程的特性、过程控制、试验和测量系统做出的全面系统的书面描述。

4. 职责和权限
4.1 技术中心负责控制计划的编制。

4.2 多功能小组负责控制计划的评审。

4.3 技术副总批准控制计划。

4.4 产品主管工程师负责控制计划的修订。

5. 内容与要求
5.1 控制计划制定的时机。

5.1.1 在样件试制之前，制订《样件控制计划》。

5.1.2 在试生产（小批量）生产之前，过程流程图和 PFMEA 完成后，制订《试生产控制计划》。

5.1.3 在试生产结束后，批量生产前，技术中心根据试生产的实际情况和生产经验，对试生产控制计划进行修订和扩展，形成量产控制计划。

5.2 控制计划的制订原则。

5.2.1 控制计划应包括原材料接收、产品制造过程、产品出货等所有的过程，确保所有过程的输出处于受控状态、满足要求。

5.2.2 控制计划应列出各过程控制中控制特性的过程监视和控制方法，以及所使用的反应措施，并随着测量系统和控制方法的改进而进行修订。

5.2.3 针对全新开发的产品，技术中心应按项目实施计划制订其单独的样件控制计划、试生产控制计划、生产控制计划；针对常规产品或来样加工产品，技术中心应根据其系列分类和相同的工艺流程、过程建立和制订其通用的生产控制计划。

5.2.4 控制计划最直接的信息来源是过程流程图和 PFMEA，三个文件的过程必须一致，覆盖从原材料入厂到产品发货的所有过程。PFMEA 中识别的失效模式与控制方法必须在控制计划中予以控制。

5.3 控制计划的制订过程。

5.3.1 为了达到控制计划的有效性，使过程控制有效，技术中心应充分利用所有可用的信息来制订控制计划，制订控制计划的信息来源可包括：

1）过程流程图。

2）设计/过程失效模式及后果分析（DFMEA/PFMEA）。

3）特殊特性清单。

4）从相似零件得到的经验。

5）技术中心及横向职能小组的经验及对过程的了解。

6）设计评审。

7）优化方法，如质量功能展开（QFD）、试验设计（DOE）等。

5.3.2 确定过程，依据过程流程图和 PFMEA，确定控制计划的过程，三个文件的过程必须一致，覆盖从原材料入厂到产品发货的所有过程。

5.3.3 针对产品/过程的特殊特性及其他特性确定需要控制的内容，控制的内容中必须有对产品/过程的特殊特性及产品的检验和试验进行控制的描述。

5.3.4 确定为避免生产不良品或操作失控所需的纠正措施，即反应计划。

5.3.5 技术中心工程师填写编制控制计划表格，控制计划表格的填写参照第 5.6 条控制计划标准表格的填写指南。

5.3.6 横向职能小组对控制计划进行评审，技术副总批准控制计划。

5.3.7 控制计划制订和检查时，可按控制计划检查表检查控制计划是否存在问题。

5.4 控制计划的修订。

5.4.1 控制计划是一个动态文件，当下列条件发生改变时，技术中心主管工程师应及时更新控制计划：

1）产品设计变更（包括尺寸、材料、性能要求等）。

2）过程变更（包括 4M1E 的变化）。

3）PFMEA 发生变更。

4）检查方法/频次发生变更。

5）测量系统发生变化。

6）过程不稳定。

7）过程能力不充分等。

8）顾客要求的改进或企业内部持续改进所发生的变更。

9）产品或工艺出现问题后的更改或改进。

10）新的工艺和设备的利用。

5.4.2 控制计划在变更时，也必须由横向职能小组对变更内容进行评审确认，批准后方可发放给相关部门。

5.5 控制计划的实施与管理。

5.5.1 顾客对控制计划无要求时,相同过程、相同原料生产出来的相同系列的产品可制订通用控制计划。如顾客有要求或要求提交控制计划,则必须为每个产品制订单一的控制计划。

5.5.2 控制计划要发放至生产、质量等相关部门,但不能直接用于指导生产,应根据控制计划中的控制项目和要求,编制工艺文件及作业指导书,供现场具体的操作人员使用。

5.5.3 顾客对控制计划表格有要求时,按顾客要求填写;顾客无要求时,按附件1的标准表格填写。

5.6 控制计划标准表格的填写指南。

如使用控制计划标准表格,按以下的填表说明填写;如使用顾客特殊要求的表格,则将以下说明作为参考,则将按顾客要求填写。

序号	栏目	填写说明	备注
1	样件、试生产、批量生产	表示适当的分类: 样件:在样件制造过程中,进行的尺寸测量、材料和性能试验的描述 试生产:在样件试制后正式生产前,试生产过程中进行的尺寸测量、材料和性能试验的描述 生产:在正式生产中,产品/过程特性、过程控制、试验和测量系统的全面文件化描述	选择合适的阶段,相应选框中打"√"
2	控制计划编号	如适用,输入控制计划文件编号用于追溯。对于多页的控制计划则填入页码(第____页,共____页)	文件编号根据组织的文件编码规则确定,页码根据实际填写
3	零件编号、最新更改等级	填入被控制的系统、子系统或部件编号。适用时,填入源于图样规范的最近工程更改等级和/或发布日期	可以填入图号,无更改时可不填写更改等级
4	零件名称/描述	填入被控制产品/过程的名称和描述	一般填写产品的名称
5	组织/工厂	填入制订控制计划的公司和适当的分公司/工厂/部门的名称	一般填写公司的名称
6	组织代码	填入顾客要求的识别号(如Duns,顾客供应商代码)	此栏一般填写顾客分配给供应商的代码,若顾客无要求,可不填
7	主要联系人/电话	填入负责控制计划的主要联系人姓名和电话号,以及其他联系信息,如电子邮件等	联系人一般为项目负责人或小组的核心成员
8	核心小组	填入负责制订控制计划最终版本的人员的姓名和电话号以及其他信息,如电子邮件等。建议将所有小组成员的姓名、电话号和地址都包含在所附的分配表中	填写参加编写的小组成员,可附表填写详细信息

(续)

序号	栏目	填写说明	备注
9	组织/工厂批准/日期	如必要，获取负责的制造厂批准	顾客无明确要求时，组织可进行自我批准，由组织规定的批准权限人员签字批准，如总工程师、技术副总
10	编制/日期	填入首次编制控制计划的日期	—
11	日期（修订）	填入最近修订控制计划的日期	无修订可不填
12	顾客工程批准/日期	如必要，获取负责的工程批准	顾客无要求时，此栏空白
13	顾客质量批准/日期	如必要，获取负责供方质量的代表的批准	顾客无要求时，此栏空白
14	其他批准/日期	如必要，获取其他同意的批准	适用时批准
15	零件/过程编号	该项编号通常参照过程流程图。如果有多零件编号存在（组件），那么应相应地列出单个零件编号和它们的过程编号	与过程流程图中的过程编号一致
16	过程名称/操作描述	系统、子系统或部件制造的所有步骤都在过程流程图中描述。识别流程图中最能描述所述活动的过程/操作名称	与过程流程图中的过程名称一致
17	机器、装置、夹具、工装	适当时，对所描述的每一项操作识别加工装备，诸如制造用的机器、装置、夹具或其他工具	填写过程所使用的机器、装置、夹具、工装的名称、型号和编号
18	编号	必要时，填入所有适当文件，诸如（但不限于）过程流程图、已编号的计划。FMEA、图样和视觉标准，如需要（计算机绘图或其他方式绘图）相互参照用的编号	填写与其他文件相对应的编号，如特殊特性编号、图样上的特性编号等
19	产品	产品特性为在图样或其他主要工程信息中所描述的部件、零件或总成的特点或性能。核心小组应从所有来源中识别组成重要产品特性的产品特殊特性。所有的特殊特性必须列在控制计划中，此外，组织可将在正常操作中进行过程常规控制的其他产品特性都列入其中	填写产品特性名称，如重量、尺寸、外观、硬度、密度等。特殊特性必须列入
20	过程	过程特性是与被识别产品特性具有因果关系的过程变量（输入变量）。过程特性仅能在其发生时才能测量出。核心小组应识别和控制其过程特性的变差，以最大限度地减少产品变差。对于每一个产品特性，可能有一个或多个过程特性。在某些过程中，一个过程特性可能影响数个产品特性	填写与产品特性实现相关的过程特性名称，如温度、时间、速度、压力、浓度等
21	特殊特性分类	按顾客的要求使用合适的分类来制定特殊特性的类型，或者这一栏可空着用来填写未指定的特性。顾客可以使用独特的符号来识别那些诸如影响顾客安全、法规符合性、功能、配合或外观的重要特性	一般填写特殊特性分类的符号或级别，顾客有要求时按顾客的规定填写，无要求时可按组织的规定填写

(续)

序号	栏目	填写说明	备注
22	产品/过程/规范/公差	规范/公差可以从各种工程文件，诸如（但不限于）图样、设计评审、材料标准、计算机辅助设计数据、制造和/或装配要求中获得	填写产品或过程的规范和公差，如（25±0.5）mm、铅<100mg/kg、(170±10)℃等
23	评价/测量技术	这一栏标明了所使用的测量系统。它包括测量零件/过程/制造装置所需的量具、检具、工具和/或试验装置。在使用测量系统之前，需进行测量系统分析，以确保对监测和测量装置的控制。例如，对测量系统的线性、再现性、重复性、稳定性和准确度进行分析，并做出相应的改进	填写测量系统或技术的名称
24	样本容量/频率	当需要取样时，列出相应的样本容量和频率	频率是指取样的周期，容量是指所取的样本数量
25	控制方法	对于一个有效的控制计划，控制方法是至关重要的因素。这一栏包含了对操作将怎样进行控制的简要描述，必要时包括程序编号。所用的控制应是基于对过程的有效分析。控制方法取决于过程的类型。可以使用（但不限于）统计过程控制、检验、计数数据、防错（自动/非自动）和抽样计划等来对操作进行控制。控制计划的描述应反映在制造过程中实施的策划和战略。如果使用复杂的控制程序，该计划中将引用程序文件的特定识别名称和/或编号 为了达到过程控制的有效性，应不断评价控制方法。例如，如出现过程或过程能力的重大变化，就应对控制方法进行评价	填写有效的控制方法，如X－R图、检查表、自动化检验、工艺指导书等
26	反应计划	反应计划规定了为避免生产不合格产品或操作失控所需要的纠正措施。这些措施通常应是最接近过程的人员（操作者、作业准备人员或主管）的职责，并应在计划中清晰地指定。采取的措施应记录在文件中 在所有的情况下，可疑或不合格的产品必须由反应计划指定的负责人员进行清晰地标识、隔离和处理。本栏还可用来标注特定的反应计划编号并标识反应计划的负责人员	填写出现不合格品与操作失控时的立即反应措施

6. 相关文件、记录

6.1 产品设计与开发控制程序。

6.2 文件控制程序。

6.3 控制计划。

6.4 控制计划检查表。

附件1：控制计划

控制计划

No：

□ 样件　　□ 试生产　　□ 批量生产	主要联系人/电话：	编制日期：	修订日期：
控制计划编号：			
零件图号/最新更改等级：	核心小组：见附件列表	顾客工程批准/日期（如需要）：	
零件名称/描述：	供方批准/日期：	顾客质量批准/日期（如需要）：	
供应商代码/名称：	其他批准/日期（如需要）：	其他批准/日期（如需要）：	

过程编号	过程名称/操作描述	机器、装置、夹具工装	特性			特殊特性分类	方法				反应计划
			编号	产品	过程		产品/过程规范/公差	评估/测量技术	样本		控制方法	
									容量	频率		

附件2：控制计划检查表

控制计划检查表

顾客或厂内零件号：_____ 修订水平：_____　　　　　No：

	问题	是	否	不适用	所要求的意见/措施	负责人	完成日期
1	在制订控制计划时是否使用了控制计划方法论？						
2	是否所有PFMEA识别的控制都包含在控制计划内？						
3	控制计划中是否包括了所有的产品/过程特殊特性？						
4	在制订控制计划时是否使用了DFMEA和PFMEA？						
5	是否已明确需要检验的材料规范？						
6	控制计划中是否明确从进货（材料/零部件）到制造/装配（包括包装）的全过程？						
7	是否涉及工程性能试验要求？						
8	是否具备如控制计划所要求的量具和试验设备？						
9	如要求，顾客是否已批准控制计划？						
10	供方和顾客之间的测量方法是否一致？						
11	测量系统分析是否按顾客要求完成？						
12	抽样大小是否基于工业标准、统计抽样计划表或其他的统计过程控制方法或技术？						

制定人：_____ 修订日期：_____

2.8 潜在失效模式及后果分析实施规范

在汽车制造业，潜在失效模式及后果分析（Failure Mode and Effects Analysis，FMEA）是一套面向团队的、系统的、定性的分析方法，是汽车制造业用于解决技术问题、降低技术风险，从而减少失效、提高产品和过程安全性的一种方法。

FMEA 包括 DFMEA（设计 FMEA）和 PFMEA（过程 FMEA），新版 AIAG & VDA FMEA 中增加了 FMEA-MSR（监视及系统响应 FMEA）。2019 年 6 月，新版 FMEA 正式发布。2019 版 FMEA 由美国汽车工业行动集团（AIAG）与德国汽车工业联合会（VDA）的整车厂（OEM）和一级供应商合作联合出版。新版的 AIAG & VDA FMEA 手册将逐步替代美国汽车工业行动集团的第四版 FMEA 和德国汽车工业联合会的产品和过程 FMEA。新版 FMEA 的主要变化点如下。

1) 新版 FMEA 明确提出，FMEA 应视为项目进行规划，在 DFMEA 和 PFMEA 开始时应讨论 5 个主题，即"5T"，以便及时取得最佳效果、避免 FMEA 返工。这些主题可作为项目启动的一部分，分别是 FMEA 目的、FMEA 时间安排、FMEA 团队、FMEA 任务、FMEA 工具。

2) 新版 FMEA 使用"七步法"作为 FMEA 开发的方法，这七步分别是规划和准备、结构分析、功能分析、失效分析、风险分析、改进优化、结果文件化。

3) AIAG & VDA 的新版 FMEA 取消了风险顺序指数（RPN 值），使用了行动优先级（AP），并修改了严重度（S）、频度（O）、探测度（D）的评级标准。行动优先级（AP）是将 S、O、D 3 个因素进行组合，确定高、中、低 3 个级别，对优先级高的项目优先采取降纸风险的措施。

更多 AIAG & VDA 新版 FMEA 的详细内容和变化，可参考 AIAG & VDA FMEA 手册 2019 版。

以下是 FMEA 实施规范示例。

例 GS-MS02-08： FMEA 实施规范

1. 目的

规范公司 FMEA 的实施工作，清晰地识别产品的功能或制造过程，充分分析产品功能和制造过程中潜在的失效模式及后果和起因，找出避免或减少这些潜在失效发生的措施，从而提高产品质量和顾客满意度。

2. 范围

2.1 适用于公司新产品开发过程中 DFMEA 和 PFMEA 的开发活动。

2.2 适用于公司产品和过程变更时 DFMEA 和 PFMEA 的修订。

2.3 适用于公司质量问题、纠正预防、管理方法等情况下 DFMEA 和 PFMEA 文件的修订。

3. 职责

3.1 技术中心是本规范的归口管理部门，负责组织 FMEA 小组，负责 FMEA 文件的管理。

3.2 项目经理是 FMEA 实施活动的领导，负责 FMEA 活动的推进。

3.3 FMEA 小组由技术中心设计师、工程师、质量部、生产部、采购部、市场部等部门的人员组成跨职能小组，负责 FMEA 活动的具体实施，负责 DFMEA 的开发与修订。

3.4 必要时由采购部或市场部联络邀请供应商和顾客参加相关的 FMEA 实施活动。

4. 术语和定义

4.1 DFMEA 即设计 FMEA，是一种主要由设计责任工程师/团队使用的分析技术，用于分析产品设计阶段可能产生的失效，确保在将零件交付生产前，尽可能考虑并解决潜在失效模式及其相关失效起因或机制。

4.2 PFMEA 即过程 FMEA，以过程为导向的潜在失效分析技术，用于分析制造、装配和物流过程中的潜在失效，以确保生产的产品符合设计目的。

4.3 失效影响（FE），失效模式产生的后果。

4.4 失效模式（FM），一个项目或过程可能无法满足或交付预期功能的方式。

4.5 失效起因（FC），失效模式发生的原因。

4.6 当前预防控制（PC），如何使用现有的和计划中的行为来减轻导致失效模式的潜在起因。

4.7 当前探测控制（DC），项目交付生产前（对于设计 FMEA），产品离开过程或发运给顾客前（对于过程 FMEA），探测失效起因或失效模式是否存在。

4.8 严重度（S），代表失效影响的严重程度。

4.9 频度（O），代表失效起因的发生频率。

4.10 探测度（D），代表已发生的失效起因或失效模式的可探测程度。

4.11 行动优先级（AP），将 S、O、D 3 个因素进行组合，确定的高、中、低 3 个级别。

5. FMEA 的开发

5.1 DFMEA 和 PFMEA 的开发实施按照 AIAG & VDA 新版 FMEA 手册的方法进行。

5.2 FMEA 应视为项目进行规划，在 DFMEA 和 PFMEA 开始时应讨论 5 个主题，即"5T"：FMEA 目的、FMEA 时间安排、FMEA 团队、FMEA 任务、FMEA 工具。这些主题可作为项目启动的一部分，以便及时取得最佳效果，避免 FMEA 返工。

5.3 为最小化后期变更的风险，降低开发成本，FMEA 要在产品开发的早期启动，与产品质量先期策划（APQP）同时进行。但 FMEA 不应只看作是一个单一的事件，而应是完善产品和过程开发的一个长期活动，并且 FMEA 贯穿整个新产品开发过程。

FMEA 工作与 APQP 阶段的对应关系见表 1。

表 1 FMEA 工作与 APQP 阶段的对应关系

APQP 阶段	策划和定义方案	产品设计与开发的验证	过程设计与开发的验证	产品与生产确认	反馈评估和纠正措施
设计 FMEA	在产品开发启动之前的概念阶段开始 FMEA 计划 从设计 FMEA 到过程 FMEA 的信息流动	充分理解设计概念后，启动设计 FMEA	在用于报价的设计规范发布之前完成设计 FMEA 分析	在生产工装开始之前完成设计 FMEA 设计	如果现有设计和过程发生改变，则重新开始策划设计 FMEA 和过程 FMEA
过程 FMEA	应在同一时间段内执行设计 FMEA 和过程 FMEA，以便优化产品和过程设计	充分理解生产概念后，启动过程 FMEA	在最终过程决策之前完成过程 FMEA 分析	在 PPAP/PPA 之前完成过程 FMEA	

5.4 AIAG & VDA 的新版 FMEA 使用"七步法"作为 FMEA 开发的方法，这七步分别是规划和准备、结构分析、功能分析、失效分析、风险分析、改进优化、结果文件化。FMEA "七步法"说明见表 2。

5.5 DFMEA 严重度（S）、频度（O）、探测度（D）的评级标准分别见表 3 ~ 表 5。

5.5.1 DFMEA 严重度（S）在不考虑频度和探测度的情况下确定；需要时，严重度的评估应来源于顾客的传递。

5.5.2 在确定最佳预估频度（O）时应考虑产品经验和预防控制，频度 10、9、8、7 可根据产品验证活动降低。

1）产品经验：在公司内使用产品的历史（新品设计、应用或使用案例）。已经完成的探测控制结果提供了设计经验。

2）预防控制：在产品设计中使用最佳实践、设计规则、公司标准、经验教训、行业标准、材料规范、政府规定，以及以预防为导向的分析工具的有效性（分析工具包括计算机辅助工程、数学建模、模拟研究、公差叠加和设计安全边际）。

5.5.3 DFMEA 探测度（D）根据探测方法成熟度和探测机会进行评级。在探测控制完成后，可以对其有效性进行验证和重新评估。探测控制（如测试）的完成或取消也会影响频度的评估。

5.6 PFMEA 严重度（S）、频度（O）、探测度（D）的评级标准分别见表 6 ~ 表 8。

5.6.1 PFMEA 严重度（S）在不考虑频度和探测度的情况下确定；失效影响的评估结果应经过顾客和组织的一致同意。

5.6.2 在确定过程的最佳预估频度（O）时要考虑预防控制。频度是在评估时进行的预估性评级，可能不能反映真实的频度。频度评级得分是在 FMEA（正在评估的过程）范围内进行的相对评级数值。针对多个频度评级中的预防控制有效性，使用最能反映控制有效性的评级。

表2 AIAG & VDA 的新版 FMEA "七步法" 说明

系统分析			失效分析和风险降低			风险沟通
步骤一 规划和准备	步骤二 结构分析	步骤三 功能分析	步骤四 失效分析	步骤五 风险分析	步骤六 改进优化	步骤七 结果文件化
项目确定	分析范围可视化	产品或过程功能可视化	建立失效链	为失效制定现有和/或计划的控制措施和评级	识别降低风险的必要措施	对降低风险的措施进行沟通
FMEA分析中包括什么，不包括什么	DFMEA： 结构树或其他：方块图、边界图、数字模型、实体部件 PFMEA： 结构树或其他：过程流程图	DFMEA： 功能树/网、功能矩阵、参数图（P图） PFMEA： 功能树/网或其他过程流程图	DFMEA： 每个产品功能的潜在失效影响、失效模式和失效起因 PFMEA： 每个过程功能的潜在失效影响、失效模式和失效起因 FMEA-MSR： 失效起因、监视、系统响应和失效影响缓解	DFMEA&PFMEA： 为失效起因和/或失效模式制定预防控制措施 为失效起因和/或失效模式准备探测控制 FMEA-MSR： 对发生频率等级分配理由 准备监视控制措施 为失效起因和/或失效模式准备探测控制	为措施实施分配职责和期限	建立文件的内容
以往基准FMEA经验教训的识别	DFMEA： 设计接口和间隙的识别 PFMEA： 过程步骤和子步骤的识别	DFMEA&PFMEA： 将相关要求与（内部和外部）顾客功能关联 DFMEA&PFMEA： 将要求或特性与功能关联	DFMEA： 用参数图（P图）或失效网来识别产品失效起因 PFMEA： 用鱼骨图（4M）或失效网来识别过程失效起因	DFMEA&PFMEA： 为每个失效链的严重度、频度和探测度进行评级 FMEA-MSR： 为每个失效链的严重度、频率和监视进行评级	措施实施包括：确定效果；采取措施后进行风险评估	措施记录包括：确定效果，采取措施后进行风险评估
结构分析步骤的基础	功能分析步骤的基础	失效分析步骤的基础	FMEA中失效文件编制和风险分析的基础	为产品要求、过程要求和探测控制优化提供基础	产品或过程优化步骤的基础	记录风险降低到可接受的水平

注：步骤一包含项目规划：目的、时间安排、团队、任务和工具（5T）。步骤四涉及顾客和供应商之间的合作（失效影响）。步骤五涉及顾客和供应商之间的合作（严重度）。步骤六涉及FMEA团队、管理层、顾客和供应商之间针对潜在失效的合作。步骤七：文件的内容满足组织、预期读者和相关利益相关者的要求，细节可由相关方商定。

预防控制有效性：在确定预防控制有效性时，应考虑预防控制是否为技术措施（依靠机械设施、工具寿命、工具材料等），或应用最佳实践（夹具、工装设计、校准程序、防错验证、预防性维护、作业指导书、统计流程控制表、过程监视、产品设计等），或行为措施（依靠持有证书或未持有证书的操作人员、技术工人、团队领导等）。

5.6.3 PFMEA 探测度（D）根据探测方法成熟度和探测机会进行评级。实施未进行任何验证的控制后，可验证和重新评估探测控制的有效性。

5.7 措施优先级（AP）的级别定级见表9，按优先级的排序采取降低风险的措施。对优先级评定为高（H）和中（M）的项目要进行优化，对优先级评定为低（L）的项目可以进行优化。对严重度为 9~10 且优先级为高（H）或中（M）的失效影响和所采取的建议措施，由管理层评审。

5.8 我公司 FMEA 结果文件化的表格选用 AIAG & VDA 的新版 FMEA 手册中的标准表格，附件1 为 AIAG & VDA 的新版 DFMEA 表格案例，附件2 为 AIAG & VDA 的新版 PFMEA 表格案例。

表 3 DFMEA 严重度（S）的评级标准

S	影响	严重度标准
10	非常高	影响到车辆和/或其他车辆的操作安全，影响到驾驶人、乘客、道路使用者或行人的健康状况
9		不符合法规
8	高	在预期使用寿命内，失去正常驾驶所必需的车辆主要功能
7		在预期使用寿命内，降低正常驾驶所必需的车辆主要功能
6	中	失去车辆次要功能
5		降低车辆次要功能
4		外观、声音、振动、粗糙度或触感令人感觉非常不舒服
3	低	外观、声音、振动、粗糙度或触感令人感觉中度不舒服
2		外观、声音、振动、粗糙度或触感令人略微感觉不舒服
1	非常低	没有可觉察到的影响

注：根据以上标准对潜在失效影响进行评级。

表 4 DFMEA 频度（O）的评级标准

O	对失效起因发生的预测	频度标准 – DFMEA
10	极高	在没有操作经验和/或在运行条件不可控制的情况下的任何地方对新技术的首次应用。没有对产品进行验证和/或确认的经验 不存在标准，且尚未确定最佳实践。预防控制不能预测使用现场绩效或不存在预防控制
9	非常高	在公司内首次应用具备创新技术的设计产品或材料。新应用或工作周期/运行条件有改变。没有对产品进行验证和/或确认的经验 预防控制不是针对确定特定要求的性能
8		在新应用内首次使用具有技术创新或材料的设计。新应用或工作周期/运行条件有改变。没有对产品进行验证和/或确认的经验 极少存在现有标准和最佳实践，不能直接用于该设计产品。预防控制不能可靠地反映使用现场绩效

（续）

O	对失效起因发生的预测	频度标准 – DFMEA
7	高	根据相似技术和材料的新型设计。新应用或工作周期/运行条件有改变。没有对产品进行验证和/或确认的经验 标准、最佳实践和设计规则符合基础设计要求，但不适用于创新产品。防预防控制提供了有限的性能指标
6	高	应用现有技术和材料，与之前设计相似。类似应用、工作周期或运行条件有改变。之前的测试或使用现场经验 存在标准和设计规则，但不足以确保不会出现失效起因。预防控制提供了预防失效起因的部分能力
5	中	应用成熟技术和材料，与之前设计相比有细节上的变化。类似的应用、工作周期或运行条件。之前的测试或使用现场经验，或为具有与失效相关测试经验的新设计 在之前设计中所学到的与解决设计问题相关的教训。在本设计中对最佳实践进行再评估，但尚未经过验证。预防控制能够发现与失效起因相关的产品缺陷，并提供部分性能指标
4	中	与短期现场使用暴露几乎相同的设计。类似应用、工作周期或运行条件有细微变化。之前的测试或使用现场经验。之前设计和为新设计而进行的改变符合最佳实践、标准和规范要求 预防控制能够发现与失效起因相关的产品缺陷，很可能反映设计符合性
3	低	对已知设计（相同应用，在工作周期或操作条件方面）和测试或类似运行条件下的现场经验的细微变化或成功完成测试程序的新设计 考虑到之前设计的经验教训，设计预计符合标准和最佳实践。预防控制能够发现与失效起因相关的产品缺陷，并预测了与生产设计的一致性
2	非常低	与长期现场暴露几乎相同的设计。相同应用，具备类似的工作周期或运行条件。在类似运行条件下的测试或使用现场经验 考虑到之前设计的经验教训并对其具备充足的信心，设计预计符合标准和最佳实践。预防控制能够发现与失效起因相关的产品缺陷，并显示出对设计符合性的信心
1	极低	失效通过预防控制消除，通过设计失效起因不可能发生

注：根据以上标准对潜在失效起因进行的评级。在确定最佳预估频度（定性评级）时应考虑产品经验和预防控制。

表5 DFMEA探测度（D）的评级标准

D	探测能力	探测方法成熟度	探测机会
10	非常低	测试程序尚未开发	测试方法尚未定义
9	非常低	没有为探测失效模式或失效起因而特别地设计测试方法	通过/不通过测试、失效测试、老化测试
8	低	新测试方法，尚未经过验证	通过/不通过测试、失效测试、老化测试
7	低	已经验证的测试方法，该方法用于功能性验证或性能、质量、可靠性以及耐久性确认；测试计划时间在产品开发周期内较迟，如果测试失败，将导致重新设计、重新开模具，从而导致生产延迟	通过/不通过测试
6	中		失效测试
5	中		老化测试

(续)

D	探测能力	探测方法成熟度	探测机会
4	高	已经验证的测试方法，该方法用于功能性验证或性能、质量、可靠性以及耐久性确认；计划时间充分，可以在开始生产之前修改生产工装	通过/不通过测试
3			失效测试
2			老化测试
1	非常高	之前测试证明不会出现失效模式或失效起因，或者探测方法经过实践验证总是能够探测到失效模式或失效起因	

注：根据探测方法成熟度和探测机会对探测控制进行评级。

表6 PFMEA 严重度（S）的评级标准

S	影响	对您工厂的影响	对发运至工厂的影响（在已知情况下）	对最终用户的影响（在已知情况下）
10	高	失效可能会导致从事生产或组装作业的工人面临严重的健康和/或安全风险	失效可能会导致从事生产或组装作业的工人面临严重的健康和/或安全风险	影响到车辆和/或其他车辆的操作安全性，影响到驾驶人、乘客、交通参与者或行人的健康状况
9		失效可能会导致厂内不符合法规	失效可能会导致厂内不符合法规	不符合法规
8	较高	生产运行100%会受到影响，产品不得不报废。失效可能会导致厂内不符合法规，或导致从事生产或组装作业的工人面临慢性健康和/或安全风险	生产线停工超过一个完整的班次；可能停止发货；需要使用现场返修或更换（装配线到终端用户），并且不符合相关法规。失效可能会导致厂内不符合法规，或导致从事生产或组装作业的工人面临慢性健康和/或安全风险	在预期使用寿命内，失去正常驾驶所必需的车辆主要功能
7		产品可能需要进行分拣，其中一部分（少于100%）会报废；主要过程有偏差；生产过程速度降低或增加劳动力	生产线停工从1小时起到一个完整的班次；可能停止发货；需要使用现场返修或更换（装配线到终端用户），并且不符合法规	在预期使用寿命内，降低正常驾驶所必需的车辆主要功能
6		100%的产品可能需要线下返工后才能被接受	生产线停工超过1小时	失去车辆次要功能
5	较低	部分产品可能需要线下返工后才能被接受	少于100%的受到影响；极有可能出现额外的缺陷产品；需要分拣；生产线没有停工	降低车辆次要功能
4		100%的产品可能需要在工位上返工后才能继续加工	缺陷产品会触发重大应对计划的启动；可能不会出现额外的瑕疵产品；不需要分拣	外观、声音、振动、粗糙度或触感令人感觉非常不舒服

(续)

S	影响	对您工厂的影响	对发运至工厂的影响（以已知情况下）	对最终用户的影响（在已知情况下）
3	低	部分产品可能需要在工位上返工后才能继续加工	缺陷产品会触发次要应对计划的启动；可能不会出现额外的缺陷产品；不需要分拣	外观、声音、振动、粗糙度或触感令人感觉一般性的不舒服
2		会导致过程、操作或操作人员的不方便	缺陷产品不会触发应对计划的启动；可能不会出现额外的缺陷产品；不需要分拣；需要向供应商提供反馈	外观、声音、振动、粗糙度或触感令人略微感觉不舒服
1	非常低	没有可觉察到的影响	没有可觉察到的影响或没有影响	没有可觉察到的影响

注：根据以上标准对潜在失效影响进行评级。

表7 PFMEA 频度（O）的评级标准

O	基于时间的失效起因预测	控制类型	预防控制
10	每次	无	没有预防控制
9	几乎每次	行为控制	预防控制在防止失效起因出现方面起到的作用很小
8	每班超过一次		
7	每日超过一次	行为或技术控制	预防控制在防止失效起因出现方面可以起到一定的作用
6	每周超过一次		
5	每月超过一次		预防控制在防止失效起因出现方面可以起到有效的作用
4	每年超过一次		
3	每年一次	最佳实践：行为或技术控制	预防控制在防止失效起因出现方面可以起到非常有效的作用
2	每年少于一次		
1	从未发生	技术控制	预防控制在预防失效起因设计（如零件形状）或过程（如夹具或模具设计）而发生的失效起因方面极其有效。预防控制的目的（失效模式）不会因失效起因而实际发生

注：根据以上标准对潜在失效起因进行的评级。在确定最佳预估频度时应考虑预防控制。频度是在评估时进行的预估定性评级，可能不能反映真实的频度。频度评级得分是在 FMEA（正在评估的过程）范围内进行的相对评级数值。针对多个频度评级中的预防控制而言，可以使用最能反映控制有效性的评级。

表8 PFMEA 探测度（D）的评级标准

D	探测能力	探测方法成熟度	探测机会
10	非常低	尚未建立或有已知的测试或检验方法	不能或无法探测到失效模式
9		测试或检验方法不可能探测到失效模式	通过任意或不定时的审核很难探测到失效模式

(续)

D	探测能力	探测方法成熟度	探测机会
8	低	测试或检验方法尚未经过实践证明为有效和可靠（例如，工厂在测试或检验方法方面没有或很少有经验，有关类似过程或本程序的测量可重复性和再现性分析结果接近边际值等）	可以探测失效模式或失效起因的人工检验（视觉、触觉、听觉）方法，或使用人工检验（计数型或计量型）方式
7	低		以设备为基础的检验方式（采用光学、蜂鸣器等装置的自动化或半自动化方式），或使用可以探测失效模式或失效起因的检验设备，如坐标测量机
6	中	测试或检验方法已经经过实践证明为有效和可靠（例如，工厂在测试或检验方法方面具备经验，有关类似过程或本程序的测量可重复性和再现性结果可以接受等）	可以检验失效模式或失效起因（包括产品样本检验）的人工检验（视觉、触觉、听觉）方法，或使用人工测量（计数型或计量型）方式
5	中		以设备为基础的检验方式（采用光学、蜂鸣器等装置的半自动化方式），或使用可以探测失效模式或失效起因（包括产品样本检验）的检验设备，如坐标测量机
4	高	已经过实践证明为有效或可靠的系统（例如，工厂在关于相同过程或本程序的测试或探测方法方面具备经验），测量可重复性和再现性结果可以接受等	以设备为基础的自动化探测方法，可以在下游探测到失效模式，进而避免进一步加工，或系统可以识别差异产品并允许其在过程中自动前进，直到到达指定的不合格品卸载区。差异产品将在一个有效的系统内受到监视，避免这些产品从工厂内流出
3	高		以设备为基础的自动化探测方法，可以在工位上探测到失效模式，进而避免进一步加工，或系统可以识别差异产品并允许其在过程中自动前进，直至到达指定的不合格品卸载区。差异产品将在一个有效的系统内受到监视，避免这些产品从工厂内流出
2		探测方法已经经过实践证明为有效或可靠（例如，工厂在探测方法、防错确认措施方面具备经验等）	以设备为基础的探测方法，可以探测失效起因并避免出现失效模式（差异零件）
1	非常高	根据设计或加工过程而不会实际出现失效模式，或者探测方法经过实践验证总是能够探测到失效模式或失效原因	

注：根据检测方法成熟度和探测机会对探测控制进行评级。

表9 DFMEA 和 PFMEA 措施优先级（AP）

措施优先级是以严重度、频度以及探测度评级的综合为基础的，目的是为降低风险而对各项措施进行优先排序							空白，由使用人员填写
影响	S	对失效起因发生的预测	O	探测能力	D	措施优先级（AP）	备注
对产品或工厂的影响度非常高	9~10	非常高	8~10	低~非常低	7~10	H	
				中	5~6	H	
				高	2~4	H	
				非常高	1	H	
		高	6~7	低~非常低	7~10	H	
				中	5~6	H	
				高	2~4	H	
				非常高	1	H	

(续)

影响	S	对失效起因发生的预测	O	探测能力	D	措施优先级（AP）	备注
对产品或工厂的影响度非常高	9~10	中	4~5	低~非常低	7~10	H	
				中	5~6	H	
				高	2~4	H	
				非常高	1	M	
		低	2~3	低~非常低	7~10	H	
				中	5~6	M	
				高	2~4	L	
				非常高	1	L	
		非常低	1	非常高~非常低	1~10	L	
对产品或工厂的影响度高	7~8	非常高	8~10	低~非常低	7~10	H	
				中	5~6	H	
				高	2~4	H	
				非常高	1	H	
		高	6~7	低~非常低	7~10	H	
				中	5~6	H	
				高	2~4	H	
				非常高	1	M	
		中	4~5	低~非常低	7~10	H	
				中	5~6	M	
				高	2~4	M	
				非常高	1	M	
		低	2~3	低~非常低	7~10	M	
				中	5~6	M	
				高	2~4	L	
				非常高	1	L	
		非常低	1	非常高~非常低	1~10	L	
对产品或工厂的影响度中	4~6	非常高	8~10	低~非常低	7~10	H	
				中	5~6	H	
				高	2~4	M	
				非常高	1	M	
		高	6~7	低~非常低	7~10	M	
				中	5~6	M	
				高	2~4	M	
				非常高	1	L	
		中	4~5	低~非常低	7~10	M	
				中	5~6	L	
				高	2~4	L	
				非常高	1	L	
		低	2~3	低~非常低	7~10	L	

(续)

影响	S	对失效起因发生的预测	O	探测能力	D	措施优先级（AP）	备注
对产品或工厂的影响度中	4~6	低	2~3	中	5~6	L	
				高	2~4	L	
				非常高	1	L	
		非常低	1	非常高~非常低	1~10	L	
对产品或工厂的影响度低	2~3	非常高	8~10	低~非常低	7~10	M	
				中	5~6	M	
				高	2~4	L	
				非常高	1	L	
		高	6~7	低~非常低	7~10	L	
				中	5~6	L	
				高	2~4	L	
				非常高	1	L	
		中	4~5	低~非常低	7~10	L	
				中	5~6	L	
				高	2~4	L	
				非常高	1	L	
		低	2~3	低~非常低	7~10	L	
				中	5~6	L	
				高	2~4	L	
				非常高	1	L	
		非常低	1	非常高~非常低	1~10	L	
没有可觉察到的影响	1	非常低~非常高	1~10	非常高~非常低	1~10	L	

6. 其他要求

6.1 FMEA小组按产品类别开发产品族FMEA，可适用于相似产品。

6.2 新项目或较大变更的FMEA开发采用AIAG & VDA新版FMEA手册的方法。

6.3 对于微小变更的FMEA修订，老版FMEA仍然有效，可保留原有的FMEA文件格式。

6.4 顾客有要求时，遵循顾客的要求。

6.5 FMEA的修订。当产品设计发生变更时，FMEA小组相应项目的设计人员要对DFMEA文件进行修订；当过程发生更改或变更时，FMEA小组相应项目的工程人员要对PFMEA文件进行修订；当发生质量事故、纠正预防、控制方法改变等情况下，由FMEA小组相应项目设计人员或工程人员负责对DFMEA和PFMEA文件进行修订。

7. 相关文件、记录

7.1 设计与开发管理程序。

7.2 AIAG & VDA的新版DFMEA表格案例。

7.3 AIAG & VDA的新版PFMEA表格案例。

附件1：AIAG & VDA的新版DFMEA表格案例

AIAG & VDA 设计失效模式及影响分析（DFMEA）

公司名称：××汽车零部件有限公司　　项目：车门密封条　　DFMEA编号：D-××××
项目地点：××市工业园　　　　　　　DFMEA开始日期：2019.6.25　　设计责任：×××
客户名称：××汽车公司　　　　　　　DFMEA修订日期：/　　　　　　　保密级别：Ⅱ级
车型年/平台：A111　　　　　　　　　跨功能团队：见项目组成员名单

规划和准备（步骤一）／结构分析（步骤二）／功能分析（步骤三）／失效分析（步骤四）／风险分析（步骤五）／改进优化（步骤六）

持续改善		结构分析（步骤二）			功能分析（步骤三）			失效分析（步骤四）				风险分析（步骤五）					改进优化（步骤六）						
问题号	历史更改授权（适用时）	1.上一较高级别	2.关注要素	3.下一较低级别或特性类型	1.上一较高级别功能及要求	2.关注要素功能及要求	3.下一较低级别功能要求或特性	1.对于上一较高级别要素和或最终用户的失效影响(FE)	失效影响的严重度(S)	2.关注要素的失效模式(FM)	3.下一较低级别要素或特性的失效起因(FC)	当前对失效起因的预防措施(PC)	失效起因/失效模式的频度(O)	当前失效起因/失效模式的探测措施(DC)	失效起因/失效模式的探测度(D)	DFMEA措施优先级(AP)	筛选器代码（可选）	预防措施	探测措施	负责人姓名	目标完成日期	状态	采取基于证据的措施	严重度(S)	频度(O)	探测度(D)	DFMEA措施优先级(AP)	筛选器代码（可选）	备注
		车门密封系统	车门密封条	密封条本体	密封，防止雨水、风噪、灰尘进入车内	车门关闭时无车身侧围和车门间隙或缝隙作用	在车身闭车门围间隙之间的缓冲作用	漏雨导致车内部件腐蚀，身体被淋湿造成冰凉感，漏风造成噪音大，漏雨过大，车内舒适度降低，灰尘进入人体，颗粒物、射线进入人体，引发癌变灰尘不满	7	漏风，漏雨，灰尘进入车内	产品密封结构设计不合理，尺寸过小	设计手册(DS1002)过往问题数据库(DD002)	5	密封性能试验、淋雨试验	6	M		3D建模拟口型模具，加速装配	提前制造简易模具，加速试验	××× 产品工程师	20190830	尚未执行							
					缓冲力门关闭时的力量	在车门开闭时产生缓冲	CLD符合设计规范	关门力大，顾客感觉不舒适，引发不满	5	缓冲力过大	产品密封材料配方设计不合理，保持力不足	设计手册(DS1002)过往问题数据库(DD002)	5	压缩负荷试验	4	M		选择类似产品的成熟配方	加速试验	××× 产品工程师	20190830	尚未执行							
					保持良好的密封功能	固定车门密封条本体到车门上	卡扣尺寸与车门钣金匹配 φ6.6±0.3mm	因密封条脱落，密封失效	8	密封条脱落	产品密封结构设计不合理尺寸过大	设计手册(DS1002)过往问题数据库(DD002)	5	压缩负荷试验	4	L		由CAE工程师进行压溃负荷前分析	加速试验	××× CAE工程师	20190716	已完成	××CAE分析报告	7	3	3	L		
				固定卡扣		固定车门密封条本体到车门上					卡接同心度偏差，松动		3	插拔力试验	4	L		选择产品库中现有成熟产品	无	××× 产品工程师	20190710	已完成	选用××#卡扣	7 8	3 2	3 4	L L		

附件2：AIAG & VDA的新版PFMEA表格案例

AIAG & VDA 过程失效模式及影响分析（PFMEA）

规划和准备（步骤一）

公司名称：	××汽车零部件有限公司	项目：	空调通风管12345-67890	PFMEA编号：	P-××××
工程地址：	××市工业园	PFMEA开始日期：	2019.6.15	过程职责：	×××
顾客名称：	××汽车公司	PFMEA修订日期：	/	保密级别：	Ⅱ级
车型/平台：	A111	跨功能团队：	见项目组成员名单		

结构分析（步骤二） / 功能分析（步骤三） / 失效分析（步骤四） / 风险分析（步骤五） / 改进优化（步骤六）

1.过程项系统、子系统、零件要素或过程名称	2.过程步骤工位编号和关注要素名称	3.过程工作要素4M	1.过程项功能、子系统、零件要素或过程的功能	2.过程步骤的功能和产品特性（量值为可选项）	3.过程作业要素的功能和过程特性	1.对上一级别要素和终端用户的失效影响(FE)	2.过程步骤失效模式(FM)	3.作业要素的失效起因(FC)	失效影响的严重度(S)	现行对失效因的预防控制(PC)	失效起因的频度(O)	现行失效模式起因/失效模式的探测控制(DC)	失效的探测度(D)	失效模式的优先级(AP)	筛选器代码（可选）	预防措施	探测措施	负责人姓名	目标完成时间	状态	采取的基于证据的措施	实际完成时间	严重度(S)	频度(O)	探测度(D)	PFMEA AP	特殊特性	备注
吹塑生产线吹塑空调通风管	3A吹塑成型	1.操作者 2.PTB120吹塑机 3.材料 4.环境	工厂：将粒料吹塑成型 整车厂：空调通风管安装在仪表台内 最终用户：空调通风	1.撕碎、给简塑料经挤出，简塑料进入吹塑机，料筒落入模具闭合位置，具闭合、吹气保压（1.2±0.3）mm、无缺料、变形	1.工作上岗合格 2.PTB120吹塑机吹塑时间、温度、压力、保压时间 3.材料HDPE 4.环保、清洁、无混入	工厂：报废 整车厂：产品部分尺寸不涉及安装 最终用户：空调通风不畅	变形	冷确时间短，压压力低	7	工艺师按作业文件设定参数并监控	5	首作中，件专人件确认，件全数目测	6	M		使用试验设计确定工艺参数	专用检具检验	张××	20190715	已完成	使用试验设计确认工艺参数，工艺卡片，制作专用检具，检具操作指导书	20190715	7	1	4	L		
						工厂：品尺寸不合格 整车厂：产品难安装 最终用户：可能有干涉	尺寸超出规范	料筒温度、吹气压力低、模具充模时间、压时间短	7	按照模具维护保养程序对模具进行保养，每天对模具运行配写测量	5	首作中，件专人件确认，件全数目测	6	M		使用试验设计确定工艺参数	专用检具检验	张××	20190715	已完成	使用试验设计确认工艺参数，工艺卡片，制作专用检具，检具操作指导书	20190715	7	1	4	L		
						工厂：产品尺寸超出规范 最终用户：空调通风不畅	尺寸稍大	模具磨损	5	（使用300点厚度器控制壁厚）	3	首作，件专人检验确认	6	L														
						工厂：变形 整车厂：塑料难安装 最终用户：变形	壁厚不均	挤出料在在料筒性位置伸长大	4	工艺师按作业文件设定参数并监控	2	首件切换验，操作员确认，件全数安全检查	6	L		管理者审核纳入、每班管理及5S	无	陈×× 张××	20190630	已完成	对现场人员绩效，5S管理每天审核；每班后清理模具，模具型腔	20190630	8	1	6	L		
						工厂：报废 最终用户：漏风	缺料	混入杂质，原料成型漏料	8	做好现场5S	6	操作者全数目测	6	H														

第 3 章

质量部门管理制度

汽车零部件企业的高质量发展离不开企业全体人员的共同努力。质量部门是企业质量管理的权力部门,担负着质量策划、质量保证、质量控制的责任。其职责范围覆盖质量体系与认证管理,入厂、过程、出厂检验,计量器具管理,质量反馈的处理,以及质量统计分析等。汽车零部件企业的材料、产品的性能试验一般在实验室进行,各企业根据不同的组织特点和实验室范围、规模,将实验室规划为质量部门归属、技术部门归属或独立部门。

3.1 检验员授权上岗制度

产品检验对整个生产过程和进货、出货的质量控制非常关键。企业在人力资源策划时会对检验员的岗位要求、任职条件及职责进行明确。质量部根据检验员的岗位特点、分类、上岗要求等进行细化,制定详细的岗位说明书,对检验员进行授权,强化管理,制定三层管理文件。

以下是检验员授权上岗制度示例。

例 GS-MS03-01: 检验员授权上岗制度

1. 目的

为强化质量控制,明确检验员的职责,加强检验员的责任与权力,制定本制度。

2. 范围

适用于公司所有过程的检验员。

3. 分类

公司检验员分为来料检验员、过程检验员、成品检验员。其中,来料检验员和成品检验员属质量部,过程检验员属生产部,其职责、权限均需质量部授权。

4. 职责

4.1 来料检验员的职责。

4.1.1 对外购、外协件类流入的质量负责。

4.1.2　对外购、外协件类的供应商来料负责检验。

4.1.3　负责外购、外协件类的供应商来料不良的处理。

4.2　成品检验员的职责。

4.2.1　对成品流出的质量负责。

4.2.2　对入库成品质量负责检验。

4.2.3　做好不良品的处置。

4.2.4　协助质量经理处理顾客投诉。

4.3　过程检验员的职责。

4.3.1　对工序不良品的流入与流出负责。

4.3.2　负责对上序来料和本工序生产的产品检验。

4.3.3　对工序不良品进行处置。

4.3.4　对出现异常情况立即向质量经理反馈。

5. 上岗条件

5.1　检验员上岗必须满足《岗位说明书》的要求。

5.2　检验员上岗必须经过质量部组织的专业培训，考试合格。

5.3　检验员培训的内容主要有产品图样的识读、检验标准、行业标准、抽样方法、计量器具的使用、质量管理基础、不合格品控制程序、产品检验程序等。

5.4　检验员经培训考试合格后，由质量部向其颁发经质量部长签署的检验员授权书。

5.5　检验员授权书有效期一年，到期考核合格并参加正常培训达到合格条件后，重新换发检验员授权书。

5.6　为纠正产品质量问题，对不符合放行条件的产品，检验员有权停止生产和发运，公司任何部门和个人不得以任何借口和理由阻挠，必须无条件服从和接受。

5.7　检验员的职责、权限、能力要求详见检验员《岗位说明书》。

6. 相关文件、表单

6.1　岗位说明书。

6.2　检验员授权书。

附件：检验员授权书

检验员授权书
经公司培训、考核合格，现授予_____同志为本公司_____类检验员，检验员号为_____。检验员的职责、权限按照公司《岗位说明书》执行。有效期_____年。
××有限公司质量部 授权人： 授权日期：

3.2 审核员管理规定

审核员是经系统培训并考核合格,由权威认证机构评估、审核,具备从事审核工作能力和素质的个人。汽车零部件制造企业根据管理体系认证的类别和业务范围,设置审核员岗位,如质量管理体系审核员、职业健康安全管理体系审核员、环境管理体系审核员、过程审核员、产品审核员等。

公司的审核员一般包括内部审核员和第二方(供方)审核员,他们从事组织内部的管理体系、过程、产品审核和供方审核。审核员要监督公司管理体系的运行,对公司体系运行工作进行指导,实施内部审核和供方审核,配合、协助外部顾客或机构对公司进行的审核,跟踪和监督审核不符合的纠正,对公司管理体系的保持和改进做好参谋。

以下是审核员管理制度示例。

例 GS-MS03-02: 审核员管理制度

1. 目的

为加强公司审核员的管理,明确审核员的要求和条件,确保公司质量体系得到有效运行并持续改进,特制定本制度。

2. 范围

本制度适用于本公司审核员管理,包括体系审核员、过程审核员、产品审核和供方(第二方)审核员。

3. 职责

3.1 管理者代表负责审核员的统一管理和业务安排,负责审核员能力的维持与改进,制订年度审核计划,组织审核活动。

3.2 综合管理部对审核员备案,保持一份合格审核员名单。

3.3 审核员负责按分工实施审核工作。

4. 内容与要求

4.1 审核员应具备的能力和条件。

4.1.1 体系审核员应具备的能力和条件。

1)相应领域(IATF 16949、ISO 9001、ISO 14001、ISO 45001)中国认证认可协会(CCAA)注册审核员或者具备以下条件。

2)参加相应领域的内审员培训,并取得培训合格证书。

3)了解相应领域中适用的与审核范围有关的要求。

4)了解汽车行业审核过程方法,包括基于风险的思维。

5)能够对审核进行策划、实施和报告,以及关闭审核发现。

6)理解适用的顾客特殊要求。

7）熟悉汽车行业五大质量核心工具（MSA/FMEA/SPC/PPAP/APQP）。注：ISO 14001、ISO 45001 专项体系对内审员不做要求。

8）3 年以上相关领域工作经验，质量管理体系审核员最少具有同行业 2 年质量/生产/技术工作经验。

9）具备相应领域法律、法规知识。

4.1.2　过程审核员应具备的能力和条件。

1）参加过 IATF 16949 内审员培训，并取得培训合格证书。

2）参加过 VDA 6.3 培训，并取得培训合格证书。

3）具有五大质量核心工具（MSA/FMEA/SPC/PPAP/APQP）知识。

4）了解 ISO 9001 和 IATF 16949 中适用的与审核范围有关的要求。

5）理解适用的顾客特殊要求。

6）了解汽车行业审核过程方法，包括基于风险的思维。

7）熟悉控制计划和 PFMEA。

8）了解产品的生产工艺、制造过程和产品特性。

9）3 年以上汽车行业工作经验，最少 2 年质量/生产/技术工作经验。

10）能够对审核进行策划、实施和报告，以及关闭审核发现。

4.1.3　产品审核员应具备的能力和条件。

1）了解汽车行业审核过程方法，包括基于风险的思维。

2）参加过 VDA 6.5 培训，并取得培训合格证书。

3）理解适用的顾客特殊要求。

4）具有五大质量核心工具（MSA/FMEA/SPC/PPAP/APQP）和 8D 等质量分析工具的知识。

5）了解 ISO 9001 和 IATF 16949 中适用的与审核范围有关的要求。

6）能够对审核进行策划、实施和报告，以及关闭审核发现。

7）了解产品的生产工艺、制造过程和产品特性。

8）熟练使用测量工具和检具，了解相关特性的试验方法来验证产品的符合性。

9）3 年以上汽车行业工作经验，最少 1 年质量工作经验。

4.1.4　供方审核员应具备的能力和条件。

1）参加过 IATF 16949 内审员或第二方审核员培训，并取得培训合格证书。

2）参加过 VDA 6.3 培训，并取得培训合格证书。

3）具有五大质量核心工具（MSA/FMEA/SPC/PPAP/APQP）知识。

4）了解 ISO 9001 和 IATF 16949 中适用的与审核范围有关的要求。

5）理解适用的顾客特殊要求和组织的特定要求。

6）了解汽车行业审核过程方法，包括基于风险的思维。

7）熟悉控制计划和 PFMEA。

8）了解供方产品的生产工艺、制造过程和产品特性。

9）3 年以上汽车行业工作经验，最少 2 年质量/生产/技术工作经验。

10）能够对审核进行策划、实施和报告，以及关闭审核发现。

4.2　审核员应具备的行为规范。

1）有道德，即公正、可靠、忠诚、诚实和谨慎。

2）思想开明，即愿意考虑不同意见或观点。

3）善于交往，即灵活地与人交往。

4）善于观察，即主动地认识周围环境和活动。

5）有感知力，即能本能地了解和理解环境。

6）适应力强，即容易适应不同情况。

7）坚忍不拔，即对实现目的坚持不懈。

8）明断，即根据逻辑推理和分析及时得出结论。

9）自立，即在同其他人有效交往中独立工作并发挥作用。

4.3　审核员能力的维持与改进。

4.3.1　管理者代表协调、分配审核员的审核工作，保证每名审核员每年执行相关审核不少于 2 天。

4.3.2　管理者代表组织审核员参加有资质的培训机构和培训师培训。当 IATF 16949、ISO 9001、ISO 14001、ISO 45001、VDA 6.3、VDA 6.5 等标准更新，五大工具换版时，保证相应的审核员参加培训。

4.3.3　当顾客的特殊要求发生变化，相关的法规、标准更新，管理手册、程序文件和管理文件发生重大变更时，审核员要参加培训，知晓变化点。

4.4　审核员的任命。

4.4.1　公司的审核员均为兼职。生产、质量、技术、采购、销售部门，每个部门至少保持 1 名合格质量体系审核员和过程审核员；产品审核员从质量部门质量工程师中选拔，每类产品至少保持 1 名产品审核员；第二方审核员从质量、技术、采购部门选拔，至少保持 3 名第二方审核员；环境和健康体系审核员不定部门，至少保持 3 名审核员。

4.4.2　审核员由各部门推荐或个人自荐，达到审核员资格条件，填写《审核员申报表》，经部门主管审核，管理者代表批准后任命，报综合管理部备案。

4.4.3　初次批准后的审核员不能安排独立审核，必须入审核组实习，在正式审核员或审核组长指导帮助和见证下，完成至少 5 个审核日的包含相应领域完整体系审核或过程、产品、第二方审核，并经审核组长评价"合格"后，可转为正式审核员，报综合管理部备案。

4.4.4　正式审核员至少完成 15 个审核日的包含相应领域完整体系审核或过程、产品、第二方审核，方可担任审核组长。

4.4.5　取得 CCAA 认证的审核员，可直接任命为相应领域的正式审核员，可担任审核组长。

4.4.6　综合管理部建立并保持更新《合格审核员名单》，实施审核时，审核组长从《合格审核员名单》中选择审核员。

4.5 审核员工作评价。

4.5.1 审核员工作评价由审核组长按照《审核工作评价表》进行评价。审核组长由管理者代表按照《审核工作评价表》进行评价。

4.5.2 体系审核、过程审核、产品审核和供方审核每次审核均需做出评价。

4.5.3 审核员的评价分数，70分合格，每次评价均应在70分以上，保持审核员资格；一年内两次70分以下，取消其审核员资格。

4.5.4 审核员未按要求参加 IATF 16949、ISO 9001、ISO 14001、ISO 45001、VDA 6.3、VDA 6.5 等标准更新或五大工具换版的培训，取消相应的审核员资格。

4.5.5 每年12月底由管理者代表对审核员进行确认一次，根据审核员的审核完成情况、日常表现、参加培训情况确认其审核员资格的保持、取消，确认审核员的级别，编制《审核员年度确认表》，并交综合管理部备案。

4.6 审核员的职责参照《岗位说明书》。

4.7 公司实行审核员补贴制度，每名审核员每月补贴____元。

5. 相关文件、记录

5.1 岗位说明书。

5.2 审核员申报表。

5.3 合格审核员名单。

5.4 审核工作评价表。

5.5 审核员年度确认表。

附件1：审核员申报表

审核员申报表

申请日期：　　　　　　　　　　　　　　　　　　　　　　　　　　　　No：

姓名		性别		出生年月		照片
部门		职务		工作年限		
职称		专业		专业工作年限		
工作和培训简历						
审核能力自评					签字/日期：	
部门意见					签字/日期：	
管理者代表意见					签字/日期：	

附件2：合格审核员名单

合格审核员名单 No：

序号	姓名	编号	部门	审核范围	审核经历	可否担任组长	备注

附件3：审核工作评价表

审核工作评价表 No：

姓名		评价人		得分	
审核项目或内容				审核时间	
评价内容					
序号	评价内容				得分
1	是否准确理解标准内容				
2	编写检查表的适用性强				
3	审核抽样的代表性				
4	熟悉专业技术知识				
5	公正地提出不符合项				
6	审核记录规范、完整				
7	审核计划的合理性（仅适用于组长）				
8	审核报告的客观性、完整性（仅适用于组长）				
9	遵守审核的纪律性，迟到或早退一个小时扣5分，缺勤半个审核日扣10分				

说明：第1~8项，每项满分10分，由评价人根据符合程度评分；第9项为扣分项；总分为第1~8项的平均分×10 − 第9项扣分。

附件4：审核员年度确认表

审核员_____年度确认表 No：

序号	姓名	编号	审核员类别	是否按要求参加培训	对体系运行监督、指导及对外审的作用	审核日数	评价分数	级别	状态

确认人：　　　　　日期：

3.3 GP12 管理制度

GP12：早期生产遏制，是通用（GM）汽车针对内部及供应商培训的一个质量管理程序，即我们通常所说的 100% 全检。这里所说的全检是按常规检验结束后，产品出厂前，临时增加的一道离线、独立的额外检验。

(1) 实施 GP12 的目的

1）验证生产控制计划。
2）防止不合格品流出，确保顾客在关键阶段接收合格的产品。
3）证明供应商努力的成果，验证生产开始、加速阶段或变更后过程控制的稳定性。
4）确保任何质量问题在供应商处得到快速识别、遏制和纠正。
5）增加高层管理人员的参与度和透明度。

(2) GP12 的退出条件

GP12 不是正常生产时常规的检验过程，其实施有开始和退出条件。按照通用 GP12 的要求，所有的初始生产、批量生产、服务和配套件要求 PPAP 的，顾客认为是存在重大风险的零件，都要实施 GP12。组织在生产开始、加速阶段、制造过程变更后、生产中断 3 个月以上开始实施 GP12。

GP12 的退出条件如下。

1）若顾客有规定实施 GP12 的数量和时间，遵照顾客的要求，完成规定数量或时间的产品交付，且 GP12 检验和顾客没有发现问题；若顾客没有规定时间和数量，至少保持两周或整个生产加速期间有效实施。
2）如果在 GP12 实施期间，GP12 检查或顾客发现了问题，则在纠正措施实施后或最初的 GP12 周期结束后，GP12 要至少再保持两周有效实施。
3）如果 GP12 实施期间不断地发现问题，则 GP12 必须持续实施，直至过程控制和能力证明有效，并且生产控制计划被确认后，质量问题彻底解决，方可退出 GP12。

(3) GP12 的注意事项

企业使用 GP12 早期生产遏制管理要做好以下几点。

1）设置独立于生产线之外的 GP12 检查区，灯光、检测工具需符合要求。
2）指定 GP12 负责人，一般是对公司质量水平负责的高层或项目经理。
3）开发 GP12 控制计划，实施检查做好记录。
4）GP12 检查实施人员受过专门培训。
5）GP12 区域设置目视看板。
6）产品粘贴有对公司质量水平负责的高层签字的绿色圆形 GP12 标签。

以下是 GP12 管理制度示例。

例 GS-MS03-03： GP12 管理制度

1. 目的
保证在试制和早期生产过程中对产品质量进行控制，避免不合格品的交付。使质量问题遏制在公司内部，并及时纠正，平稳地进入正常生产阶段。

2. 范围
2.1 适用于公司所有量产初期产品、试生产产品、工程变更产品。

2.2 适用于外购、外协件量产初期、试生产、工程变更的检验。

3. 定义
GP12：早期生产遏制，是通用（GM）汽车针对内部及供应商培训的一个质量管理程序，是早期生产阶段额外实施的检验控制手段。

4. 职责
4.1 质量部是本制度的归口管理部门。

4.2 GP12 检验员：负责进入 GP12 控制程序的产品检验和 GP12 标签粘贴工作；负责 GP12 检验结果的记录与问题反馈。

4.3 GP12 检验班长：负责 GP12 检验员的工作安排和管理；负责 GP12 标签管理和发放；定期收集、统计、分析 GP12 检验数据；协助质量工程师组织 GP12 检查会议；负责 GP12 实施期间的样件收集；负责 GP12 退出申请。

4.4 质量工程师：负责编制 GP12 检查清单及更新；负责 GP12 检验员和 GP12 检验班长的培训；处理 GP12 发现的质量问题和整改措施的跟踪验证；负责产品标准样件制作；负责 GP12 退出的审核；定期组织召开 GP12 检查会议。

4.5 质量部长：负责 GP12 标签签字及内部 GP12 退出的批准。

5. 内容与要求
5.1 在公司产品或外购、外协产品的项目量产初期、试生产、工程变更后，项目工程师将在产品开发中出现的问题，特别关注的检验、测试等检验项目等信息传递给质量部相关质量工程师。

5.2 质量工程师依据产品图样和项目工程师传递的信息编制 GP12 检查清单，并确定反应措施。GP12 检查清单应动态更新，最新发现的问题要及时列入检查清单。

5.3 GP12 检验员必须经培训合格后上岗。GP12 检验员按照 GP12 检查清单对进入 GP12 控制程序的产品实施 100% 检验，并将检验结果填写在 GP12 检验记录表中。

5.4 经检验合格的产品，由 GP12 检验员粘贴直径 25mm 的绿色圆形 GP12 标签，若产品上不适合粘贴，则由 GP12 检验班长联系质量工程师确定替代方法。

5.5 GP12 检验员将检验过程中发现的不合格品按《不合格品处理流程》进行标识、隔离处理，并采取计划的措施，同时将不合格品数量及不合格品类型填写在 GP12 问题清单上。发现可疑品时，将可疑品标识后放置在评审区域，报告 GP12 检验班长，检验班长通知相应质量工程师、项目工程师进行评审确认。

5.6 对 GP12 检验过程中发现的问题不能及时解决时，质量工程师召集多功能小组分析问题的根本原因并采用"5Why"法解决问题；针对重复发生的不合格项，要采用"8D"报告形式解决；必要时，修订 PFMEA 和控制计划，以反映问题解决措施的结果。

5.7 GP12 检验班长每天将检测结果汇总张贴于 GP12 目视看板上，并更新合格率趋势图。

5.8 质量工程师根据 GP12 检验结果，每周至少组织一次 GP12 检查会议。会上落实 GP12 检验过程中出现问题的纠正措施，验证采取措施后的效果等事项。

5.9 GP12 程序退出条件：顾客有规定的时间和数量时，遵照顾客的规定；顾客没有规定时，按正式生产满 3 个月或生产量达 1200 件，且未发现不合格现象，顾客无质量反馈要求，可申请退出 GP12 控制程序。如果在 GP12 检查时或客户处发现问题，则在纠正措施执行或最初 GP12 周期结束后，再保留 GP12 两周时间；如果 GP12 检查实施期间，不合格品不断出现，则 GP12 控制程序必须持续进行，直到过程控制和过程能力满足，质量问题彻底解决。

5.10 达到 GP12 程序退出条件，顾客有要求时，质量工程师向客户申请退出 GP12，客户同意后方可退出；顾客无要求时，如 GP12 检验班长申请退出 GP12，则由制质量工程师审核、质量部长批准。

5.11 奖惩规定：若在 GP12 程序实施期间，未发现质量问题，也未收到顾客质量反馈，奖励产品生产班组每人 200 元，奖励 GP12 检验班每人 100 元；若在 GP12 检验时发现一次质量问题，处罚产品生产班组每人 100 元，奖励 GP12 检验班每人 100 元；若收到顾客质量反馈一次，处罚产品生产班组每人 200 元，处罚 GP12 检验班每人 200 元。

6. 相关文件、表单

6.1 GP12 检查清单。

6.2 GP12 检验记录。

6.3 GP12 问题清单。

附件1：GP12 检查清单

GP12 检查清单

No：

产品名称		产品图号		编制日期	
带编号简图：					
编号	特性	特殊特性分类	规范/公差	评价/测量技术	检验频次	反应措施

编制：　　　　　审核：　　　　　批准：

附件 2：GP12 检验记录

GP12 检验记录

No：

顾客名称				项目代号					生产批次								生产班次													
产品名称				产品图号					生产数量								生产日期													
编号	特性	规范/公差	检测工具	产品序号																										
				1	2	3	4	5	6	7	8	9	10	11	12	13	14	15	16	17	18	19	20	21	22	23	24	25	26	27	28	29	30
结论																														
反应措施																														
检验员				检验日期：					审核：								××有限公司													

注：1. 检验合格打"√"，不合格打"×"。
    2. 结论一栏填写"合格"或"不合格"。
    3. 反应措施一栏填写代号：a—返修，b—报废，c—放行。

附件 3：GP12 问题清单

GP12 问题清单

No：

顾客名称			项目代号		产品名称			产品图号			
编号	检验日期	生产批次	检验数量	合格数量	不合格数量	不合格类型/数量					反应措施	检验员
						13	14	15	16	17	18	19	20	21	22		

注：不合格类型/数量栏，按不合格类型填写不合格数量。

3.4 实验室管理制度

IATF 16949 标准对内部和外部实验室做了说明与要求，标准中以"laboratory"定义了进行试验检测的机构。实验室范围应包括在质量管理体系文件中。实验室可以按 ISO/IEC 17025 标准要求进行实验室认可，用以证明组织内部实验室符合要求，但 IATF 16949 没有强制要求。

汽车零部件企业一般都会在企业内部设立内部实验室，以便于对进货、过程和出厂材料或产品符合性进行验证。通过 IATF 16949 认证的企业，无论企业是否进行实验室认可，实验室的技术要求和能力都应符合 IATF 16949 标准的要求。实验室在企业的组织架构中，根据工作范围和重要程度，可归属技术部门、质量部门或独立。在制造业中的小企业，特别是汽车零部件制造企业，实验室的主要任务是进行材料、性能试验，验证材料、产品是否符合要求，因此归属质量部门的比较多。

实验室的管理制度有实验室管理制度、试验仪器管理制度、实验室安全管理制度、试验记录管理制度,以及各种试验的操作规范、试验设备操作规程等。以下列举了实验室管理制度、实验室安全管理制度和实验室温湿度记录表,供参考。

以下是实验室管理制度示例。

例 GS-MS03-04(1): 实验室管理制度

实验室管理制度

一、实验员必须穿工作服进入实验室,非实验室人员不得进入。

二、实验员必须按试验操作规程和标准进行试验,做好防护措施,防止安全事故发生。

三、保持标准的实验室温度、湿度范围。温度23℃±2℃,相对湿度50%±5%。

四、保持实验室内卫生清洁、窗明几净。废弃试样放入固定的箱桶内,并及时处理。

五、试验设备、附属设置、桌几等物品固定位置、摆放整齐并保持干净、清洁。

六、检验文件、试验标准、试验报告等摆放整齐有序,按文件管理规定进行管理。

七、定期对试验设备、仪表进行检查、保养、维护。

八、定期对计量器具进行检定或校准,并粘贴合格标签,未经检定或校准合格的计量器具不得使用。

九、客观地记录试验结果,内容真实,数字准确。

十、禁止在实验室进餐、会客等与试验工作无关的活动;严禁使用低温箱、热空气箱等存放和加工食品。

十一、离开实验室前,要切断水、电、气,关好门窗。

××有限公司实验室

以下是实验室安全管理制度示例。

例 GS-MS03-04(2): 实验室安全管理制度

实验室安全管理制度

一、全体实验员要树立"安全第一、预防为主"的思想,把安全操作放在首位。

二、实验员必须掌握操作规范,做好安全防护,严禁违规操作。

三、实验室使用的易燃、易爆、有毒、放射性、腐蚀性等危险物品,要有专人负责,定点购买。

四、危险物品要有专门存放区域、位置,明示危险标识牌,上锁管理,且钥匙由二人以上专人保管,做好登记。

五、危险物品领取使用时,保管人员要严格核对物品名称,按领用单上的数量发放,不得多发或少发。

六、实验室使用的危险物品,必须有登记和消耗记录,且要注明用途、用量、日期,并有负责人和使用人签字。

七、实验室消防器材要有专人管理,且使用要熟练,严禁随意搬动和遮蔽。

八、实验室内禁止随意使用明火,严禁吸烟。

九、定期检查,做好危险物品的防潮、防燃、防爆等工作。

十、安全、正确、合理地使用电、水、气,严格遵守各项规定。

十一、做好安全防范工作,防止危险品的丢失。

××有限公司实验室

附件:实验室温湿度记录表

实验室温湿度记录表

年　　月　　　　　　　　　　　　　　　　　　　　　记录编号:

	日期	温度	湿度	不符合措施	采取措施后	记录人	确认人
1	上午						
	下午						
2	上午						
	下午						
3	上午						
	下午						

注:1. 标准温湿度范围:温度为23℃±2℃,相对湿度为50%±5%。

2. 点检时间:上午(9:00—10:00),下午(3:00—4:00)。

3.5 试验操作规程

试验操作规程相当于试验作业指导书,一般是针对某种特定试验,为保证试验操作规范、安全、有效而制定的,试验操作人员在进行试验时必须遵循相应程序或步骤。试验操作规程的内容根据试验的特点及试验设备的使用特点,一般包括试验名称、试验依据的标准、试验步骤、试样要求、设备等。

以下为试验操作规程的一个案例。

例 GS-MS03-05:试验操作规程

××有限公司实验室			
试验操作规程		编号:ZY02-01	
试验名称	橡胶拉伸应力应变性能试验	执行标准	GB/T 528—2009
一、试验设备 1. 电子拉力试验机(3#) 2. 裁片机、1型裁刀 3. 测厚计		试样图	

（续）

二、试样制备	
1. 试样数量：3 件	
2. 试样选择 1 型哑铃状试样，试验长度（25.0±0.5）mm，其他尺寸见试样图	
3. 试样厚度：标准试样（2.0±0.2）mm；取自成品件的非标准厚度，狭窄部分最大为 3.0mm	
4. 标准试样在平板硫化机上使用专用试片模具硫化制作	
5. 试样调节，按 GB/T 2941—2006《橡胶物理试验方法试样制备和调节通用程序》的规定，硫化后的试片或成品在实验室标准环境中调节不少于 16h，不大于 72h	
6. 试样使用 1 型标准裁刀和裁片机裁切	
7. 使用测厚计对裁切的试样测量厚度。在试验长度的中部和两端测量，取 3 个测量值的中位数	
三、操作步骤	
1. 按试验机、计算机、打印机的顺序启动试验机。每次开机后要预热 5min，系统稳定后进行试验	
2. 安装 3# 夹具，设置好拉力机的限位装置。若夹具已安装到试验机上，则对夹具进行检查	
3. 打开软件，试验方法选择 GB/T 528—2009《硫化橡胶或热塑性橡胶 拉伸应力应变性能的测定》。单击"输入"，打开"输入"窗口，依次输入试样数量、试样宽度和试样厚度	
4. 夹持试样，先将试样夹在接近力传感器一端的夹头上，力清零消除试样自重后再夹持试样的另一端	
5. 将标尺的两只夹子夹于试样的狭窄部位	
6. 将试验运行速度设置为 500mm/min。单击"运行"按钮，设备将按照软件设定的试验方案进行试验	
7. 若试样在狭窄部分以外断裂，则舍弃该次试验结果	
8. 每根样品试验完后，屏幕下端将显示试验结果。再单击"报表"按钮，选择"内部报告"，将生成试验报告	
9. 在结束试验工作后，按照试验机、打印机、计算机的关闭顺序关机	
四、试验记录	
1. 设备自带软件生成的试验报告存电子档，需要打印时打印	
2. 将试验结果登记在试验台账上	
备注	

编制：　　　　　　　　　审核：　　　　　　　　　批准：

附件：实验室试验项目台账

实验室试验项目台账

JL0×××

序号	试验名称	试样名称	试验来源	试验日期	试验结果	报告编号	实验员	备注

3.6 试验设备操作规程

试验设备操作规程是特定试验设备的通用操作方法，是指导实验员正确操作设备、保障仪器设备安全运行和保持设备良好工作状态的技术性规范。试验设备操作规程根据设备的结构特征、运行特点、安全操作等要求，对试验人员在试验操作过程中必须遵守的事项、程序及动作等做出规定。

试验设备操作规程编制的依据主要是设备说明书和相关的标准。试验设备操作规程的主要内容一般包括：

1）设备信息和运行的主要参数。
2）设备启动和预备的程序和注意事项。
3）试验操作步骤和注意事项。
4）设备关停的程序和注意事项。
5）设备保养、维护的要求。
6）操作异常的解决方法。
7）安全防护的要求和注意事项。

操作人员应认真执行试验设备操作规程，保证设备正常运转，减少故障发生，防止安全事故。

以下为试验设备操作规程的一个案例。

例 GS-MS03-06： 试验设备操作规程

电子拉力试验机操作规程

ZY02-02

设备型号：　　　　　　　　　　设备编号：

一、 适用范围

1. 测力：最大载荷为 5000N，精度为示值的 ±1.0%。
2. 变形：最大拉伸距离为 900mm，精度为 ±0.5%。
3. 位移测量：精度为 ±1%。
4. 速度：1~500mm/min。

二、 启动试验机

在确认设备的电源连线和信号连线连接无误后，按照以下顺序开机：试验机—计算机—打印机。每次开机后要预热 5min，待系统稳定后，才可进行试验工作。

三、 操作步骤

1. 根据试验类型安装夹具，若夹具已安装到试验机上，则对夹具进行检查，并根据试样的长度及夹具的间距设置好拉力机的限位装置。

2. 打开试验软件，选择相应的试验方法后单击"确认"。

3. 单击主菜单的"设置"按钮，选择相应的配置方案；单击"输入"，输入试样的原始尺寸。

4. 夹持试样，先将试样夹在接近力传感器一端的夹头上，力清零消除试样自重后再夹持试样的另一端，再将大变形跟踪器的两只夹子夹于试样上。

5. 修改试验运行速度后单击"运行"按钮，设备将按照软件设定的试验方案进行试验。

6. 每根样品试验完后屏幕下端将显示试验结果。再单击"报表"按钮，选择"内部报告"，将生成试验报告。

四、 关闭试验机

1. 在结束试验工作后，要按照以下顺序进行操作：试验机—打印机—计算机。

2. 试验结束后将试验机周围环境清理干净。

五、 注意事项

1. 在更换夹具后，首先要调整好限位块的位置。

2. 大变形装置在不使用时，将两夹头放入保护装置内，或将其旋转开，以免移动横梁在移动过程中撞坏夹头。

3. 任何时候都不能在开机状态下切断电源，否则很容易损坏电气控制部分。

4. 试验过程中，不能远离试验机。

5. 试验过程中，除停止按键和急停开关外，不要按控制盒上的其他按键，否则会影响试验。

6. 试验结束后，一定要关闭所有电源。

7. 本计算机是专门用于试验机控制和数据处理的，请勿在计算机内安装其他应用软件，以免试验机应用软件不能正常运行。

8. 计算机要严格按照系统要求一步一步退出，正常关机，否则会损坏部分程序，导致软件无法正常使用。

9. 不要使用来历不明或与本机无关的闪存（U盘）在试验机控制用计算机上读盘，以免病毒感染。

六、 日常维护

1. 经常保持设备和计算机的清洁卫生。

2. 预防高温、过湿、灰尘、腐蚀性介质、水等浸入机器或计算机内部。

3. 定期检查，保持零件、部件的完整性。

4. 注意对易锈件或长期不用的配件，如夹具、插销等涂抹防锈油。

5. 对于夹具的钳口或夹具相对滑动的表面应保持干净，避免磕碰。做完一批试样后应及时清理留存在钳口的碎片，如果钳口齿牙部分被堵塞，则用钢刷蘸汽油清洗，禁用坚硬的工具进行清理。

编制： 审核： 批准：

3.7 内外部质量反馈处理规定

汽车零部件制造企业要随时关注产品的质量问题,在生产过程中或交付顾客后发现质量问题,组织要及时进行应对和整改,以免造成更大的影响和损失,防止质量问题的重复发生。为保证顾客反馈的质量信息以及内部质量反馈信息的有效沟通和及时处理,使质量问题的解决形成闭环,汽车零部件制造企业应规范质量反馈信息的传递,采取临时遏制措施,分析根本原因,制订整改措施和计划,实施整改和验证等环节的流程,从而不断提升顾客的满意度和组织的质量管理水平。

以下是内外部质量反馈处理规定示例。

例 GS-MS03-07: 内外部质量反馈处理规定

1. 目的

有效地收集内外部产品质量反馈信息,对发生的质量问题进行及时整改,防止质量问题的重复发生,满足顾客对产品质量和服务的要求。

2. 范围

适用于本公司产品在内部、外部发生质量问题的处理。

3. 职责

3.1 质量部是本规定的归口管理部门,负责内外部产品质量反馈信息的归集,负责组织质量问题的原因分析、制定整改方案,跟踪、监督、验证质量整改的完成情况。

3.2 市场部负责收集、初步分析顾客的质量反馈信息,以及顾客现场的服务。

3.3 技术部负责对产品设计、模具、包装等技术方面的质量问题进行原因分析和整改。

3.4 生产车间负责生产制造过程中质量问题制造原因的分析和整改。

3.5 采购部负责外协件、原材料问题的调查分析,并跟踪、监督供应商的整改。

4. 内容与要求

4.1 市场部业务员、服务人员对收到顾客的质量反馈信息,经初步分析质量原因后,及时与顾客沟通临时解决方案。能在顾客处返工、返修的,服务人员进行现场处理;顾客特许让步接收的,由业务人员与顾客接洽办理;顾客要求退货的,业务人员报告公司市场部长后办理。

4.2 市场部在对顾客质量反馈信息进行初步分析、处理后,第一时间将顾客的反馈信息、处理结果等以《质量信息反馈单》传递至市场部和质量部。市场部和质量部分别在《顾客质量反馈台账》上进行登记。

4.3 生产过程中发生的质量问题由各车间检验员进行收集,按《不合格品控制程序》进行处理,并将质量信息登记在《不合格品统计表》上,月底统一将《不合格品统计表》交质量部。重大质量问题第一时间反馈到质量部。

4.4 质量部对收到的内外部顾客反馈的质量信息，确定临时措施，在公司内部展开原因调查分析工作，并负责不合格产品流出原因的具体分析和整改。重大质量问题由质量部组建产品质量整改小组，展开8D活动，讨论分析根本原因，并确定质量整改方案和进度。

4.5 质量整改小组由质量部长任组长，由质量问题产品的生产主任、主管工程师、相关业务员、检验员、采购员组成，必要时由顾客代表和供应商代表组成。质量整改小组负责重大质量问题整改方案和计划实施的监督考核，负责因客观原因造成重大质量问题整改方案和计划不能实施情况的协调及质量纠纷的仲裁，负责重大质量问题整改方案的评审和批准，负责组织重大质量问题整改后产品的最终确认。

4.6 技术部负责从设计、模具、包装等技术方面对产品质量问题进行原因调查、分析，制定整改方案，并按计划实施整改。技术部负责对改进样品进行确认，对更改的工装模具进行验证，向顾客提交样品，跟踪试装结果，现场技术指导，数据、图样的更改，及更新完善产品技术文件。

4.7 生产车间负责产品质量问题制造原因的调查、分析。对生产制造过程中发生的质量事故，及时采取遏制措施，分析原因，制定整改方案，并向质量部反馈；对顾客反馈的质量问题，在生产制造的原因上进行分析，制订工艺整改方案和进度计划，并按计划实施相关的整改工作，对可以返工、返修的半成品、成品进行返工或返修，进行生产试制。

4.8 因外协件、原材料引发的产品质量问题，由采购部联系供应商进行原因分析、制订整改计划和方案，并跟踪、监督供应商实施相关的整改工作。供应商整改的证据资料和产品交质量部进行验证。

4.9 在途、在库、在产的不合格原材料和产品，按《不合格品控制程序》进行隔离、标识和处理。

4.10 质量部将外部质量反馈和内部月度不合格品数前三的质量问题形成《纠正预防措施记录表》，重大质量问题编制8D报告。顾客有要求时，按顾客要求编制相应的报告文件。

4.11 各责任人在质量问题整改过程中受阻时，要及时向本部门主管领导汇报，如果本部门主管领导不能独立解决，则由质量整改小组成员共同讨论。对超出技术、质量、生产能力范围的产品质量及异常问题，及时报告总经理。

5. 质量整改考核

5.1 质量部或质量整改小组对产品质量问题整改进行跟踪、监督和验证，并对整改的完成情况实施考核，在质量例会公示考核结果。

5.2 质量部或质量整改小组计算质量问题整改及时率，确认奖罚。质量问题整改及时率达到100%的不予奖罚，达到100%以上的进行奖励，低于100%的进行处罚。奖励和处罚按公司《绩效管理制度》，对整改责任部门月度绩效考核结果加或减2分。

5.3 质量问题整改及时率的计算：

质量问题整改及时率 = [1 - (实际完成时间 - 计划完成时间)/计划完成时间] × 100%。

6. 质量反馈信息处理流程

质量反馈信息处理流程如下。

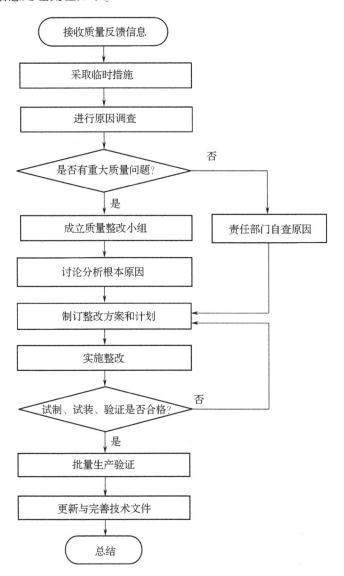

7. 相关文件、记录

7.1 不合格品控制程序。

7.2 质量信息反馈单。

7.3 顾客质量反馈台账。

7.4 不合格品统计表。

7.5 纠正/预防措施记录表。

附件1：质量信息反馈单

质量信息反馈单

No：

顾客名称		产品名称		产品图号	
车型		发生场所		发生时间	
问题描述：					
附质量问题原始信息：					
市场部意见：					
质量部意见：					
备注：					
发出部门		发出人		日期	

附件2：顾客质量反馈台账

顾客质量反馈台账

No：

序号	日期	顾客名称	产品名称	产品图号	数量	问题简述	临时措施	问题关闭日期	备注

附件3：不合格品统计表

不合格品统计表

_____车间   _____月

No：

序号	日期	责任工序	产品名称	产品图号	检验数	不良数	不良描述	处理结果	备注

附件 4：纠正/预防措施记录表

纠正/预防措施记录表　　　　　　　　　　　No：

问题来源		发生时间		发生部门	
问题描述： 　　　　　　□重复发生　　　　　　□非重复发生					
原因分析：					
分析时间：				责任人：	
纠正/预防措施：					
完成日期：				责任人：	
纠正/预防措施实施结果：					
完成日期：				责任人：	
有效性验证和评价：					
验证和评价时间：				验证人：	

3.8 质量例会制度

质量例会是企业日常质量工作沟通的一个平台，一般是针对某一特定时间发生的质量问题与改进措施进行的总结、汇报、通报。其目的是使质量信息高效传递，使质量问题能够及时有效地得到解决，持续改善产品质量，提高组织的质量管理水平。质量例会在组织的质量管理工作中具有非常重要的意义。

以下为一个质量例会制度案例。

例 GS-MS03-08：质量例会制度

1. 目的

为实现企业的高质量发展，持续提高产品质量，及时解决质量问题，加强质量信息的沟通，特制定本制度。

2. 范围

适用于公司质量周例会、质量月例会、质量专题会。

3. 职责

3.1 质量部为该制度的归口管理部门，负责例会的组织。

3.2 生产部、技术部、市场部、采购部视情况参加会议。

4. 内容与要求

4.1 质量例会的时间。质量周例会每周五下午4:00举行；质量月例会每月最后一周的周五与周例会合并举行，若本月最后一周无周五，会议时间移至次月的第一周周五。质量专题会视情况临时组织。

4.2 质量例会地点。质量周例会、质量月例会的会议地点为公司二楼会议室。质量专题会根据会议的内容、条件临时确定。

4.3 质量例会参会人员。

1）质量周例会参会人员：质量部长，检验员，质量问题涉及的生产部、技术部、市场部、采购部相关人员；有重大质量问题时，总经理、总工程师也需参加。

2）质量月例会参会人员：总经理、总工程师、质量部长、生产部长、技术部长、市场部长、采购部长、车间主任、检验员。

3）质量专题会参会人员：质量部长，质量问题相关的检验员，质量问题涉及的生产部、技术部、市场部、采购部相关人员；总经理、总工程师视情况参加。

4.4 质量例会议程。

4.4.1 质量周例会。

1）各车间专检员汇报上周质量问题的验证情况。

2）各质量问题责任部门的责任人对未按期解决的质量问题进行说明。

3）各车间专检员汇报本周质量问题及原因分析情况。

4）各质量问题责任部门的责任人说明质量问题的纠正措施和预防措施。

5）质量部长对本周客户投诉与解决情况、供方质量问题与解决情况进行说明。

6）对未决事项由质量部长提出，会上研究解决方案；对确属疑难质量问题的，如现有技术水平难以实现，则由总工程师安排专题会议或组建攻关小组解决。

7）对造成顾客停线、顾客索赔等重大质量问题的，由总经理做出专项部署安排。

4.4.2 质量月例会。

1）质量部长汇报本月内部质量问题的统计分析情况。

2）质量部长汇报本月客户投诉、索赔及解决情况。

3）质量部长汇报供方质量问题与解决情况。

4）质量部长通报未按期实施问题改善方案的事项。

5）各质量问题责任部门的责任人说明未按期实施问题改善方案的原因、进展情况。

6）总工程师对疑难质量问题的解决及进展情况进行说明。

4.4.3 质量专题会。对重大质量问题、疑难质量问题或顾客特定要求等组织质量专题会，质量专题会的议程根据实际情况临时确定。

4.5 质量例会纪律。

4.5.1 参会人员准时参会,并在会议签到表上签到;确因特殊情况无法参会的,需会前 1h 向主管领导请假。

4.5.2 会议期间不准吸烟,手机调成振动或静音,不准接打电话。

4.5.3 无极重大事件,不要离开会议现场。

4.5.4 会议期间按主持人安排进行有次序的发言。

4.6 质量例会纪要。质量例会会议纪要由质量部整理,并按文件管理要求分发与存档。

5. 相关文件、表单

5.1 不合格品控制程序。

5.2 纠正与预防措施管理程序。

5.3 会议签到表。

5.4 会议纪要。

5.5 质量问题汇报书。

附件:质量问题汇报书

质量问题汇报书			内部/外部
问题点(一)		时间: 年 月 日	
发生时间:	发生地点:	责任部门:	
产品名称:	产品图号:	顾客:	
问题描述:	原因分析:		
	临时措施:		
	永久措施:		
	负责人:	完成时间:	
□重复发生 □非重复发生	验证人:	验证时间:	

3.9 自制量检具、治具校验规程

为便于检验和节减成本,企业会自制一些简易量检具、治具,用于辅助性的产品检测,以快捷地评价产品某些特性的符合性。

为确保自制量检具、治具的精度,从而确保产品的检验质量,须定期对它们进行校验。

以下是自制量检具校验规程示例。

例 GS-MS03-09： 自制量检具校验规程

1. 目的
确保公司内自制量检具的精度，以保证产品的检验质量。

2. 范围
适用于本公司内部自制检具、治具的校验。

3. 职责
3.1 质量部计量员负责自制量检具的校验、标识、台账等统一管理工作。
3.2 各生产车间质量工程师负责各自车间的自制量检具的保管、日常校验和保养，以及台账的建立与更新等工作。

4. 内容与要求
4.1 首次校验。自制量检具制作完成首次使用前必须由质量部计量员与车间质量工程师共同进行校验，校验合格后，质量计量员在合格证上签字后，粘贴于该合格自制量检具上，并由质量部计量员统一编号，由车间质量工程师分别登记到公司总台账和车间台账上。
4.2 周期性校验。
4.2.1 自制量检具每年校验一次，由质量部计量员与车间质量工程师共同进行。校验合格后，由质量部计量员重新签发合格证，车间质量工程师重新粘贴到自制量检具上。
4.2.2 用于生产线辅助测量长度的治具、辅助板每批次生产前由车间质量工程师进行一次校验，校验合格后，投入使用。生产前的校验不重新换发、粘贴合格证。
4.3 追加校验。自制量检具发生碰撞、修理、环境改变等情况，须在使用前追加校验，校验合格后重新换发合格证。
4.4 校验环境：室温环境。
4.5 校验设备。
1）A 级：三坐标。
2）B 级：游标卡尺、角度尺、塞尺。
3）C 级：盒尺。
4.6 校验方法：将被校检具放在校验平台上，用高 1 级精度的校验设备进行测量，测量 5 次求取平均值。若测量值的相对误差在 ±1% 以内，则判定为检具校验合格。
4.7 校验结果记录在《自制量检具校验记录》上。

5. 相关文件、表单
自制量检具校验记录。

附件：自制量检具校验记录

自制量检具校验记录   No：

序号	产品名称	产品图号	量检具编号	标准值	实测值	校准时间	校准人	备注

3.10 产品标识和可追溯性管理制度

产品标识是用于表明产品信息的各种表述和指示的统称，可以在产品上标识和在包装物上标识。产品标识可以用文字、符号、数字、图案以及其他说明物等表示，目的是给消费者、销售者、使用者及相关生产者提供有关产品的信息。汽车零部件产品标识的主要内容有产品名称、产品图号、规格型号、生产企业的名称、生产企业地址、生产日期、合格标志、警示标志等内容。

可追溯性是追溯产品的生产或周转历史、应用情况或所处位置的能力。IATF 16949 第 8.5.2.1 节 "标识和可追溯性——补充" 条款指出：可追溯性的目的在于支持对顾客所收产品的开始点和停止点的清楚识别，或者用于发生质量和/或安全相关不符合的情况。

以下是产品标识和可追溯性管理制度示例。

例 GS-MS03-10： 产品标识和可追溯性管理制度

1. 目的

识别与区分原材辅料、半成品及产品，避免不同的产品混淆，确保只有合格的产品才能转序、流转。在有追溯要求时，确保产品的原材料和零部件、生产过程可追溯。

2. 范围

本程序适用于公司内的各种原材料、外协件、半成品及最终产品的标识及可追溯性的控制。

3. 术语

3.1 产品标识：用于表明产品信息的各种表述和指示的统称，包括在产品上标识和在包装上标识。

3.2 可追溯性：追溯所考虑对象的历史、应用情况或所处位置的能力。

4. 职责

4.1 质量部是本制度的归口管理部门，监督各过程、所有物品标识是否正确、是否有效。需要时，负责组织追溯工作。

4.2 技术部负责对产品永久性标识和发运包装标识提出具体要求。

4.3 生产部负责生产过程中产品标识的控制与管理；各生产车间在生产、转运和交付过程中执行有关标识的规定，具体实施产品标识工作。

4.4 仓库负责对入库物品进行标识，各仓库保管员负责监控分管范围内的原材辅料、外协、外购件、包装物、半成品及成品标识的有效性。

5. 内容与要求

5.1 产品标识的范围。在接收、存储、生产、检验、转运、交付各阶段，对产品进行适当的标识。产品的范围包括原材料、外协件、外购配套件、半成品、成品。

5.2 产品标识的基本要求。

5.2.1 产品的标识内容是唯一的，且与实物保持一致。各部门要按职责和要求分别进行，产品标识要清晰、可辨，防止标识被污染、挪用。

5.2.2 产品标识在产品保转运过程中应予以保持，至新的标识替代或完成品入库。

5.2.3 标识在生产中因工艺需要必须去除时，操作者应记录该标识并在加工完成后，按规定的方法和要求重新标识，标识由使用部门进行保存。

5.2.4 产品永久性标识和发运包装标识要根据工艺文件或《技术通知单》要求执行。

5.2.5 自原材料由车间领出后，即由领用车间填写"随工卡"，"随工卡"流转使用按《随工卡使用的管理制度》执行。

5.3 来料物品标识。

5.3.1 原材料、外协件、外购配套件等来料物品入库，由仓库悬挂"待检"标识。

5.3.2 质量部按《检验控制程序》和《原材料检验卡》对来料物品检验合格后，由仓库保管员填写标识卡和管理看板，内容包括产品名称、规格型号、数量、生产厂家、批号、入厂日期及有效期等，且按批次和类别等分类存放。

5.3.3 物料到期后由仓库保管员转至隔离区，悬挂"过期"标识，通知采购部和质量部处理。

5.3.4 入库物料的管理执行《仓库管理制度》。

5.4 半成品的标识。

5.4.1 颗粒材料：加工完成后由班长在包装袋上粘贴标签，标明型号、生产日期、批次号、操作者，经检验员检验合格后，在标签上加注检验合格标记。

5.4.2 混炼胶：由班长填写"胶料标识卡"，并放置于料筐内。"胶料标识卡"包括型号、生产日期、批次号、操作者等信息。胶料经检验员检验合格后，在标识卡上加注检验合格标记。

5.4.3 在制品：各车间严格按规定对在制品进行标识，注塑、挤出等关键工序按《作业指导书》或《技术通知单》的要求做好永久性标识，检验员按《检验控制程序》和《检验指导书》进行过程检验，并做好检验记录。

5.4.4 半成品转序和存放使用专用周转箱或料架，半成品完成后由车间班长填写"半成品标签"，并由检验员签字后，插入标签卡。产品标识应随产品转序。

5.4.5 半成品存放过程中，由半成品管理员按《仓库管理制度》在半成品管理看板上标明产成品名称、图号、厂家、数量、生产日期等内容。

5.5 成品的标识。

5.5.1 对于未在半成品生产过程中进行永久性标识的成品，由相应车间按《作业指导书》或《技术通知单》的要求进行"喷码"或粘贴标签。

5.5.2 检验员按《检验控制程序》和《检验指导书》对成品进行检验，并按要求做好检验标记，填写"成品检验记录"。产品检验合格后，由巡检员发放"合格证"。

5.5.3 包装工序按《包装规范》或《技术通知单》的要求在包装箱上粘贴"合格证"或顾客要求的标签。"合格证"包括产品名称、产品图号或型号、数量、生产日期、顾客名称、生产厂家、检验员等内容。

5.5.4 成品入库后，由仓库管理员按《仓库管理制度》在成品货垛上悬挂标签，在仓库管理看板上标明产成品名称、图号、厂家、数量、生产日期等内容。

5.6 检验状态标识。

5.6.1 产品或原材料的检验状态分为待检、合格和不合格三种标识。

5.6.2 产品按检验状态实行分区存放和标识的方法。尚未检验的产品存放在待检区，悬挂"待检验"标识。不合格品放在专用红色不合格器具内，粘贴红色"不合格标签"，存放在不合格品区。

5.7 产品的可追溯性。

5.7.1 各部门、车间按《记录控制程序》的规定做好相应记录，以支持产品的可追溯性。

5.7.2 公司的产品可通过两条途径实现产品的可追溯性，一种是"随工卡"，另一种是产品标识。

5.7.3 通过"随工卡"上详细记录可追溯到原材料批次编号，详见《随工卡使用的管理制度》。

5.7.4 产品标识的追溯路径：产品永久性标识→产品生产日期或批号→产品出/入库单→成品检验记录→过程检验记录→过程控制记录→半成品出/入库单→半成品过程检验记录→半成品过程控制记录→领料单→原材料出/入库单→原材料批号/入库日期→原材料检验记录→供方。

5.7.5 原材料及外协件、外购的配套件的追溯由采购部负责控制。

5.7.6 当顾客有追溯要求或发生质量事故需要追溯时，质量部按要求进行追溯，并填写"产品追溯记录"，生产部、各车间、仓库、采购部等部门配合追溯工作。

6. 相关文件、记录

6.1 随工卡使用的管理制度。

6.2 检验控制程序。

6.3 仓库管理制度。

6.4 记录控制程序。

6.5 产品追溯记录表。

附件：产品追溯记录表

产品追溯记录表

No：

序号	产品名称	产品图号	工序	生产车间	生产日期	操作者	检验员	发货日期	原材料批次	供应商	备注
1											
2											
3											

记录人： 　　　　　　　　　　　　　　　　　　　　　　　　　日期：

3.11　NFT 管理规定

未发现故障（No Trouble Found，NFT），亦称为未发现错误或故障未发现，是在新版的 IATF 16949 中出现的一个新的术语，表示针对服务期间被替换的零件，经车辆或零件制造商分析，满足"良品件"的全部要求。也就是说，客户认为产品有质量问题，退回给原始制造商，原始制造商经分析后，认为产品并无质量问题。

NFT 产品多数是因为检验方法或标准不一致的原因导致，对于一些间歇性的问题，可能是设计上存在缺陷。

以下是 NFT 管理规定示例。

例 GS-MS03-11：NFT 管理规定

1. 目的

规范未发现故障产品的处理，提高组织的质量和保修管理水平。

2. 范围

适用于组织制造过程中未发现故障和产品交付客户后的未发现故障处理。

3. 定义

NTF（No Trouble Found）：针对服务期间被替换的零件，经车辆或零件制造商分析，满足"良品件"的全部要求。即产品可能存在缺陷问题，但这些问题可能是间歇性的，在检测时没有发现，或因检测方法等问题，出现误判的情况。

4. 职责

4.1　质量部：本规定的归口管理部门，负责 NTF 信息的收集和传递、NTF 产品分析及对策的主导。

4.2　其他部门：配合质量部完成 NTF 问题的原因分析及对策提出和实施。

5. 内容与要求

5.1 制造过程 NTF 产品的识别和管理。

5.1.1 制造过程 NTF 产品的识别。当按照质量策划文件（控制计划、检验指导书等）中规定的检测方法、工具等对产品进行检测，发现前、后道工序或不同部门间的检测结果不一致时，发现问题的部门应及时对可疑产品进行标识和隔离，并联络质量部确认。

5.1.2 制造过程 NTF 产品分析和判定。质量部组织通过使用更高级别的测量仪器或计量器具复检，当测试结果差异源自不同检测方法或不同类型检测器具时，可疑产品即判定为 NTF 产品。同时质量部确认检测方法或工具的适宜性，修订检验指导书等相关文件。

5.1.3 制造过程 NTF 产品的处理。在 NTF 产品分析和判定结果出具前，问题产品视为可疑品并参照《不合格品控制程序》相关内容隔离。判定为 NTF 产品时，质量部组织按新的检验指导书等文件进行 100% 复检，复检结果合格后，NTF 产品作为正常品流动；如复检结果不合格，参照《不合格品控制程序》相关内容处理。

5.2 交付后的 NTF 产品的识别和管理。

5.2.1 交付后 NTF 产品发现。交付的产品如因品质问题被客户投诉或退货，由质量部按《交付与反馈管理程序》进行标识、隔离处理。

5.2.2 交付后 NTF 产品分析和判定。质量部组织对问题产品进行复检，使用测量精度更高级别的测量仪器进行测试，若测试结果仍为合格，则质量部将问题产品判定为 NTF 产品。

5.2.3 交付后 NTF 产品处理。在 NTF 产品分析和判定结果出具前，问题产品视为可疑品并参照《不合格品控制程序》相关内容隔离。判定为 NTF 产品时，质量部将使用的测量仪器名称、精密度、实际测量结果等复检的情况与客户沟通，明确是否存在与客户的测量方法或标准不一致的情况，确定产品的判定标准和必要的改进；必要时，联络外部具有资质的第三方机构进行验证。与客户达成一致意见后，退货产品 100% 复检后再交付。质量部对问题产品复检结果不合格时，参照《不合格品控制程序》相关内容进行处理。

5.3 在对过程或交付后 NTF 产品的处理过程中，质量部要做好相关信息、数据和结果的记录，并按照《纠正预防措施程序》编制《纠正预防措施记录表》，记录出现 NTF 产品的原因分析、采取的纠正措施和验证有效性的证据。

5.4 对 NTF 产品复检没有发现问题，但又不规律再次出现问题或发生一些间歇性的问题，质量部组织技术部进行长周期的加速试验，必要时更改设计。

6. 相关文件、表单

6.1 不合格品控制程序。

6.2 交付与反馈管理程序。

6.3 纠正预防措施程序。

6.4 纠正预防措施记录表。

3.12 测量系统分析管理规定

测量系统分析（MSA）的英文为 Measurement Systems Analysis，是用统计学的方法来了解测量系统中各个波动源，以及它们对测量结果的影响，最后给出本测量系统是否符合使用要求的明确判断。

汽车零部件制造企业，在产品实现过程中，应该使用规定的监控、测量装置和方法检验产品的特性，确认其是否符合工程规范。为了使测量数据真实、可靠，了解测量系统是否满足产品特性的测量需求，评价测量系统的适用性，确保产品质量满足和符合顾客的要求和期望，需进行测量系统分析。测量系统分析可分为计量型与计数型两类。

下面是一个测量系统分析管理规定的示例。

GS-MS03-12：　测量系统分析管理规定

1. 目的
通过对测量系统的变差进行分析，确定测量系统是否符合要求，了解变差的来源，进行纠正并改进，确保测量系统满足规定的要求，以达到保证产品质量的目的。

2. 范围
适用于公司列入控制计划内的检测产品用的计量型和计数型测量系统。

3. 职责
3.1　质量部为本规定归口管理部门，负责组织测量系统计划的编制和实施分析。
3.2　各生产车间负责配合测量系统分析工作。

4. 术语和定义
4.1　测量系统：用于对被测量特性定量或定性评价的仪器或量具、标准、操作、方法、夹具、软件、人员、环境及假设的集合，即用来获得测量结果的整个过程。
4.2　计量型测量系统：测量后能给出具体的测量数值的为计量型测量系统。
4.3　计数型测量系统：测量后只能定性给出测量结果如"OK/NG""通/止"的为计数型测量系统。
4.4　偏倚：指同一操作人员使用同一量具，对同一零件的同一特性多次测量所得平均值与采用更精密仪器测量同一零件同一特性所得平均值之差，即测量结果的观测平均值与基准值的差值，通常被称为"准确度"。
4.5　线性：指测量设备在预期的工作（测量）量程内偏倚值的变化。可以被视为偏倚对于量程大小不同所发生的变化。
4.6　稳定性：指测量系统在某一长期时间内测量同一基准或零件的单一特性所获得的测量值总变差。稳定性是随时间推移的偏倚变化。

4.7 重复性：指同一个评价人，采用同一种测量仪器，对同一零件的同一特性多次测量所得的测量变差。重复性是设备本身固有的变差或能力，即 EV，也称为"评价人内部"的变异。

4.8 再现性：指由不同的评价人，使用同一测量仪器，测量同一零件的同一特性所得的平均值的变差。通常指人员变差，即 AV，也称"评价人之间"的变差。

5. 内容与要求

5.1 测量系统的偏倚、线性、稳定性主要取决于测量设备本身，重复性和再现性不仅与测量设备有关，而且与操作者及零件本身的差异有关。公司的所有量具、检具和试验设备每年由质量部量检具管理人员按《监视和测量设备管理程序》要求进行检定或校准。

5.2 质量部每年年初根据《控制计划》要求，对用于测量特殊特性的测量系统，用于统计过程控制的测量系统，编制测量系统分析计划。根据其他测量系统分析的需要，可临时增加分析频次。

5.3 根据公司产品特性和所应用的量检具，主要是对天平进行稳定性分析，对卡尺用方差法进行重复性和再现性分析，对无法测得数值的专用检具用假设检验分析法进行分析。

5.4 测量系统分析的时机。

5.4.1 新产品投产前或 PPAP 提交前。

5.4.2 正常情况下，每年进行一次测量系统分析。

5.4.3 当影响测量系统变差的因素如人员、量具、方法和环境发生较大变化时，应重新进行测量系统分析。

5.4.4 顾客有要求时，应按顾客要求增加测量系统分析。

5.5 测量器具的选择。

5.5.1 测量器具为控制计划中规定的测量器具。

5.5.2 测量器具必须经检定或校准合格。

5.5.3 注意量具的分辨力应小于被测特性值精确度的 1/10。比如被测特性值精确度为 0.1，则量具的最小刻度应为 0.01。

5.5.4 量具的读值，必须读至最小刻度的 1/2，以避免量具的鉴别能力不足（例如：量具最小刻度 0.01mm，则须读到 0.015mm 或 0.005mm）。

5.6 测量分析人员的选择。

5.6.1 测量人员必须是公司授权检验人员。

5.6.2 随机选取使用量具的检验员。

5.6.3 分析人员不能作为测量人员，测量人员独立测量读数，分析人员记录并完成分析。

5.7 测量样品的选择。

5.7.1 测量的样品在生产过程中随机取样，并应具有覆盖产品变差代表性。

5.7.2 如果一个量具适用于多个规格产品的特性测量,则应选择过程变差最小的产品样品。

5.8 测量系统稳定性分析。

5.8.1 随机选取 1 个样本,由检验员每周对其测量 5 次,测量应在不同的时间进行。

5.8.2 将测量数据记录在"测量系统稳定性分析表"中。

5.8.3 根据结果的图示,评价有不受控或不稳定的情况。如 $\bar{X}$ 图失控,表明测量系统有不正确的测量,需进行重新测量分析;如 R 图失控,表明测量系统不稳定,应分析原因进行改进。

5.9 测量系统的重复性和再现性分析。

5.9.1 随机选取产品样品 10 个,由分析人员对测量样品进行编号和标识,但要避免测量人员知道。将样品打乱顺序,确保按随机顺序测量。

5.9.2 将测量人员分为 A、B、C 3 者,每位测量人对每个零件测量 3 次,确保测量人无法看到零件编号,由记录人专门进行记录。记录人应分清所测量零件的编号,防止记录错误。

5.9.3 测量人 A 依随机顺序测量 10 个产品样品,并由记录人在"重复性和再现性数据表"中的第 1 行按样品编号对应填入测量的数据。

5.9.4 测量人 B、C 测量相同 10 个产品样品,由记录人将测量值分别进行记录。确保 3 个测量人互相不看对方的数据。并由记录人在"重复性和再现性数据表"中的第 6 行和第 11 行按样品编号对应填入测量的数据。

5.9.5 重复这个操作,确保以不同的随机顺序进行测量。记录人将测量的数据按样品编号分别填入"重复性和再现性数据表"的第 2、7、12 行的对应列。若需测量 3 次,再重复一次操作,将测量数据填入"重复性和再现性数据表"的第 3、8、13 行的对应列。

5.9.6 测量系统的重复性和再现性计算借助计算机程序辅助计算,可使用"重复性和再现性数据表"及"重复性和再现性分析报告"自动计算分析,也可使用 Minitab 统计分析软件进行分析。

5.9.7 重复性和再现性分析接受原则。

1)数据的判定:

①%GRR≤10%,接受。

②10%≤%GRR≤30%,根据测量系统的重要性、测量装置的成本、维修费用等,确定是否可接受或分析原因,确定改进措施,以得到顾客认可。

③%GRR>30%,不可接受。

④ndc≥5。

2）图表（均值极差图）的判定：

①极差图无控制点超出控制限外。

②均值图有大约一半或一半以上的控制点落在控制限外。

5.9.8 测量系统或量具变差的分析：

1）当重复性（EV）大于再现性（AV）时，原因可能如下。

①仪器需要保养。

②量具应重新设计来提高刚度增强。

③量具的夹紧或零件定位的方式需要改进。

④存在过大的零件变差。

2）当再现性（AV）大于重复性（EV）时，原因可能如下。

①需要更好的培训评价人员如何使用量具及数据读取方式。

②量具刻度盘上的刻度不清楚。

③可能需要辅助夹具协助评价人员使用量具。

5.9.9 测量系统的改进

当测量系统不能接受时，应查找问题的原因并纠正，纠正后重新进行分析。测量系统改进应从以下方面考虑。

①改善测量环境。

②对测量器具进行保养、维护。

③改进量检具设计，提高检测器具的精度和等级。

④对检测人员进行培训。

5.10 计数型量具的分析方法，假设检验分析法

5.10.1 确定3位测量人评价人及50个产品样品。

5.10.2 每位测量人用对50个产品样品各测量3次，将结果记录在"Kappa分析报告"的数据表中，表中用1表示合格，用0表示不合格。

5.10.3 分析借助计算机辅助计算，可使用"Kappa分析报告"Excel表格进行自动计算分析，也可使用Minitab统计分析软件进行分析。

5.10.4 假设检验分析法的判定准则为Kappa大于0.75，表示一致性好（Kappa最大为1）；小于0.4表示一致性差。

测量系统的有效性评价标准如下：

决定测量系统	有效性	错误率	错误警报率
评价人可接受的条件	≥90%	≤2%	≤5%
评价人可接受的条件 －可能需要改进	≥80%	≤5%	≤10%
评价人不可接受的条件 －需要改进	<80%	>5%	>10%

5.10.5 如测量系统不可接受,应分析原因,进行改进。

5.11 测量系统分析的记录按《记录管理程序》的要求进行归档保存。

5.12 测量系统分析可参考克莱斯勒、福特和通用汽车公司的MSA参考手册。

6. 相关文件、记录

6.1 相关文件。

6.1.1 监视和测量设备管理程序。

6.1.2 控制计划。

6.1.3 记录管理程序。

6.2 质量记录。

6.2.1 测量系统分析计划。

6.2.2 测量系统稳定性分析表。

6.2.3 重复性和再现性数据表。

6.2.4 重复性和再现性报告。

6.2.5 Kappa 分析报告。

附件1:测量系统分析计划

测量系统分析计划

_____年度 QT×××××-×××

序号	量检具名称	编号	规格	分辨率	样品名称	特性及特性值	分析内容与方法	目标值	完成时间		结果	结论
									计划	实际		
1	游标卡尺	6867	0~150mm	0.02mm	后门铰链	尺寸:18.2mm±0.5mm	重复性与再现性方差法	%GRR≤10%	××××.11.20	××××.11.18	7.25%	合格
…												
编制:		审核:				批准:			日期:			

附件2:测量系统稳定性分析表

测量系统稳定性分析表

No:

量具名称:天平		基准件名称:胶片			测量周期:1次/周						
量具编号:LJ0005		测量参数:15g±0.2g									
量具类型:托盘天平		参数规格:0.1g									
日期:	5.06	5.11	5.18	5.26	6.02	6.09	6.16	6.24	6.30	7.08	7.14	7.21
时间:	8:00	10:00	11:00	15:00	9:20	16:00	13:00	9:30	16:30	17:00	8:30	11:00
作业员:	A	A	A	A	A	A	A	A	A	A	A	A

(续)

测量值													
	1	14.950	15.000	15.000	15.000	15.050	15.000	15.000	15.050	15.000	14.950	15.000	15.000
	2	15.050	15.000	14.950	15.000	15.000	14.950	15.000	15.000	15.000	15.000	14.950	15.000
	3	15.000	14.950	15.000	15.050	15.000	15.000	14.950	15.000	14.950	15.000	15.000	14.950
	4	15.000	15.050	15.050	15.050	14.950	14.950	15.000	14.950	15.000	14.950	15.050	15.000
	5	15.050	15.000	14.950	15.000	15.000	15.000	15.000	14.950	14.950	15.000	15.000	15.000
平均值($\bar{X}$)		15.010	15.000	14.990	15.020	15.000	14.980	14.990	15.000	14.980	14.980	15.000	14.990
全距($\bar{R}$)		0.100	0.100	0.100	0.050	0.100	0.050	0.050	0.100	0.050	0.050	0.100	0.050

$\bar{\bar{X}}$	14.995	$UCL_x = \bar{\bar{X}} + A_2\bar{R}$	15.039	A2	0.580
$\bar{\bar{R}}$	0.075	$LCL_x = \bar{\bar{X}} - A_2\bar{R}$	14.952	D3	0
		$UCL_r = D4\bar{R}$	0.171	D4	2.28
		$LCL_r = D3\bar{R}$	0.000		

注:
1) 每次测量数据不少于三个。
2) 每组测量数据数量应统一。

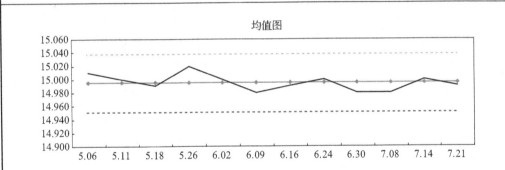

均值图

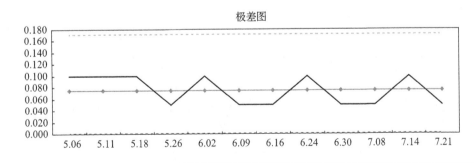

极差图

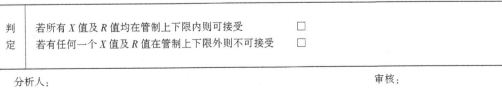

判定	若所有 X 值及 R 值均在管制上下限内则可接受 □
	若有任何一个 X 值及 R 值在管制上下限外则不可接受 □

分析人:　　　　　　　　　　　　　　　　　　　　　　　审核:

附件3：重复性和再现性数据表

重复性和再现性数据表

表格编号：QR×××××-×××

量具名称：游标卡尺				零件名称：YC7				测量日期：		
量具编号：0506				测量参数：				测量人员：张×× 李×× 陈××		
量具量程：0~150mm				零件规格：12.8±0.3				测量次数：2		

评价人数 3 试验次数 2		零件编号							零件个数：10		平均值
		1	2	3	4	5	6	7	8	9	10	
1. A	1	12.800	12.780	12.820	12.800	12.840	12.740	12.800	12.800	12.780	12.820	12.7980
2.	2	12.800	12.780	12.840	12.800	12.840	12.760	12.800	12.800	12.800	12.820	12.8040
3.	3											
4. 均值		12.800	12.780	12.830	12.800	12.840	12.750	12.800	12.800	12.790	12.820	$\overline{X}_A = 12.8010$
5. 极差		0.000	0.000	0.020	0.000	0.000	0.020	0.000	0.000	0.020	0.000	$\overline{R}_A = 0.0060$
6. B	1	12.780	12.800	12.840	12.800	12.820	12.760	12.800	12.800	12.800	12.840	12.8040
7.	2	12.780	12.800	12.820	12.800	12.820	12.740	12.800	12.800	12.780	12.840	12.7980
8.	3											
9. 均值		12.780	12.800	12.830	12.800	12.820	12.750	12.800	12.800	12.790	12.840	$\overline{X}_B = 12.8010$
10. 极差		0.000	0.000	0.020	0.000	0.000	0.020	0.000	0.000	0.020	0.000	$\overline{R}_B = 0.0060$
11. C	1	12.780	12.800	12.840	12.820	12.820	12.740	12.820	12.800	12.800	12.840	12.8060
12.	2	12.800	12.800	12.840	12.800	12.820	12.740	12.800	12.800	12.800	12.820	12.8020
13.	3											
14. 均值		12.790	12.800	12.840	12.810	12.820	12.740	12.810	12.800	12.800	12.830	$\overline{X}_C = 12.8040$
15. 极差		0.020	0.000	0.000	0.020	0.000	0.000	0.020	0.000	0.000	0.020	$\overline{R}_C = 0.0080$
零件均值 $\overline{X}_P$		12.790	12.793	12.833	12.803	12.827	12.747	12.803	12.800	12.793	12.830	$\overline{\overline{X}} = 12.8020$ $R_P = 0.0867$

极差均值	$\overline{\overline{R}} = (\overline{R}_A + \overline{R}_B + \overline{R}_C)/$评价人数 $= 0.00667$		试验次数	2	3
最大均值差	$X_{\text{DIFF}} = \text{Max}\overline{X} - \text{Min}\overline{X} = 0.0030$		D4	3.27	2.57
均值上限	$UCL_{\overline{X}} = \overline{\overline{X}} + A_2\overline{R} = 12.8145$	极差上限 $UCL_R = D_4\overline{R} = 0.0218$	D3	0	0
均值下限	$LCL_{\overline{X}} = \overline{\overline{X}} - A_2\overline{R} = 12.7895$	极差下限 $LCL_R = D_3\overline{R} = 0$	A2	1.88	1.02

注：

均值图：A评价人、B评价人、C评价人

极差图：A评价人、B评价人、C评价人

附件4：重复性和再现性分析报告

重复性和再现性分析报告

表格编号：QR×××××-×××

量具名称：游标卡尺	零件名称：YC7	分析日期：
量具编号：0506	测量参数：	评价人员：张××
量具量程：0~150mm	零件规格：12.8±0.3	评价人数量：3
来自数据表：$\bar{\bar{R}}=0.007$ $X_{\text{DIFF}}=0.0030$ $R_P=0.087$	试验次数 $r=2$	零件数量 $n=10$

测量系统分析			%总变差（TV）
重复性-设备变差（EV） $EV = \bar{\bar{R}} \times K_1$ $= 0.007 \times 0.89$ $= 0.006$	试验次数	K_1	$\%EV = 100 \times (EV/TV)$ $= 100 \times (0.006/0.028)$ $= 21.2\%$
	2	0.8862	
	3	0.5908	
再现性-评价人变差（AV） $AV = \sqrt{(\bar{X}_{\text{DIFF}} \times K_2)^2 - (EV^2/nr)}$ $= \sqrt{(0.003 \times 0.52)^2 - 0.006^2/(10 \times 2)}$ $= 0.0008$	评价人数	K_2	$\%AV = 100 \times (AV/TV)$ $= 100 \times (0.001/0.028)$ $= 3.0\%$
	2	0.7071	
	3	0.5231	
重复性和再现性（$R\&R$） $R\&R = \sqrt{EV^2 + AV^2}$ $= \sqrt{0.006^2 + 0.001^2}$ $= 0.006$	零件数量	K_3	$\%R\&R = 100 \times (R\&R/TV)$ $= 100 \times (0.006/0.028)$ $= 21.4\%$
	3	0.5231	
	4	0.4467	
	5	0.4030	
零件变差（PV） $PV = R_P \times K_3$ $= 0.0867 \times 0.31$ $= 0.027$	6	0.3742	
	7	0.3534	$\%PV = 100 \times (PV/TV)$ $= 100 \times (0.027/0.028)$ $= 97.7\%$
	8	0.3375	
	9	0.3249	
	10	0.3146	
总变差（TV） $TV = \sqrt{(R\&R)^2 + PV^2}$ $= \sqrt{0.006^2 + 0.027^2}$ $= 0.028$			有效分辨率 $= 1.41(PV/R\&R)$ $= 1.41 \times (0.027/0.006)$ $= 6.441$
判定：$10\% \leq \%R\&R < 30\%$，测量系统尚可接受！			
分析评价措施	重复性和再现性占总变差的21.4%，重复性变差＞再现性变差，故该量具设备误差为主要变差，应对该量具进行校准及培训评价人。		

附件5：Kappa分析报告

Kappa分析报告
测量结果数据表

测量仪器名称			通/止规			样品/名称				盖板	
测量仪器编号			XJJ005			被测参数				0.45—0.55	
操 作 者			A：陈××、B：刘××、C：杨××			记录/日期				20××.××.××	
零件	A			B			C			基准	基准值	代码
	1	2	3	1	2	3	1	2	3			
1	1	1	1	1	1	1	1	1	1	1	0.48	+
2	1	1	1	1	1	1	1	1	1	1	0.51	+
3	0	0	0	0	0	0	0	0	0	0	0.58	−
4	0	0	0	0	0	0	0	0	0	0	0.57	−
5	0	0	0	0	0	0	0	0	0	0	0.57	−
6	1	1	1	1	1	1	0	1	1	1	0.55	*
7	1	1	1	1	1	1	1	1	1	1	0.46	*
8	1	1	1	1	1	1	1	1	1	1	0.50	+
9	0	0	0	0	0	0	0	0	0	0	0.43	−
10	1	1	1	1	1	1	1	1	1	1	0.52	+
11	1	1	1	1	1	1	1	1	1	1	0.49	+
12	0	0	0	0	0	0	0	0	0	0	0.56	*
13	1	1	1	1	1	1	1	1	1	1	0.54	*
14	1	1	1	1	0	1	1	1	1	1	0.45	*
15	1	1	1	1	1	1	1	1	1	1	0.52	+
16	1	1	1	1	1	1	1	1	1	1	0.53	+
17	1	1	1	1	1	1	1	1	1	1	0.52	+
18	1	1	1	1	1	1	1	1	1	1	0.48	+
19	1	1	1	1	1	1	1	1	1	1	0.52	+
20	1	1	1	1	1	1	1	1	1	1	0.48	+
21	1	1	1	1	1	0	1	1	1	1	0.45	*
22	0	1	1	1	1	1	1	1	1	1	0.55	*
23	1	1	1	1	1	1	1	1	1	1	0.53	+
24	1	1	1	1	1	1	1	1	1	1	0.51	+
25	0	0	0	0	0	0	0	0	0	0	0.60	−
26	1	1	1	1	1	1	1	1	1	1	0.55	*
27	1	1	1	1	1	1	1	1	1	1	0.50	+
28	1	1	1	1	1	1	1	1	1	1	0.52	+
29	1	1	1	1	1	1	1	1	1	1	0.52	+
30	1	1	0	1	1	1	1	1	1	1	0.55	*
31	1	1	1	1	1	1	1	1	1	1	0.50	+
32	1	1	1	1	1	1	1	1	1	1	0.51	+
33	1	1	1	1	1	1	1	1	1	1	0.49	+
34	1	1	1	1	1	1	1	0	1	1	0.45	*
35	1	1	1	1	1	1	1	1	1	1	0.50	+
36	0	0	0	0	0	0	0	0	0	0	0.56	*
37	0	0	0	0	0	0	0	0	0	0	0.41	−
38	1	1	1	1	1	1	1	1	1	1	0.49	+
39	0	0	0	0	0	0	0	0	0	0	0.43	−

(续)

40	1	1	1	1	1	1	1	1	1	1	0.50	+
41	1	1	1	1	1	1	1	1	1	1	0.51	+
42	0	0	0	0	0	0	0	0	0	0	0.57	-
43	0	0	0	0	0	0	0	0	0	0	0.44	*
44	1	1	1	1	1	1	1	1	1	1	0.47	+
45	0	0	0	0	0	0	0	0	0	0	0.41	-
46	1	1	1	1	1	1	1	1	1	1	0.49	+
47	1	1	1	1	1	1	1	1	1	1	0.49	+
48	0	0	0	0	0	0	0	0	0	0	0.58	-
49	1	1	1	1	1	1	1	1	1	1	0.48	+
50	0	0	0	0	0	0	0	0	0	0	0.44	*

注："1"为合格；"0"为不合格。

Kappa 分析报告
（评价人交叉分析）
A 与 B 交叉表

			B		总　计
			0.00	1.00	
A	0.00	计算	42	2	44
		期望的计算	12.9	31.1	44.0
	1.00	计算	2	104	106
		期望的计算	31.1	74.9	106.0
总计		计算	44	106	150
		期望的计算	44.0	106.0	150.0

A 与 C 交叉表

			C		总　计
			0.00	1.00	
A	0.00	计算	42	2	44
		期望的计算	12.9	31.1	44.0
	1.00	计算	2	104	106
		期望的计算	31.1	74.9	106.0
总计		计算	44	106	150
		期望的计算	44.0	106.0	150.0

B 与 C 交叉表

			C		总　计
			0.00	1.00	
B	0.00	计算	42	2	44
		期望的计算	12.9	31.1	44.0
	1.00	计算	2	104	106
		期望的计算	31.1	74.9	106.0
总计		计算	44	106	150
		期望的计算	44.0	106.0	150.0

Kappa 分析结果（要求：Kappa≥0.75）

Kappa	A	B	C
A	—	0.94	0.94
B	0.94	—	0.94
C	0.94	0.94	—

结论：分析结果表明评价人之间表现出的一致性良好。

Kappa 分析报告
（评价人与基准交叉分析）

A 与基准判断交叉表

			基准		总 计
			0.00	1.00	
A	0.00	计算 期望的计算	42 12.3	2 31.7	44 44.0
	1.00	计算 期望的计算	0 29.7	106 76.3	106 106.0
总计		计算 期望的计算	42 42.0	108 108.0	150 150.0

B 与基准判断交叉表

			基准		总 计
			0.00	1.00	
B	0.00	计算 期望的计算	42 12.3	2 31.7	44 44.0
	1.00	计算 期望的计算	0 29.7	106 76.3	106 106.0
总计		计算 期望的计算	42 42.0	108 108.0	150 150.0

C 与基准判断交叉表

			基准		总 计
			0.00	1.00	
C	0.00	计算 期望的计算	42 12.3	2 31.7	44 44.0
	1.00	计算 期望的计算	0 29.7	106 76.3	106 106.0
总计		计算 期望的计算	42 42.0	108 108.0	150 150.0

Kappa 分析结果（要求：Kappa≥0.75）

	A	B	C
Kappa	0.97	0.97	0.97

结论：
分析结果表明评价人与基准表现出的一致性良好。

Kappa 分析报告
测量系统有效性分析

来源	% 评价人 （评价人自己在所有试验上一致）			得分与计数 （评价人在所有试验上与基准一致）		
	A	B	C	A	B	C
总受检数	50	50	50	50	50	50
符合数	48	48	48	48	48	48
有效率	96.0%	96.0%	96.0%	96.0%	96.0%	96.0%

	系统有效得分 （所有评价人自己保持一致）	系统有效得分与计数 （所有评价人与基准一致）
总受检数	50	50
符合数	44	44
有效率	88.0%	88.0%

来源	有效性≥90%	漏发警报的比例≤2%	误发警报的比例≤5%
A	96.0%	0.00%	4.00%
B	96.0%	0.00%	4.00%
C	96.0%	0.00%	4.00%

结论：
基于上述信息，判定该测量系统中，评价人 A、B、C 均接受，该测量系统符合要求

评价人：_____   审核：_____   批准：_____

第4章
生产部门管理制度

生产是一种将原材料输入转化为产品输出的过程，是一种增值的过程。生产管理是指包括计划、组织、协调、控制生产活动在内的综合管理。生产管理部门通过合理安排生产计划、有效组织生产过程、高效利用生产资源、标准又灵活地控制生产等活动，准时生产出高品质产品，并按期交付给顾客，从质量、数量和交期等方面满足顾客的要求，提高企业的整体竞争力。

4.1 生产准备管理制度

生产准备一般是指新产品量产前，从试生产到批量生产的整个过程，为了确保新产品能够按计划顺利地进行试生产和批量生产，保证产品质量而进行的相关人员、工艺文件、原辅材料、设备设施、工装模具、量具检具等的准备活动。

生产准备是量产前非常重要的一项工作，是从产品开发到量产过渡的必要条件，汽车零部件行业的生产准备因顾客的体系不同存在一些差异，但不外乎人、机、料、法、环、测这几方面。生产准备的主要工作包括以下方面。

1) 生产工艺准备：工艺文件的编写、检验标准的制定、包装的确认等。

2) 生产设备准备：包括生产设备、工装模具、辅具夹具的安装、调试，日常维护、保养方案，设备操作规程等。

3) 人员准备：确定完成生产所需的人员配置，完成人员的招聘、培训；规划好人员的顶岗计划等。

4) 测量方案准备：适宜的测量设备、仪器、量具的配备与校准，检测相关标准的准备，操作说明书、保养方案的制定。

5) 原辅材料准备：供方的确定，生产所需的原辅材料、外购外协件的采购。

6) 其他准备：安全生产设施、消防设施的配备，各类安全生产文件、预案的准备；环保设施的配备与管理文件的准备。

另外，生产准备阶段还需完成生产计划的制订、产能和节拍的测算、过程能力研究等方面的工作。

生产准备阶段发生的任何问题、异常，都应当引起重视，及时解决，以免对之后的量产造成更大的问题或损失。

新产品生产准备阶段的准备工作内容同样适用于量产后的生产前准备。

以下是一个生产准备管理制度的示例。

例 GS-MS04-01： 生产准备管理制度

1. 目的

为保证量产正常有序的进行，明确生产准备过程中的责任和内容，特制定本办法。

2. 范围

本办法适用于公司新产品开发生产准备阶段和正常生产的生产前准备。

3. 职责

3.1 生产部为本制度的归口管理部门，负责全面的生产准备工作，协调生产计划与生产所需的各种资源。

3.2 技术部负责工艺文件的准备。

3.3 质量部负责检测量器具的配备、产品的检验。

3.4 设备部负责设备、工装的保全。

3.5 采购部负责原辅材料、外购外协件的准备。

3.6 人力资源部负责组织人员的培训。

4. 内容与要求

4.1 生产准备阶段。

4.1.1 技术部组织生产部、质量部、设备部、采购部、人力资源部等部门召开生产准备会议，通知小批试装、量产等关键节点，沟通落实开发过程中存在的问题。

4.1.2 技术部按产品开发计划向生产部下达试生产计划，明确技术要求、交货日期、数量、交货方式、包装等要求。

4.1.3 生产部根据试生产计划统筹安排生产日程，协调安排人员、设备等资源。

4.1.4 常规用原辅材料、外购外协件由生产部申购、采购部采购；新材料、新零件由技术部申购、采购部采购，技术部、质量部、采购部共同认可。

4.1.5 设备部根据计划安排，做好设备、工装的保全、调试工作。

4.1.6 生产部将人员培训需求报人力资源部，人力资源部组织人员培训。

4.1.7 质量部根据技术要求，配备精度、量程适宜的量检具，并做好校准工作。

4.1.8 试生产过程中，技术部、生产部、质量部、设备部共同参与，对发现的问题采取多方论证方式予以解决。由技术部、质量部、生产部共同确认产品的符合性；质量部完成测量系统分析，技术部完成初始过程能力研究，设备部完成设备能力研究，生产部完成节拍、产能分析。

4.1.9 技术部根据试生产确定下来的工艺参数编制作业指导书、检验指导书、包装规范等工艺文件，按工艺文件发放要求发放。

4.2 量产后生产前准备。

4.2.1 产品量产后或来样加工的产品,由生产部负责生产前准备。

4.2.2 生产部收到生产计划后,按节点进行排产,按需求申购原辅材料。

4.2.3 生产前,当班根据要生产的产品由班长将作业指导书、包装规范领出,检验员将检验指导书领出,悬挂在指定位置。

4.2.4 当班班长安排好员工的任务,将工装、模具领出,将原辅材料领出,做好设备和环保设施的点检。

4.2.5 准备就绪后,当班班长或工艺员开机,按作业指导书核对工装、模具、材料等资源,设置工艺参数,开始投料生产。

4.2.6 检验员与班长、操作者共同依据检验指导书对产品的尺寸和外观做首件检验,在首件合格样品上签名并写清产品检测日期,填写"首件三检单"。首件确认后,开始正式生产。

4.3 其他要求。

4.3.1 生产车间在进行生产准备和生产过程中,必须按"五字"要诀即"备、看、提、办、检"进行准备、操作与检验。

1)备:接受任务后,首先将产品工艺文件、设备、工装、模具、原辅材料等准备齐全。

2)看:看懂工艺文件、图样、技术标准,明确生产要求,核对检查工装、模具、材料、设备、检具、量具是否符合技术规定。

3)提:发现问题或有所建议,要及时向直属领导或上级提出,以便及时处理。

4)办:没有问题或问题已经解决时,严格按"三按",即按图样、按工艺文件、按技术标准操作。

5)检:做到首、末件必检,生产过程定期检查,完工后交检。

4.3.2 生产过程中要保持工艺文件、记录和工作环境的整洁。

4.3.3 对生产所需的零部件和工、量、辅具等,做好必要的防护,要按工艺规定备有相应的工位器具,并整齐地摆放在指定的地点,防止磕、碰、划伤和腐蚀。

4.3.4 所有工装、夹具、生产设备、环保设施应按规定进行保养,保持良好的技术状态,满足生产要求。

4.3.5 监视和测量装置要按规定进行周期检定,保持校准合格状态。

4.3.6 超期和不合格的工、夹、刀、模、量、检、辅具等,不得在生产过程中使用。

4.3.7 对产品的特殊特性要按规定使用相应的控制方法。

5. 相关文件、表单

略。

4.2 班前会制度

班前会是企业班组或车间、部门每天工作前召开的会议,是企业基层管理的重要组成部分,是基层管理者向员工传达上级的意见、布置工作任务、总结工作绩效的主要途径。

班前会主要由班长、主任等管理者对每天的工作进行具体安排,说明工作中要注意的安全事项,总结之前的工作情况,督导工作任务的完成。班前会还可以让员工发表自己的意见,讨论、分析工作难题的解决办法,提高员工主人翁意识;适时进行工作教导和培训,可以激励员工工作热情,使基层管理者在下属中树立良好形象,培养威信。

企业通过召开班前会,有利于把管理工作细化到车间、班组、个人,有利于培养车间、部门目标任务观念,有利于提高管理者的检查、监督、执行力度,有利于提高管理者的领导能力、组织能力、表达能力、指挥能力和策划能力。通过召开班前会,有利于各部门之间的信息交流,提高工作效率,也便于企业各种规章制度的推行;同时也为员工提供了一个学习交流的平台,提高了企业的学习氛围和员工的知识水平。

以下是一个班前会制度示例。

GS-MS04-02: 班前会制度

1. 目的

为严肃班前会纪律,提高班前会质量,及时有效地安排工作任务和传达公司的决策信息,提高生产管理水平,特制定本制度。

2. 范围

适用于各生产车间生产前会议。

3. 职责

3.1 生产部是本制度的归口管理部门,由车间主任主持班前会议、班长安排生产任务。

3.2 生产岗位员工、检验员、保全员参加会议。

4. 内容与要求

4.1 班前会是生产管理的第一道程序,每个生产车间都必须按时召开班前会。

4.2 车间当班上岗人员,包括检验员、保全员必须参加班前会,不得无故不参加班前会,不得无故迟到,特殊情况提前向班长请假。

4.3 班前会以列队站立形式召开,由车间主任主持。会议时间为当班前10min,会议地点为各车间生产线会议区。

4.4 参会人员要遵守会议纪律,整齐列队,手机调为振动或静音模式,不做小动作,不擅离会场,按次序发言。

4.5 当班班长点名,点到名的员工要立即答"到",当班班长在《考勤表》上做好记录。

4.6 车间主任和当班班长要注意观察,确认每名员工的精神状态、健康状况,保证上岗人员精神状态对安全生产无影响,对有情绪波动大、精神疲倦、喝酒等情况的员工不准上岗。

4.7 车间主任传达公司的指示,强调安全生产有关事项,总结前一天的工作完成情况、质量情况,适时进行简短培训。

4.8 当班班长安排本班生产任务,强调具体工作要求、应注意的问题,安排顶岗人员及应协调处理的事项。

4.9 征求员工对当班工作安排的意见,听取员工的合理化建议。

4.10 当班班长要认真做好会议记录。

5. 相关文件、记录

5.1 考勤表。

5.2 班前会议记录表。

附件1:考勤表

考 勤 表

_____部门　　　　　　　　日期___年___月　　　　　No:

序号	姓名	1	2	3	4	5	6	7	8	9	10	11	12	13	14	15	16	17	18	19	20	21	22	23	24	25	26	27	28	29	30	31	出勤天数
备注																																	

符号说明:"√"出勤,"×"缺勤,"○"请假,"△"休息,"◇"迟到,"☆"早退。　　　制表人:

附件2:班前会议记录表

班前会议记录表

No:

车间		班次		日期	
主任		班长		参会人数	
人员情况	1. 应到___人,实到___人 2. 迟到、早退、缺勤人员: 3. 请假人员: 4. 顶岗人员: 5. 员工健康、精神状况:					
任务安排						

(续)

注意事项	
其他事项	
备注	

4.3 生产交接班管理规定

在汽车零部件制造企业中有一些生产是不间断的,或为满足市场供货需求,需要连续生产的,这就存在上一个班组与下一个班组之间进行交接的过程。交接班要交得清晰、接得明白,做到人、机、料、法、环和各种信息的全面交接。企业制定交接班制度以界定生产责任,保障生产持续、稳定运行,满足生产和市场的需要。

下面是生产交接班管理规定示例。

例 GS-MS04-03: 生产交接班管理规定

1. 目的
为规范生产班组交接班管理,清晰、明确交接生产工作,保障生产持续、稳定运行,特制定本制度。

2. 范围
适用于各生产车间班组交接班的管理。

3. 职责
3.1 生产部是本制度的归口管理部门,负责对交接班管理制度执行情况的监督、检查。
3.2 各生产车间、班组按本规定的要求交接班。

4. 内容与要求
4.1 各生产车间必须严格遵守本制度,严肃认真地进行交接班工作。交接班时,交班和接班人员必须按时参加,不得迟到、早退,如有特殊情况,应提前向上级领导汇报。
4.2 交接班时间:早班 7:40—7:50;中班 15:40—15:50;晚班:23:40—23:50。

4.3 流水线由班长负责交接班工作，注塑等关键工作岗位由机长负责交接工作。未经允许，交接班过程不得委托他人。

4.4 交班。

4.4.1 当班班长应在下班前1h，对相关设备、工装、仪表等进行全面检查，并认真做好记录，发现问题及时解决，不得拖延给下一班。

4.4.2 交班前30min，当班人员清洁保养好本班次使用的设备、工装、电器仪表；清扫工作现场，检查并清点工具、仪器、防护用品、消防器材等，并整理好相关生产及相关记录，做好交班前的准备工作。

4.4.3 交班人当面向接班人介绍岗位设备运行情况、操作情况，工装工具、用具情况，以及安全情况，特别注意应将发现的问题和处理情况以及注意事项交代清楚。

4.5 接班。

4.5.1 接班人员必须提前15min到岗，认真听取交班人员对车间所有生产情况、运行设备及关键事物的介绍，仔细查看《交接班记录》，发现有不清楚或有疑问的应及时询问。

4.5.2 进入生产现场检查相关设备运行及管线阀门开关，仪表使用及油、水、电是否正常，各控制点温度、压力、液位、流量等是否符合工艺条件。

4.5.3 认真清点工具、用具数理，并查看其是否正常。核对无误后在《交接班记录》上确认签字，完成交接班。

4.6 交接班严格执行"十交、五清、六不接"。

4.6.1 交班要做到以下"十交"：交安全、环保情况，交产量和质量情况，交工艺流程的执行情况，交存在的问题、事故原因和处理情况，交设备运转及保养情况，交仪器、仪表、工具的保管和使用情况，交相关记录表的填写情况，交原辅材料消耗情况，交生产现场卫生情况，交相关领导特别指示、公司文件、通知、通报、指令等情况。

4.6.2 交接班要做到以下"五清"：看清、讲清、问清、查清、点清。

4.6.3 接班要做到以下"六不接"：设备运转异常不接，工具不全不接，事故原因不清、处理不完不接，存在安全隐患不接，记录不全不接，未清洁现场不接。

4.7 交接班时，交班人员和接班人员应全面交接，做到记录交接、现场交接、实物交接、对口交接。

4.8 已到交班时间，而接班人员仍未到的，交班人员应坚守岗位，并将情况及时汇报上级主管领导，待接班人员到岗，按要求完成交接班程序。

4.9 特殊情况下，如接班人员不能按时到岗交接，要提前报告给上级主管领导，由主管领导安排顶岗人员进行交接。

4.10 交接班程序在未办理结束前，一切工作仍由交班人员负责。如在交接班过程中发生事故，应由交班人员负责处理。

4.11 交接中若无任何问题，双方在《交接班记录》上签字确认后，交班人员方可离开现场；此后发生任何问题，一律由接班人负责。

4.12 交接班的内容一律以《交接班记录》为准,《交接班记录》应由交班人员认真按要求填写,文字表达力求简捷、清晰、全面,以免产生歧义。接班人员认真查看、核对《交接班记录》,对自己不清楚或有异议的事项应及时提出,无问题后签字确认。

4.13 交接班过程中严禁推诿扯皮、故意刁难或拖延时间。

4.14 接班人员在接班之后发现交班有故意隐瞒事故或异常情况且证据确凿的,报告生产部,由生产部严肃考核交班责任人。

4.15 接班人员在交接班过程中,因未仔细检查、马虎了事,未发现交班人员的记录与现场不符,且已经签字同意接班的,除有明显证据证明为交班责任外,原则上所有责任由接班人员承担。

4.16 对于交接班过程中难以界定的问题,由生产部门负责人协调解决。

4.17 生产部管理人员定期或不定期监督、检查交接班情况,对发现在交接班过程中有违规的,生产部根据情节严重程度给予相关人员严肃考核处理。

5. 记录与表单

交接班记录。

附件：交接班记录

交接班记录

No：

年　　月　　日　　　　　　　　　　　　　　　　　　　　交接班时间：

生产班次		班长		机长	
生产产品		计划数量		完成数量	
领料种类		领料数量		材料剩余	
设备名称			模具名称		
设备状态：			模具状态：		
停机时间			质量是否稳定		
停机原因：			不稳定原因：		
工具/辅助：			记录状况：		
现场环境：			异常事故：		
备注：					
交班人/时间：			接班人/时间：		

4.4 返工、返修作业指导书

返工是指为使不合格产品或服务符合要求而对其采取的措施；返修是指为使不合格产品或服务满足预期用途而对其采取的措施。返工是将不合格的产品，采取某些措施使它符合要求，也就是把不合格品变成合格品；返修是将不合格的产品，采取措施使不合格产品满足预期的用途。

IATF 16949 标准条文要求返工和返修要有和控制计划或文件化程序相一致的作业文件，并保留处置返工和返修产品的文件化信息。返工和返修过程要纳入 FMEA 和控制计划，对有安全和法规要求的产品返工前要获得顾客批准，任何返修都应获得顾客的让步授权。

下面是一个返工、返修作业指导书示例。

例 GS-MS04-04：返工、返修作业指导书

1. 目的

规范返工、返修作业，使不合格品符合要求或满足预期功能，使返工、返修产品得到有效控制。

2. 范围

适用于本公司产品返工、返修作业。

3. 职责

3.1 技术部根据不合格状态，确定返工、返修方案，组织 FMEA 风险分析，必要时编制临时工艺文件。

3.2 生产部各车间依据返工、返修方案实施作业。

3.3 质量部负责与顾客进行返工、返修事项的相关联络，负责返工、返修产品的检验与最终产品状态的确认。

4. 作业内容与要求

4.1 生产过程或顾客处发现的不合格品，按《不合格品控制程序》执行。对需返工、返修的产品做好"待返工/待返修"标识，隔离存放。

4.2 不合格品返工、返修前，由技术部主管工程师组织对返工、返修过程进行 FMEA 评估，确定风险和控制措施。

4.3 涉及安全、法规要求的产品的返工，由质量部在返工前与顾客联络，获得顾客批准；若是不合格品需返修，在返修前由质量部与顾客联络，获得顾客批准。

4.4 决定返工、返修的不合格品，由质量部检验员开具《返工、返修记录单》，填写不合格产品信息、顾客授权信息等内容。

4.5 由技术部确定返工、返修方案，一般情况按原工艺文件执行，原工艺不能满

足时，由技术部编制临时工艺文件，并将风险控制措施记录在《返工、返修记录单》中。

4.6 生产车间要按返工、返修方案实施，进行返工、返修的员工必须是熟练工，返工、返修后由车间主任在《返工、返修记录单》上记录实施情况。

4.7 经过返工、返修的产品，操作员工要在产品上粘贴返工、返修专用标签。

4.8 若返工、返修的产品能满足技术要求，检验员对返工、返修产品的检验按《检验指导书》进行；若返修产品达不到合格要求，但达到已获得顾客让步接收的标准（预期功能）时，由质量部编制临时检验文件执行。

4.9 检验员对实施返工、返修的产品必须进行100%检验，经检验合格、批准后，方可转序或入库。

4.10 检验员对返工、返修的产品检验的结果进行记录时，要在检验记录上明确标记"返工/返修"字样。

4.11 返工、返修产品验证合格入库后，由检验员将《返工、返修记录单》交质量部存档。

4.12 如返工、返修产品验证后仍不符合要求或不满足经顾客批准的让步接收标准（预期功能），则由技术部和质量部评审是否再次返工、返修或做报废处理。

5. 相关文件、记录

5.1 不合格品控制程序。

5.2 返工、返修记录单。

附件：返工、返修记录单

返工、返修记录单　　　　　　　　　　　　　　　　No：

订单号		产品名称		产品图号	
生产总数		返工/返修数		不良类型	
不合格描述： □返工，涉及安全、法规要求时的顾客批准文件号：_____ □返修，顾客授权文件号：_____ 　　　　　　　　　　　　　　　　　　　　　　　检验员/日期：					
返工、返修风险及控制措施： 　　　　　　　　　　　　　　　　　　　　　　主管工程师/日期：					
返工、返修方案： 　　　　　　　　　　　　　　　　　　　　　　主管工程师/日期：					
返工、返修实施信息： A—投入总人数；　B—返工花费时间（小时）；　C—辅料损失；　D—其他： 投入工时费用 E = A × B × 单位小时人工费用 =					

(续)

合计：本次返工损耗 F = E + C + D =				
责任比例建议（外协厂写真实名称）：				
部门				
责任比例（%）				
分摊费用/元				
车间主任/日期： 　　　　　　　　　　　　　　　　　　　检验员/日期：				
责任部门会签/日期：				
返工、返修产品复验、验证： 　　　　　　　　　　　　　　检验员/日期：				
批准人意见： 　　　　　　　　　　　　　　　　　　　　　批准/日期：				

4.5 随工卡使用管理规定

制造企业的生产一般是根据顾客的订单分批次进行，对于多工序的产品，转序过程往往会出现混乱不清的现象。为便于日后追溯，工序之间有序、良好地衔接，明确责任人，随工卡是非常有效的一个方法。随工卡记录产品的基本信息、质量状况、生产数量、责任人等信息，一般按批次使用，一个批次一张，从车间领料开始，到产品入库，一直伴随产品周转。

下面是一个随工卡使用管理规定示例。

例 GS -MS04 -05： 随工卡使用管理规定

1. 目的

为了强化追溯管理，做好产品转序可控，使随工卡能够在产品生产过程中正确有效地使用，特制定本规定。

2. 范围

本规定适用于公司内部所有产品的生产过程。

3. 职责

3.1 生产部为本规定的归口管理部门。

3.2 仓库、车间按本规定规范填写。

4. 内容与要求

4.1 领料时，仓库保管员根据生产部的领料单，填写随工卡上的相关内容（如：产品图号、产品名称、生产批次号、材料批次号）后发放给领料人，此批随工卡产生，进入生产现场伴随产品流转。

4.2 随工卡的填写应遵循"谁操作谁填写"的原则，从随工卡进入生产现场的第一道工序开始随同产品一直流转到产品入库。

4.3 每道工序加工完成后，操作者立即报检验人员进行检验，经检验人员检验确认合格并在流转卡上签字，再经班长签字确认后，方能流入下道工序。

4.4 随工卡可按批次或单个（套）产品进行流转，如遇产品转序形成分批流转，则操作者必须做好标识，并要另外单独填写一份分批随工卡，且原始随工卡随首批合格产品进行流转，分批随工卡随分批零件进行流转。

4.5 接收工序收到转序来的产品时，核对随工卡填写的产品数量，如接收工序发现产品随工卡数量不准确，应报生产部对上道工序进行考核；如接收工序没有发现数量不准确等问题，则继续向下流转，对前序没发现问题的所有工序一并考核，依此类推。没有流转卡的产品，下道工序拒绝接收。

4.6 在产品的所有生产工序完工后，由操作者报检验人员检验，经检验合格并经检验人员在随工卡上签字确认后交库房办理入库手续。

4.7 入库时，仓库保管员按实数点收，确认随工卡记录的数量，做到账、卡、物一致，入库记账。对于没有流转卡的产品，仓库不予办理入库。

4.8 产品入库后，随工卡由库管员保管，并由统计员统计当月生产数量，月底将统计结果和随工卡一同交财务部，财务部据此计算薪资。

4.9 随工卡填写要求。

4.9.1 按工序流转标准内容填写，所需填写的具体项目有顾客名称、批次号、产品名称、产品图号、材料批次号、工序名称、操作者姓名、生产数量、合格数、不合格数（返工、工废、料废）、检验员、接收人、车间班长、备注。其中，生产数量由操作者填写；不合格数、合格数由检验员填写；接收人为下道工序接收者。

4.9.2 操作者对所填写的数据负责，实际生产数量、合格数、返工/返修数、报废数必须按实际数量填写。公司在进行投入、产出核算时若发现有所填数据不真实现象，将对其车间班长及操作者进行考核。

4.9.3 填写流转卡时，字迹要工整、清晰，内容齐全，并有检验员的签字。操作者姓名要按身份证上的姓名填写。如有填写不规范、不清楚、无检验人员签字确认的，公司一律不予核算薪资。

4.9.4 无论是检验员还是班长，在随工卡上签字确认时，必须是每道工序单项签字确认，不能跨行签字。

5. 相关文件、表单

随工卡。

附件：随工卡

随 工 卡

编号：

顾客名称							批次号				
产品名称				产品图号			材料批次号				
日期	工序名称	操作者	生产数量	合格数量	不合格数量			检验员	班长	接收人	备注
					返工	工废	料废				
入库数		不合格品数			入库时间			保管员			

4.6 生产异常处理流程

生产过程中，可能会发生一些产品不符合要求、设备故障、损耗超标、员工意外、材料问题等各种脱离标准要求的异常事故，这些事故需要及时得到处理，以保证正常的生产。因这些问题是意外发生的，发现问题的员工往往不知如何处理，故需要在各级、各部门之间即时传递。建立异常问题的处理流程，使员工在生产过程中发生异常时，能够有依据地进行信息传递，从而快速、有效地解决这些生产异常问题。

下面是一个生产异常处理流程示例。

例 GS-MS04-06：**生产异常处理流程**

1. 目的

为对生产过程中发生的异常事故进行快速有效的处理，保证生产正常运行，最大限度地降低异常影响，特制定本流程。

2. 范围

适用于公司生产部各生产车间所发生的生产异常事故的处理。

3. 职责

3.1 生产部负责生产异常的协调处理，编制生产异常事故处理记录。

3.2 质量部负责产品质量异常的协调处理与逐级信息传递。

3.3 技术部负责技术和工艺异常的协调处理与逐级信息传递。

3.4 设备部负责设备异常的协调处理与逐级信息传递。

3.5 安环科负责安全环境异常的协调处理与逐级信息传递。

4. 处理流程与要求

4.1 本着"快速解决,确保生产"的原则处理生产异常事故,杜绝异常事故隐瞒不报,杜绝拖延处理异常事故。

4.2 生产车间在生产过程中,如员工发现异常状况,应立即报告班组长。如果是安全事故,则应同时果断采取制止安全事故进一步发展的措施。

4.3 班组长根据事故情况,初步判断并采取遏制措施。如果是产品质量问题,则将事故信息传递给专检员。如果是设备事故,则将事故信息传递给保全员。如果是班组长无法处理或需上级协调的事故,则及时将事故信息传递给车间主任。若是安全、环境问题,则同时将事故信息传递给安环科。如果是技术、工艺问题,则同时将事故信息传递给技术部主管工程师。

4.4 发生生产异常事故时,收到信息的责任人员应在10min内赶到事故现场,从人、机、料、法、环、测各方面进行调查分析,消除异常事故的原因,并立即采取措施,防止事态继续扩大。

4.5 收到事故信息的员工本级不能处理或事态严重时,立即向上级传递,直至到达问题可以得到解决处理的级别。

4.6 如生产异常事故需跨部门协同解决,则各相关部门收到生产异常信息后,积极从所负责的业务范围进行分析,采用多方论证的方法配合处理。

4.7 生产异常事故得到应急处理,恢复正常生产后,相关责任部门对所发生的异常事故进行真因分析,并制定有效的预防措施,避免再次发生同样的生产异常事故。生产部收集事故发生、解决的信息,编制《生产异常事故处理记录》。

4.8 对属于人为因素造成的生产异常事故,生产车间要对责任人考核,追究其相应的责任。

4.9 对故意隐瞒生产异常事故、拖延处理异常事故的责任人,绩效考核扣减5分,严格追究其相应的责任。

5. 生产异常处理流程图

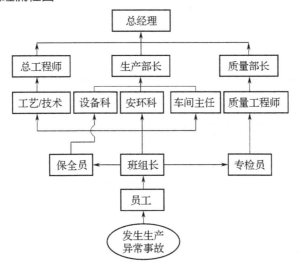

6. 相关文件、表单

生产异常事故处理记录。

附件：生产异常事故处理记录

生产异常事故处理记录

No:

生产车间		事故日期	
产品名称		产品图号	
顾客名称		工序	
异常情况描述：			
报告人：			日期：
应急处理措施：			
处理人：			日期：
原因调查与分析：			
责任人：			日期：
纠正措施：			
责任人：			日期：
验证与确认：			
车间主任：			日期：
备注：			

4.7 快速反应会议制度

汽车零部件制造企业经常采用召开快速反应会议的方法来及时处理公司的各种生产经营过程中发生的问题。这种会议一般在生产现场班前或班后，利用 10~20min 的时间召开，采用固定的格式进行简短快速的报告，对发生的问题进行沟通，落实责任人，并跟踪问题的处理直至关闭。

召开快速反应会议的益处：

1) 使生产经营过程中发生的问题及时解决。
2) 提高质量管理水平，提高顾客满意度。
3) 提供问题解决的沟通环境和方法。
4) 促使问题得到彻底解决。
5) 预防问题的再发生。
6) 使企业的经验教训得到良好的总结，积累组织知识。
7) 使信息在组织内得到有效的传递、知识得到分享等。

下面是一个快速反应会议制度示例。

例 GS-MS04-07： 快速反应会议制度

1. 目的

及时对公司内外部生产问题、质量问题或其他影响生产经营的问题进行处理；采用目视化的方法，运用标准化的格式快速响应并解决问题，一目了然地显示问题解决的状态；通过公司内部相关部门的共同参与，促进问题得到快速解决，并预防问题重复发生。

2. 范围

适用于公司生产经营过程中质量、生产和其他影响生产经营问题的处理。

3. 职责

3.1 生产部是快速反应会议的归口管理部门，生产部负责组织和主持快速反应会议。

3.2 生产部负责收集和反馈生产过程发生的生产相关问题，并跟踪问题解决的进展。

3.3 质量部负责收集和反馈公司内、外部质量问题，并跟踪问题解决的进展。

3.4 其他问题相关部门参加并积极响应快速反应会议。

3.5 问题责任人负责按照会议确定的时间完成各项工作，按时关闭；及时反馈问题的最新状态。

4. 内容与要求

4.1 快速反应流程。

4.1.1 各部门收集过去24h发生的重大问题。

4.1.2 每日快速响应会议对每个问题根据其性质指定问题负责人。

4.1.3 会议后问题负责人利用问题解决方法或工具解决问题，并预防问题再发生。

4.1.4 在快速反应看板上跟踪问题，问题负责人在快速反应会议上定期更新问题解决的进度。

4.1.5 问题负责人负责完成所有关闭标准，包括经验教训、问题解决结果的沟通，直到快速反应看板关闭状态显示为绿色。

4.2 会议前准备。

为了准备快速反应会议，每天会议开始时，各部门必须找出过去24h发生的重大问题，包括但不限于以下问题。

4.2.1 外部问题：

1）客户关注的问题，如8D报告问题、客户抱怨、客户投诉、售后问题等。

2）供应商关注的问题，如来料的质量问题。

4.2.2 内部问题：

1）验证岗位发现的问题。

2）停线。

3）分层审核，产品遏制中发现的问题。

4）防错装置失效。

4.2.3 制造问题：生产计划与生产数量的重大偏差会影响发运的问题。

4.2.4 健康和安全问题：所有安全相关事故、危险事件。

外部和内部所有的重大质量和生产问题需要在快速反应板上跟踪。生产制造和健康安全相关问题不需要在快速反应板上跟踪，但需要制定措施和跟踪。

4.3 快速反应会模式。

4.3.1 快速反应会是各职能部门参加的跨部门会议，是一个沟通会议，不是一个问题解决会议。

4.3.2 会议对每天的重大问题进行回顾，对新问题进行沟通。

4.3.3 在生产现场召开的一个简短快速的会议，时间大概为10~20min。

4.3.4 会上固定使用看板格式进行报告，保证会议在预定时间内完成。

4.3.5 会议时间：每天下午4:30。

4.3.6 会议地点：车间快速反应看板前。

4.3.7 会议主持：生产部负责人。

4.3.8 参会人员：生产部、质量部以及其他各部门相关问题负责人。

4.4 快速反应会职责。

4.4.1 质量工程师和车间主任将新问题更新到快速反应看板上。

4.4.2 问题负责人应在会前将新问题状态更新到看板上（如果是供应商问题，则由采购部与供应商联络确认后进行更新）。

4.4.3 问题负责人负责向小组汇报问题解决进度。

4.4.4 生产部领导要确保快速反应活动是有效的。

4.4.5 在快速反应会议上，会议主持人必须。

1）为每个问题指定一个负责人。

2）确保与会者提供合适的支持。

3）对状态是红色的项目要明确后续行动和负责人。

4）如果问题没有关闭，则指定下次汇报时间。

4.4.6 责任人负责保证所有问题及时得到解决和关闭，可通过下列手段实现：

1）会下采用多功能小组进行问题分析与解决。

2）更新快速反应看板的关闭条件和状态栏。

3）向小组成员或关键人员分配更新任务。

4.4.7 以下每个阶段责任人都需要将改善情况进行报告：

1）明确问题，遏制措施。

2）分析根本原因（5Why）。

3）长期/短期对策措施。

4）跟踪验证对策措施，经验总结。

4.5 快速反应看板。快速反应看板必须满足快速反应的目的，可以是可擦写的白板，也可以是由投影机投影的 Excel 表等。

4.6 快速反应问题关闭准则。

4.6.1 设定每个关闭准则的时间，以便标出每项的状态。

4.6.2 问题解决过程中的每一个关键步骤都要建立关闭准则。

4.6.3 当问题刚发生时，状态标记为黄色；问题在规定的时间内没有完成，状态标记为红色；问题在规定的时间内完成，状态标记为绿色。

4.6.4 每项关闭准则的证据都应在快速反应会议上进行评估。

5. 相关文件、表单

快速反应会议看板。

附件：快速反应会议看板

快速反应会议看板

序号	客户	问题编号	问题描述	发生时间	责任人	抑制措施（24h）	根本原因分析（3D）	对策措施（15D）	跟踪验证（2批次）	关闭准则							经验教训	状态	关闭日期
										遏制	分层审核	防错	对策实施	对策验证	探测设备	PFMEA/CP更新			

注：状态标识：●进行中；●完成；●延期；"N/A"不适用。

4.8 工艺纪律检查办法

工艺纪律是指生产过程中，为保证生产工作正常、有序地进行而要求员工必须遵守的工艺要求和规定。这些要求和规定一般表述在图样、作业指导书、检验指导书等文件中。

工艺纪律是企业的重要制度之一，严肃工艺纪律是企业维持有序的生产活动和持续稳定产品质量的有效措施。为确保操作者遵守工艺纪律，工艺纪律检查的意义非常重大。

以下是一个工艺纪律检查办法示例。

例 GS-MS04-08：工艺纪律检查办法

1. 目的

为使员工在生产过程中严格遵守工艺要求，严肃工艺纪律，提高产品质量和经济效益，加强公司工艺管理水平，特制定本办法。

2. 范围

本办法适用于公司各车间生产现场的工艺纪律检查和考核。

3. 职责

3.1 技术部为本办法的归口管理部门，负责工艺纪律检查项目、标准的制定。

3.2 生产部工艺管理人员负责日常检查。

3.3 技术部负责组织，与质量部、生产部共同组成工艺纪律检查小组，实施月度联合检查。

3.4 受检查车间主管人员陪同检查，对检验点进行解释与说明。

3.5 受检查车间对工艺执行情况负责，生产部对各车间现场的工艺纪律执行情况负管理责任。

3.6 办公室负责考核的统计与实施。

4. 内容与要求

4.1 班前工艺准备，各车间对当班要生产产品的图样、工艺文件领出，悬挂于现场规定的位置。生产过程中，员工必须按图样、按工艺文件、按技术标准，即"三按"进行操作。

4.2 工艺纪律检查分为生产部检查与工艺纪律检查小组联合检查2级。生产部工艺管理人员随机不定时进行检查，每周不少于2次。工艺纪律检查小组每月进行一次联合检查，时间为每月的25～30日。

4.3 工艺纪律检查以对工艺规定的执行情况为主线，对操作人员资质、操作水平、文件落实、工艺装备、检测器具状态、记录管理，以及对以往工艺纪律检查问题点的改善情况等进行检查。具体检查项目与考核内容见附件1《工艺纪律检查单》。

4.4 检查过程中，发现违反工艺纪律的情况要当场提出，立即予以纠正，并向违纪车间签发附件2《工艺纪律检查违纪整改通知单》。

4.5 在工艺纪律检查中发现的问题由违纪责任单位按人、机、料、法、环、测六大要素分析原因，制定纠正、预防措施，将原因分析和整改措施填写在附件2《工艺纪律检查违纪整改通知单》中并回执到技术部，技术中心主管工艺员在下次工艺纪律检查时验证纠正改善效果。

4.6 工艺纪律检查小组在月度联合检验过程中发现的问题，由技术部进行汇总后报办公室，办公室对工艺执行率和考核扣分进行统计并登记在附件3《工艺纪律检查考核年度统计表》上。

4.7 在联合检查中，对工艺纪律执行率达到95%以上的单位给予200元/次的奖励，不进行处罚。每年平均工艺纪律执行率低于90%或累计扣分超过30分的单位，年度考核不合格。

注：工艺执行率（生产线）＝工艺纪律检查项目合格数量/工艺纪律检查项目总数量×100%。

5. 相关文件、表单

5.1 工艺纪律检查单。

5.2 工艺纪律检查违纪整改通知单。

5.3 工艺纪律检查考核年度统计表。

附件1：工艺纪律检查单

工艺纪律检查单（100分）

受检单位			检查时间		
序号	检查项目	检查内容		标准分	扣分
1	人员资质（10分）	检查操作人员是否持证上岗，对国家规定的特殊工种，操作人员是否持有相应的资格证		3	
		检查操作人员的培训情况，检查转岗人员是否经培训合格上岗		3	
		询问现场操作人员对本岗位操作技术要求及对最新修订的作业指导书等文件内容是否做到应知、应会		4	
2	技术文件（10分）	检查产品图样、作业指导书是否配备、受控，并悬挂于作业现场指定位置		3	
		检查作业指导书等是否有过期的或者不受控的文件		2	
		工艺文件的更改是否按照更改程序来进行		2	
		文件是否按规定的位置悬挂，文件摆放有无混乱、不整齐		2	
		文件是否清洁，有无灰尘、脏污、文件撕裂或损坏的情况		3	
3	设备、工装（10分）	检查设备、工装使用状态能否满足工艺要求		3	
		检查是否按要求对设备、工装进行日常保养及相关检查		4	
		检查设备、工装的状态标识是否齐全、有效		3	
4	计量器具（10分）	检查计量器具使用状态是否满足使用工艺要求		4	
		检测器具是否摆放在指定地点，有无磕、碰、划伤及锈蚀情况		2	
		检查计量检测器具检定标识是否齐全、有效		4	
5	现场环境（10分）	检查生产现场环境（温度、湿度、光照度、清洁度）是否符合工艺要求		3	
		检查有温度、湿度等要求的工序中环境监测记录的填写情况		3	
		废、不良品是否隔离存放，是否进行了标识		4	

（续）

6	记录 （10分）	检查是否填写了必要的设备运行和保养记录、随工卡（或材料流转卡）、工艺参数监控记录等记录	4	
		首、末件检验，过程检验是否按工艺文件进行了记录	3	
		记录填写是否清晰、准确、规范，签字手续是否完整、齐全	3	
7	纠正改善 （10分）	检查上次检查发现问题的纠正改善情况、问题是否得到解决与改善；纠正预防措施是否已落实	8	
8	工艺执行 （30分）	检查操作人员对作业指导书等工艺文件规定工艺要求的执行情况，是否存在简化工艺的现象	3	
		检查操作者是否坚持用自检方式对产品特性进行监控	3	
		设定的工艺参数不符合工艺文件规定或未贯彻执行临时工艺	3	
		使用原材料、辅料等不符合工艺要求和材料消耗定额规定	4	
		野蛮操作，造成产品变形、磕碰划伤、脏污及工装部件损坏	4	
		不认真执行首件、末件检验和过程检验，未按有关程序交检	3	
		擅自更改包装物的规格，未按规定数量、品种进行包装	4	
		装箱标识、合格证未按规定填写，或填写不清、不正确	3	
		作业时，发生的变化未及时反馈给技术部	3	
备注		工艺执行率（%）= 工艺纪律检查项目合格数量/30×100%		

检查人签字： 　　　　　　　　　　　　　　　　　　　　　受检单位签字：

附件2：工艺纪律检查违纪整改通知单

工艺纪律检查违纪整改通知单

受检单位		检查日期	
违纪 事实 说明			
主管工艺员签字： 　　　　　　　　　　　　　　　　　　　　年　　月　　日			
原因分析及改善措施：			
违纪单位领导签字： 　　　　　　　　　　　　　　　　　　　年　　月　　日			
纠正改善验证：			
主管工艺员签字：　　　　年　　月　　日　　　　部长签字：　　　　年　　月　　日			

注：1. 原因分析、整改措施栏由违纪责任单位填写。
　　2. 纠正改善验证栏由技术部主管工艺员验证并填写。
　　3. 此表一式两份，违纪单位和技术部各留存一份。

附件 3：工艺纪律检查考核年度统计表

工艺纪律检查考核年度统计表

××××年度月份	受检查车间						备注
	××产品车间		××产品车间		××产品车间		
	工艺执行率（%）	考核扣分	工艺执行率（%）	考核扣分	工艺执行率（%）	考核扣分	
1							
2							
3							
4							
5							
6							
7							
8							
9							
10							
11							
12							
合计							

4.9 尾数品管理规定

尾数品也叫端数品，是指在生产过程中产生的、超出计划数量、不够整箱包装、多余的合格品，或在交付过程中按顾客订单不够整包装箱数量的合格品。汽车零部件在正常生产过程中，因考虑产品不合格、调试初始的强制报废、材料损耗等情况，经常会生产比顾客订单数量稍多的产品，这些产品就形成了尾数品。有时顾客订单数量也会出现有零头情况，形成尾数品的包装交付。为防止尾数品混装、错装，防止损伤，需要对尾数品进行有效的标识和防护，再启用时需要对尾数品重新检验，以确保产品质量符合要求。

下面是一个尾数品管理规定示例。

例 GS-MS04-09：尾数品管理规定

1. 目的

为防止尾数品混装、错装，避免尾数品不良，规范尾数品的标识、防护等管理，特制定本规定。

2. 范围

本规定适用于公司量产产品在生产过程中出现的尾数品及交付过程中的尾数品。

3. 定义

尾数品是指在生产计划数量产品过程中产生的、不够整箱包装数量、多余的合格品，或在交付过程中按顾客订单数量不够整包装箱的合格品。

4. 职责

4.1　生产部负责划定尾数品的放置区域。

4.2　生产车间负责尾数品的标识、数量记录和防护。

4.3　质量部专检员负责尾数品再启用前的检验确认。

4.4　质量部、技术部负责尾数品的定期评审。

5. 内容与要求

5.1　生产过程中产生的尾数品。

5.1.1　生产车间在产品生产过程中，严格按生产计划控制生产数量，减少尾数品的产生；确实无法避免尾数品的生产时，要严格控制同一产品只允许出现一个尾数批。

5.1.2　在生产过程中制造的尾数品，经检验员检验合格后，由生产车间负责放入相应的包装箱，盖好摇盖，不进行打包封箱，放置在尾数品放置区。

5.1.3　生产车间负责对尾数品进行标识，填写"尾数品标识卡"后，粘贴在尾数品包装箱上。

5.1.4　同一产品再生产时，生产车间通知质量部专检员，由其对该种产品的尾数品按转序检验规则或成品检验规则进行重新检验验证合格后，纳入正常后序或成品包装。

5.1.5　生产车间每日对尾数产品产生和再启用的数量进行登记，记录在《尾数产品滚动记录表》上。

5.1.6　尾数品存放时间达到3个月时，由生产部组织质量部、技术部对尾数品评审，确认合格后可延期存放；不合格产品按《不合格品控制程序》处置。

5.2　交付过程中的尾数品。

5.2.1　如顾客的订单数量不够整箱包装时，生产车间按产品的原包装方式对尾数品进行包装，不满箱出现的空隙使用填充物填充，防止产品晃动。

5.2.2　生产车间按实际数量填写"尾数品标识卡"，粘贴在尾数品包装箱上。

5.2.3　质量部专检员按成品检验规则对尾数品检验，确认尾数品标识，确认包装方式的可靠性，防止因包装导致产品不良。

6. 相关文件、表单

6.1　尾数品标识卡。

6.2　尾数品滚动记录表。

6.3　不合格品控制程序。

附件1：尾数品标识卡（A4大小）

尾数品标识卡

<td colspan="4" align="center">**尾 数 品**</td>			
产品图号		项目/车型	
产品名称		顾客名称	
生产日期		数量	

附件2：尾数品滚动记录表

尾数品滚动记录表

车间：　　　　　　　　　　　　　　　　　　　　　　　　表格编号：

序号	生产日期	产品图号	产品名称	批次	计划产量	实际产量	尾数数量	启用检验		启动日期	产品批次	定期检查情况	备注
								合格	不合格				

第5章 采购部门管理制度

采购过程是将物资从供方手中转移到组织的过程。这一过程实现了企业从货币到实际物资的转换,使企业获得了生产所必需的资源。汽车零部件行业要选择合格供方采购,与供方建立良好的互利合作关系,保证采购物资的质量、交期、服务以及合理的价格水平。

5.1 供应商评价细则

原材料的质量状况、供货周期、价格水平直接影响产品的质量、生产和成本,企业应对外部供应商进行有效控制和管理,实现供需双方共赢。汽车零部件企业在选择供应商时,应对供应商进行符合性和风险评价,确保所选供应商提供的过程、产品和服务不会对组织稳定地向顾客交付合格产品和服务的能力产生影响。汽车零部件企业一般都会在"供应商管理"程序文件中列出供应商评价的过程,"供应商评价细则"作为三层文件指导企业对供应商实施评价工作。

以下是一个供应商评价细则示例。

例 GS-MS05-01: 供应商评价细则

1. 目的
详细、清晰地规定对供应商评价的要求,客观、准确地对供应商做出评定和选择,保证供应商持续、稳定地供应质量合格、价格合理的物料或服务。

2. 范围
本细则适用于为本公司提供物料或服务的供应商的能力评价。

3. 职责
3.1 采购部是本细则的归口管理部门,负责供应商调查,发放、接收调查表,组织和协调供应商的评价工作。
3.2 技术、质量、采购、生产等部门负责相应项目供应商的评价。

3.3 审核组负责供应商的现场审核。

4 评价细则

4.1 供应商分类。

1) Ⅰ类：主要原材料及关键外协、外购件，工序外协件。

2) Ⅱ类：辅助原材料、普通通用外购件、重要包装物。

3) Ⅲ类：其他。

4.2 潜在供应商评价。

4.2.1 对于潜在供应商，通过发放《供应商调查表》，由供应商填写后回收（可以接收电子扫描件），并附带以下证明材料（《供应商调查表》和证明材料必须加盖公章）：

1) 营业执照复印件。

2) 认证证书复印件。

3) 开票资料。

4) 生产设备清单。

5) 量、检具清单。

6) 厂区、车间、实验室照片。

7) 主要生产设备、主要产品照片。

4.2.2 采购部对收到的《供应商调查表》和证明材料进行初评，初评合格后，组织技术、质量、采购、生产等部门按《供应商评价表》进行评价，并分析风险情况。

4.2.3 初审合格的潜在供应商，必须同时满足以下条件：

1) 至少通过 ISO 9001 质量体系认证。

2) 有固定的营业场所和营业执照。

3) 有相关的设备和人员。

4) 《供应商调查表》填写规范，证明材料齐全。

5) 同类产品供货业绩 3 年以上、5 种产品以上。

4.2.4 潜在供应商评价合格后，对于Ⅰ类潜在供应商，除国内外知名品牌原材料供应商外，由审核组进行供应商现场审核，现场审核按 VDA 6.3 进行。

4.3 供应商的再评价。

4.3.1 供应商再评价时机：出现下列情况之一时，需要对供应商进行再次评价。

1) 周期性供应商评价，距上一次评价合格后持续供货 3 年时。

2) 间断供货 1 年以上时。

3) 出现重大质量或安全事故时。

4) 开发新的关键、重要新产品和新材料时。

5) 顾客要求时。

4.3.2 对除国内外知名品牌原材料供应商外的Ⅰ类供应商，由审核组按 VDA 6.3 进行供应商现场审核；对出现重大质量或安全事故的供应商，按 VDA 6.3 进行现场审核，并由跨职能部门进行风险评价；对其他供应商，由采购部重新发放《供应商调查表》，由审核组按《供应商评价表》进行评价。

4.4 合格评定。

4.4.1 按《供应商评价表》进行评价时，供应商评价综合得分在 70 分以上的为潜在合格供应商或合格供应商；得分在 60~69 分的，需供应商整改后再评价；60 分以下或有单项为 0 分者，不予纳入本企业供应商。

4.4.2 《供应商评价表》的项目评分分为 10、8、6、4、0 分，评分准则见下表。

分值	评分准则
10	完全满足要求
8	基本满足要求，只有轻微不符合
6	部分满足要求，存在明显不符合
4	部分满足要求，存在严重的不符合情况
0	不满足要求

4.4.3 按 VDA 6.3 进行过程审核时，EG≥80%，B 级为合格供应商。评价准则和评分方法按 VDA 6.3 标准进行。

4.5 评价实施。

4.5.1 潜在供应商评价根据实际的供应商开发需要适时进行。

4.5.2 周期性供应商评价，由采购部每年制订供应商评价计划，报总经理批准后，按计划实施。

4.5.3 当出现第 4.3.1 条第 2）~5）项的情况时，由采购部适时组织进行评价。

5. 相关文件、记录

5.1 供应商管理程序。

5.2 供应商调查表。

5.3 供应商评价表。

5.4 VDA 6.3 提问表。

附件 1：供应商调查表

××汽车零部件有限公司

供应商调查表　　　　　　　　　　　　　　No：

供应商名称（盖章）		供应商代码	
填写人		电话		填写日期	
1. 一般现况			
公司所在地		邮编	
注册日期		注册资本/万元	
企业性质		供货业绩	_____年，_____种
统一社会信用代码		企业法人	
网址		电子邮箱	
经营范围			

（续）

1. 一般现况										
职工总人数/人：		其中	平均工资/(元/月)			工厂面积/m²		管理体系		
管理	技术	质量	管理	技术	工人	占地	建筑	16949	9001	其他

2. 企业发展历程

3. 财务现况（近三年）					
财务现况	年度	年	年	年	备注
	资产总值/万元				
	固定资产/万元				
	负债/万元				
	销售额/万元				
	利润/万元				

4. 主要客户						
序号	客户名	供应产品	销售额/万元	质量状况	首次供货日期	备注

5. 主要供应商			
材料或零部件	供应商名	联系人及联系方式	主要客户

6. 主要人员			
姓名	职务	联系电话	电子邮箱

7. 主要技术研发人员			
姓名	岗位	工作年限	开发经验

8. 认证现况（附相关复印件）				
认证名	认证机构	认证期间	认证范围	备注

(续)

9. 主要产品及生产能力

产品类别	生产能力/年	实际生产负荷	销售额/万元	比例

10. 主要生产设备（请附加详细清单）

序号	设备名	型号	数量	生产厂家	状态	备注

11. 主要试验设备、量检具（请附加详细清单）

序号	设备名	型号	数量	生产厂家	状态	备注

附件2：供应商评价表

供应商评价表

No:

供应商名称				供应商编号		
联系人		联系电话		评价日期		
序号	类别	评价内容				评分
1	经营状况	公司员工、财务状况、信用情况是否良好				
2		公司的作业环境是否满足安全、生产需要				
3	质量能力	质量管理体系认证情况：IATF 16949（10分），ISO 9001（8分）				
4		是否有合理的质量人员配置，质量人员是否有足够的能力				
5		是否有内部实验室，试验项目自主完成情况				
6		是否有充足、可靠、适宜的量具、检具和试验设备				
7	技术能力	技术人员是否有足够的能力、经验				
8		以往开发的项目、车型及客户情况				
9	生产能力	生产设备的保有和产能情况是否满足要求				
10		以往同类产品的供货业绩和产品质量状况是否良好				
风险与机遇：						
综合评价：					评价得分	
质量部		技术部		生产部	采购	总经理

附件 3：VDA 6.3 提问表

VDA 6.3 提问表

过程要素 P2：项目管理	
评价问题	潜在供方分析（〇号标记为潜在供方评价项目）
P2.1 是否建立项目管理及项目组织机构？	〇
P2.2 是否为落实项目而规划了必要的资源且已经到位，并且体现了变更情况？	〇
P2.3 是否编制项目计划，并与顾客协调一致？	〇
P2.4 是否进行产品质量先期策划，并监视了符合和落实情况？	〇
P2.5 项目所涉及的采购事项是否得以实施，并对其符合性加以监控？（*）	〇
P2.6 项目组织机构是否可以在项目进行过程中确保变更管理？（*）	〇
P2.7 是否建立事态升级程序，该程序是否得到有效执行？	〇
过程要素 P3：产品和过程开发的策划	
评价问题	潜在供方分析（〇号标记为潜在供方评价项目）
P3.1 产品和过程的具体要求是否已明确？	〇
P3.2 在产品和过程要求已明确的基础上，是否对可行性进行全面的评价？（*）	〇
P3.3 是否有产品和过程开发的详细计划？	
P3.4 对顾客关怀/顾客满意/顾客服务以及使用现场失效分析方面的事项是否进行了策划？	
P3.5 是否对产品和过程开发考虑了必要的资源？	
过程要素 P4：产品和过程开发的实现	
评价问题	潜在供方分析（〇号标记为潜在供方评价项目）
P4.1 产品和过程开发计划中的活动是否得到落实？（*）	〇
P4.2 人力资源是否到位并且具备资质，以确保量产启动？	
P4.3 物质资源是否到位并且适用，以确保量产启动？	〇
P4.4 产品和过程开发是否获得所要求的认可批准？（*）	〇
P4.5 是否基于产品和过程开发制定过程和检验规范并加以实施？	
P4.6 是否在量产条件下，为量产批准进行了能力测试？	
P4.7 是否为确保顾客关怀/顾客满意/顾客服务以及现场失效分析的实施建立了过程？	
P4.8 是否对项目从开发移交至批量生产建立了控制管理方法？（*）	
过程要素 P5：供应商管理	
评价问题	潜在供方分析（〇号标记为潜在供方评价项目）
P5.1 是否只和获得批准且具备质量能力的供方开展合作？	〇
P5.2 在供应链中是否考虑到顾客要求？	〇
P5.3 是否与供方就供货绩效约定目标，并且加以落实？	
P5.4 针对采购的产品和服务，是否获得了必要的批准/放行？（*）	〇
P5.5 针对采购的产品和服务，约定的质量是否得到保障？（*）	〇
P5.6 是否对进厂的物料进行适当的搬运和储存？	
P5.7 针对具体的任务，是否定义了相应人员的职责，且具备了资质？	

(续)

过程要素 P6：生产过程分析	
P6.1 过程输入是什么？（过程输入）	
评价问题	潜在供方分析（○号标记为潜在供方评价项目）
P6.1.1 是否从开发向批量生产进行了项目移交，以确保量产顺利启动？	○
P6.1.2 来料是否在约定的时间按所需数量/生产批次大小被送至正确的地点/工位？	
P6.1.3 是否对来料进行适当的存储，所使用的运输工具/包装设备是否适合来料的特殊特性？	
P6.1.4 必要的标识/记录/放行是否具备，并且适当地体现在来料上？	
P6.1.5 在量产过程中，是否对产品或过程的变更开展跟踪和记录？（*）	
P6.2 所有生产过程是否受控？（过程管理）	
评价问题	潜在供方分析（○号标记为潜在供方评价项目）
P6.2.1 控制计划里的要求是否完整，并且得到有效实施？	○
P6.2.2 对生产启动是否进行重新批准/放行？	○
P6.2.3 特殊特性在生产中是否进行控制管理？（*）	○
P6.2.4 对未放行件和/或缺陷件是否进行管控？（*）	○
P6.2.5 是否确保材料/零部件在流转的过程中不发生混合/弄错？	
P6.3 哪些岗位为过程提供支持？（人力资源）	
评价问题	潜在供方分析（○号标记为潜在供方评价项目）
P6.3.1 员工是否能胜任被委派的工作？（*）	○
P6.3.2 员工是否清楚被委以的产品和过程质量的职责和权限？	
P6.3.3 是否具备必要的人力资源？	○
P6.4 使用哪些资源落实了过程？（物质资源）	
评价问题	潜在供方分析（○号标记为潜在供方评价项目）
P6.4.1 使用的生产设备是否可以满足顾客对产品的特定要求？（*）	○
P6.4.2 生产设备/工具的维护保养是否受控？	○
P6.4.3 是否能够利用监视、测量和试验设备对质量进行有效监控？（*）	○
P6.4.4 生产工位和检验工位是否满足要求？	○
P6.4.5 是否根据要求，正确地存放工具、装置和检验工具？	

(续)

过程要素 P6：生产过程分析	
P6.5 过程落实的效果如何？（有效性、效率，避免浪费）	
评价问题	潜在供方分析（○号标记为潜在供方评价项目）
P6.5.1 是否为制造过程设定目标？	
P6.5.2 对收集的质量和过程数据是否开展了分析评价？	
P6.5.3 一旦与产品和过程要求不符，是否对原因进行分析，并且验证了纠正措施的有效性？（*）	○
P6.5.4 对过程和产品是否定期开展审核？	○
P6.6 过程取得的结果？（过程结果/输出）	
评价问题	潜在供方分析（○号标记为潜在供方评价项目）
P6.6.1 产量/生产批量是否是根据需要确定的，并且有目的地运往下道工序？	
P6.6.2 是否根据要求对产品/零部件进行适当仓储，所使用的运输设备/包装方式是否与产品/零部件的特殊特性相互适应？	○
P6.6.3 是否保持了必要的记录和放行记录？	
P6.6.4 成品的交付是否满足顾客要求？（*）	○
过程要素 P7：顾客关怀、顾客满意、服务	
评价问题	潜在供方分析（○号标记为潜在供方评价项目）
P7.1 质量管理体系、产品和过程方面的要求是否得到满足？	○
P7.2 是否能保障对顾客的关怀服务？	○
P7.3 是否保障了供货？（*）	○
P7.4 针对质量问题或投诉是否开展了失效分析，并且有效地落实了纠正措施？（*）	○
P7.5 针对各具体的任务，相关人员是否具备资质且定义职责？	

注：共 58 个提问，潜在供方提问 36 个，*号提问 18 个。

5.2 供方生产件批准制度

生产件是指在生产现场，使用正式的工装、材料、工艺、量检具、操作者和环境，制造出来的产品或零件。生产件批准（Production Part Approval Process，PPAP）是美国克莱斯勒、福特和通用三大汽车公司开发的，用来确定零部件供应商是否已经正确理解并满足顾客工程设计记录和规范的所有要求；检验零部件供应商是否具有量产供货能力，是否能满足顾客质和量的要求，是否能持续稳定地按规定的生产节拍为顾客提供合格的产品。

PPAP 为汽车整车厂和零部件供应商提供了一套规范的保证产品质量的程序，它所要求的记录文件在整车厂和供应商之间达成一致，与质量协议有一样的效力。PPAP 适用于整个汽车供应链，汽车零部件企业的供应商，即为零部件供应商提供材料、零件的供应商，也应向汽车零部件企业提交 PPAP，以确保其供货能力满足要求。

下面是一个供方生产件批准管理制度示例。

例 GS - MS05 - 02： 供方生产件批准管理制度

1. 目的

规范供方生产件批准（PPAP）管理，确保供方能够持续地提供合格的材料、零件和过程。确定供方是否已经正确理解了工程设计记录和规范的所有要求，以及供方的制造过程是否有潜力持续生产满足要求的产品。

2. 范围

适用于本公司对除国内外知名品牌通用原材料供应商外的Ⅰ类供方，在新产品、设计或过程变更时生产件批准的管理。

3. 术语

参考第 4 版 PPAP 手册术语部分。

4. 职责

4.1 采购部为本制度的归口管理部门。负责与供方的生产件批准信息传递；负责供方生产件批准文件的存档管理；负责组织评审供方提交的生产件批准文件。

4.2 质量部负责制定供方的 PPAP 提交要求；负责供方样品的检测；负责对相关 PPAP 文件的评审；质量部长负责供方 PPAP 的批准。

4.3 技术部负责参与供方提交的相关 PPAP 文件的评审。

5. 工作内容与流程

5.1 对供方生产件批准启动时机，当出现以下一种情况时，需要供方提交 PPAP。

5.1.1 新零部件或新产品。

5.1.2 对以前送检不合格率达 30% 以上的零部件纠正后。

5.1.3 因设计、规范或材料更改而产生的变更。

5.1.4 使用了新的、修改的或增加的模具所生产的零部件。

5.1.5 现有工具与设备更换后再生产的零部件。

5.1.6 制造过程变更及制造方法变更后生产的零部件。

5.1.7 生产场所变更或设备挪动后生产的零部件。

5.1.8 原材料、零件等供应商变更后生产的零部件。

5.1.9 超过 12 个月未生产而重新启动生产的零部件。

5.1.10 因质量问题停供，重新申请批准的零部件。

5.1.11 关键操作者发生变化时生产的零部件。

5.1.12 特殊特性检测方法发生变化时生产的零部件。

5.2 供方生产件批准提交等级。

5.2.1 质量部根据外购、外协件的特性和重要程度对供方提出 PPAP 提交要求和提交等级。

5.2.2 默认使用等级 3，要求供方提交保证书、产品样品及完整的相关支持资料。

5.2.3 散装材料按等级 1 的规定提交 PPAP，要求至少包含零件提交保证书和《散装材料要求检查表》。

5.2.4 工序外协产品按等级 2 的规定提交 PPAP。

5.3 PPAP 的评审。

5.3.1 质量部按《检验控制程序》、原材料检验标准和相关的标准对样件进行检测。

5.3.2 采购部组织，由质量部、技术部分别对供方提交的 PPAP 文件进行符合性评审，在评审合格的文件上签字确认。

5.3.3 供方 PPAP 的评审责任分配如下：

序号	PPAP 资料	责任分配
1	设计记录	技术部
2	工程变更文件，如果有	技术部
3	顾客工程批准，如果被要求	技术部
4	设计 FMEA	技术部
5	过程流程图	技术部
6	过程 FMEA	技术部
7	控制计划	技术部
8	测量系统分析研究	质量部
9	全尺寸测量结果	质量部
10	材料、性能试验结果	质量部
11	初始过程研究	质量部
12	合格试验文件	质量部
13	外观批准报告（AAR），如果适用	质量部
14	生产件样品	质量部
15	标准样品	质量部
16	检查辅具	质量部
17	符合顾客特殊要求的记录	质量部
18	零件提交保证书（PSW）	质量部长
19	散装材料检查表（对于散装材料）	质量部

5.4 PPAP 的批准。

5.4.1 生产件三种批准状态分别是完全批准、临时批准和拒收。PPAP 的批准由质量部长签署，并由采购部将生产件批准的结果告知供方，将签字的零件提交保证书（PSW）、外观批准报告（AAR）等文件的复印件传递给供方。

5.4.2 样件检测合格，PPAP 文件符合要求可由质量部完全批准，供应商可进行批量供货。

5.4.3 当有不符合情况，但供方已明确了阻碍生产批准的不合格原因，且已准备纠正措施，能够遏制不合格材料或产品的交付，质量部可以临时批准，供方可在限定的时间内，按限定的数量供货。"临时批准"的零件不能视作"批准"，要达到"批准"状态，需要再次提交PPAP。

5.4.4 若供方提交的样品和/或文件不符合要求，质量部不予批准PPAP，拒收产品。供方对不符合内容和/或过程必须进行合部纠正后，重新提交PPAP。

5.5 供应商必须遵守批准的PPAP要求，在与PPAP记录相同的、正式的生产现场，使用同样的工装、量具、过程、材料和关键操作人员进行批量生产。

5.6 采购部对供方提交的PPAP资料进行归档保存，PPAP资料的归档应完整、齐全，做好标识。供方PPAP资料的保存期为该零件的在用期加一个日历年。

5.7 供方生产件批准工作流程如下：

序号	流程	工作说明	责任部门	文件/表单
1	PPAP提交要求	质量部按外购件的特性和重要程度对供方提出PPAP要求	质量部	PPAP提交通知
2	信息传递	采购部将PPAP提交要求传递给供方	采购部	PPAP提交通知
3	PPAP文件准备	供方按提交等级和计划编制PPAP文件资料	供方	PPAP文件包
4	PPAP文件的回收	采购部回收顾客提交的PPAP文件包	采购部	PPAP文件包
5	样件检验是否合格？	有必要时，对供方提交的样件进行检验	质量部技术中心	样件检验报告
6	文件评审是否合格？	质量部组织相关部门对PPAP文件评审	质量部 技术部 采购部	PPAP文包
7	批准	1.质量部负责对供方PPAP批准 2.采购部负责将批准信息传递给供方	质量部 采购部	PPAP文件包
8	文件存档	采购部将PPAP文件资料存档	采购部	PPAP文件包

6. 相关文件和记录

6.1 采购管理程序。

6.2 检验控制程序。

6.3 PPAP提交证据和等级。

6.4 零件提交保证书。

6.5 外观批准报告。

6.6 尺寸检验结果。
6.7 材料试验结果。
6.8 性能试验结果。
6.9 散装材料要求检查表。
6.10 供方 PPAP 启动通知。

附件：供方 PPAP 启动通知

供方 PPAP 启动通知

No:

供方名：_____ 供方编号：_____

贵公司以下零件/材料，请启动 PPAP 工作，按等级___制订实施计划，并于___月___日前向我司提交 PPAP。

××汽车零部件有限公司 质量部
年　月　日

序号	零件号	零件名	序号	零件号	零件名

PPAP 实施计划			
PPAP 要求		计划完成日期	备注
序号	内容		
1	设计记录： —有专利权的子零件/详细数据 —所有其他子零件/详细数据		
2	工程变更文件，如果有		
3	顾客工程批准，如果被要求		
4	设计 FMEA		
5	过程流程图		
6	过程 FMEA		
7	控制计划		
8	测量系统分析研究		
9	全尺寸测量结果		
10	材料、性能试验结果		
11	初始过程研究		
12	合格试验文件		
13	外观批准报告（AAR），如果适用		
14	生产件样品		
15	标准样品		
16	检查辅具		
17	符合顾客特殊要求的记录		
18	零件提交保证书（PSW）		
19	散装材料检查表		
回复人		联系电话	
供方按要求的等级选择 PPAP 开展的项目，不适用项目填写"不适用"，适用项目填写计划完成日期，并回复至我司采购部。			
联系人：　　　　　　　电话：　　　　　　　邮箱：			

5.3 采购价格管理规定

原、辅材料的采购价格直接影响产品的成本，与企业的利润成反比关系。做好采购价格管理工作、降低采购费用对公司成本管理至关重要。通过采购降成本来降低产品的成本，提高产品市场竞争力也是一种非常有效的控制成本的手段。

以下是采购价格管理规定示例。

例 GS-MS05-03：采购价格管理规定

1. 目的

为规范物资采购价格管理，以高质量低价格为原则，降低采购成本，制定本管理规定。

2. 范围

适用于本公司所有原、辅材料以及半成品等物资的采购价格管理。

3. 职责

3.1 采购部是本规定的归口管理部门，负责物资市场价格的调研与分析，负责与供方的价格沟通，负责采购成本的分析。

3.2 财务部负责原材料价格的校核与评价。

3.3 总经理负责采购物资的定价与审批。

4. 内容与要求

4.1 采购价格管理流程：申报单位申报→采购部受理（询价）→财务部价格校核（评价）→（总经理审定）→采购部采购→财务部付款。

注：1）括号内为新材料定价、材料价格变动时适用。2）具体采购审批流程按《采购审批流程》执行。

4.2 采购部应做好采购物资的市场价格调研、采购成本分析等工作，及时掌握原材料行情走势，研究采取何种采购形式更能降低采购成本。

4.3 新材料由技术部申报，填制《申购单》，并附技术要求和建议价格。采购部按要求进行询价与采购，材料验证合格后，纳入《合格供方名录》。

4.4 原、辅材料的定价由采购部询价后，与财务部共同评价，报总经理审定，由采购部与供方签署采购合同。

4.5 已核定的原、辅材料价格上涨或下降，采购部采购员应提供原材料行情走势分析、采购成本分析表、不同供方的报价等信息，经财务部校核与评价后，报总经理审定。采购部与供方签署价格协议，作为采购合同的补充。

4.6 低值易耗品、办公用品、劳保用品由采购部货比三家，同等质量就价低原则，经财务部校核定价。

4.7　财务部负责将物资的价格信息录入物资价格数据库。

4.8　直接用于生产的原、辅材料的采购，必须在《合格供方名录》中选择合格供方，按采购合同或价格协议的定价采购。其他物资的采购按财务部核定价格采购。

4.9　当原、辅材料的采购量或频率明显增加、原材料市场行情下跌时，根据公司年度降本计划，采购部应及时与供方沟通，要求其适当降价。

4.10　当遇原材料市场价格波动较大时，采购部应及时与总经理沟通，可采用临时定价方式，但必须由总经理在《申购单》上签字。

4.11　如遇采购物资的采购价格高于物资价格数据库的定价，或临时定价无总经理签字时，财务部不予办理付款手续。

5. 相关文件、表单

5.1　供方管理程序。

5.2　采购管理程序。

5.3　采购审批流程。

5.4　申购单。

附件：申购单

物资采购申请批准单

日期：　　年　　月　　日　　　　　　　　No：

物资名称	规格型号	数量	单位	价格	卖方单位	备注
说明：				价格核定：		
申请人		批准			采购	

（三联单，第一联留存，第二联采购，第三联财务）

5.4　原材料入库流程

采购部将原、辅材料采购回来，需进行一系列的入厂、卸货、报检、检验等工作，确认合格后方可办理入库手续、投入使用。

以下是一个原材料入库流程示例。

例 GS-MS05-04：原材料入库流程

1. 目的

为规范原材料入库程序，制定本管理规定。

2. 范围

本规定适用于本公司所有原、辅材料的入库管理。

3. 职责

3.1 采购部负责原材料入厂、报检，办理入库。

3.2 仓库保管员负责按要求核对、检查原材料，办理入库手续。

3.3 实验室负责按《原材料检验标准》对原材料进行入厂试验。

4. 流程与要求

4.1 原材料运抵公司，由采购部办理运输车辆入厂手续，并随同原材料运输车辆到仓库卸货。

4.2 仓库保管员、采购部采购员和送货人共同确认货物及状态。凭《送货单》核对货物的厂家、品名、牌号、数量、规格、批号、有效期等是否清晰、正确。

4.3 仓库保管员、采购部采购员逐件检查外包装是否有变形、破损、受潮、霉变、虫蛀、鼠咬，如有这些现象则进一步检查内包装是否破损、是否影响货物的质量。

4.4 如检查发现有以上4.2和4.3条任一条中的问题，仓库可以拒绝收货。

4.5 初步检查合格后，搬运工将货物搬运至仓库保管员指定位置，仓库保管员在该批货物挂黄色"待检"状态标志。

4.6 采购员填制《报检单》，并向原材料实验室报检，未检原材料不得入库与使用。

4.7 原材料实验室收到《报检单》后，立即安排检验。实验室中午之前收到的报检单，当日完成检验；下午收到的报检单，次日完成检验。

4.8 原材料实验室根据报检单到仓库取样，按《原材料检验标准》进行检验；实验室实验员将检验结果登记在《原材料检验记录》上，并根据检验结果合格与否，在《报检单》上加盖"合格"或"不合格"章，签字确认。

4.9 原材料检试验合格的，采购员持盖有"合格"章的《报检单》到仓库办理入库手续；不合格的，采购员及时通知仓库，由仓库保管员立即将该批货物挂红色的"不合格"状态标志，将货物隔离，并办理退货。

4.10 仓库保管员对试验合格的原材料根据《送货单》《报检单》办理入库手续，开具《入库单》，登记入账，并填制"材料标识卡"悬挂于货位上。

5. 相关文件、表单

5.1 原材料储存管理规定。

5.2 原材料检验标准。

5.3 报检单。

5.4 原材料检验记录。

5.5 入库单。

附件1：报检单

报检单

供方：　　　　　　　　　　　　　　　　　　　　　　　　　　　　　　　　　　No：

产品名称	规格型号	数量	单位	检验结论	检验员	备注

报检员：　　　　　　　　　　　　　　　　　　　　　　　　　　日期：
（二联单，第一联留存，第二联仓库）

附件2：原材料检验记录

原材料检验记录

　　　　　　　　　　　　　　　　　　　　　　　　　　　　　　　　　　No：

来料单位		来料数量		来料日期	
材料名称		规格型号		批次号	
执行标准		抽样数量		检验日期	
序号	检验项目	技术要求	检验结果		结论
结论					

5.5　廉洁采购管理制度

采购是一种经济活动，在采购过程中实现货币与物资的交换。采购人员有着大量的资金使用权，这就使得采购成为一种容易滋生腐败行为的职业。为降低采购成本、提高采购效益，企业应采取必要的监督和管理机制。

以下是一个廉洁采购管理制度示例。

例 GS-MS05-05：廉洁采购管理制度

1. 目的

为规范采购人员行为，维护公司利益，增强采购人员的廉洁从业理念，树立公司和采购人员的良好形象，实现采购的低成本、高效益和优良风纪、廉洁合规的企业文化。

2. 范围

适用于本公司采购部专职采购员、工作中涉及采购行为的人员。

3. 职责

3.1　采购部为本制度的归口管理部门。

3.2　采购部部长负责对本部门采购员的廉洁采购行为进行监督管理。

3.3　公司全体员工有义务对采购人员的廉洁采购行为进行监督。

3.4 采购人员在采购前、中、后期都必须遵守本制度。

4. 内容与要求

4.1 采购人员应保持良好的职业道德，禁止在采购活动中假公济私，牟取利益。

4.2 采购人员禁止要求供应商报销应由其个人支付的各种费用。

4.3 采购人员不准勒索或暗示供应商宴请，提供好处费、感谢费等形式的回扣或提成。

4.4 采购人员不准要求、暗示或接受供应商为个人或其亲友提供方便。

4.5 采购人员及其亲友不得接受供应商赠送或变相降价变卖的各种礼金、礼品、折扣、手续费、购物卡、保险、会员卡和有价证券及其他财物。

4.6 采购人员及其亲友不得接受供应商有可能影响公司正常采购工作的邀请，参加各种庆典、宴请、外出考察、参观及娱乐等活动。如业务必要，须事先征得采购部部长的同意。

4.7 采购人员必须客观、公正地处理供应商问题，不对供应商实行差别化待遇，禁止弄虚作假、隐瞒包庇、徇私舞弊等行为。

4.8 采购人员及其亲友禁止向供应商提供任何形式的借款。

4.9 禁止参与供应商邀请参与的黄、赌、毒等违法行为。

4.10 禁止其他任何有损公司利益的采购行为。

4.11 采购部部长对本部门采购员的廉洁采购行为负责，做好培训工作，帮助采购员树立诚信、廉洁、公正的职业道德，对采购员的采购行为进行定期和临时监督、调查，发现违规情况，及时处理，不得隐瞒。

4.12 公司任何员工都有对采购人员廉洁采购行为进行监督的权利，若发现有违反本制度的行为，应及时向公司反映，情况属实的，公司将视情况给予1000~5000元奖励，并为提供信息者保密。

4.13 违反本廉洁采购制度的，公司有权追回采购人员收受的财物，有权要求采购人员赔偿公司因此造成的损失。公司将视情节给该采购人员劝离岗位、辞退等处理；情节严重者，公司将移交司法机关处理。

5. 相关文件、表单

5.1 供方管理程序。

5.2 采购管理程序。

5.6 委外加工管理办法

委外加工一般是指企业因技术或资源不足等原因，不能在本企业加工，为满足供货，保证产品的质量和交货期，将产品委托外部有能力的企业，委外企业根据本企业的技术和质量要求进行加工，然后本企业将合格品收回销售。

对于制造企业，大多数都存在着将部分零部件进行委外加工的业务。企业在委外加工时，一般会向委外企业提供材料、技术图样等资源，委外企业使用这些资源进行加工制造。企业回收时对委外加工零件进行检验，并向委外企业结算费用。

一般来说，委外加工分为材料（零件）或半成品加工和工序委外。材料（零件）或半成品委外加工，即代工又代料，可视同采购，按采购程序进行管理；工序委外要选择过程能力良好的企业，确保委外加工的零件或产品满足技术、制动量要求。

以下是一个委外加工管理办法示例。

例 GS-MS05-06： 委外加工管理办法

1．目的
为规范产品的委外加工流程，做到产品质量受控、统计数据真实，特制定本办法。

2．范围
本办法适用于公司半成品、成品委托外部加工的管理。

3．职责
3.1 采购部为该办法的归口管理部门，负责委外加工产品的委托。
3.2 生产部负责生产计划的安排，提报委外加工的需求。
3.3 市场部负责发运。
3.4 质量部负责委外产品的验收。
3.5 委外供方对产品的加工质量、工期负责。

4．内容与要求
4.1 委外供方的评价与选择。
4.1.1 采购部按《供应商的选择与管理》的规定对潜在供方进行调查。
4.1.2 采购、技术、质量的第二方审核员对潜在供方进行评价，评价合格的纳入合格供方，按《供应商的选择与管理》的要求对其进行管理。
4.1.3 合格的委外供方由采购部登记合格供方名录，并区分业务范围，签署通用合同及保密协议。
4.2 委外加工的提报与审批。
4.2.1 生产部根据生产计划，确实由于人员、设备不足，生产能力超负荷，不能满足发货需求时，填写委外加工申请单。
4.2.2 生产部、市场部、采购部联合评审与协调，确需委外加工，报总经理审批。
4.2.3 采购部在合格供方名录中选择业务范围适合的供方进行询价与业务交流，确定意向委外供方。
4.2.4 采购部填写委外加工单，报总经理审批。
4.2.5 委外加工单批准后，传委外供方一份，委外供方签字后回传。委外加工单另转生产部二联、市场部二联。
4.3 委外件发运。
4.3.1 生产部按委外加工单的数量办理产品入库，仓库留存一联委外加工单。
4.3.2 市场部按委外加工单办理出库，向委外供方发运货品。
4.3.3 委外供方收到货品后，在委外加工单上签字，自留一联，返回市场部一联。
4.4 委外供方的协助。
4.4.1 技术部根据委外加工单向委外供方提供所需的图样等技术资料。

4.4.2 技术部派员对委外供方进行技术指导。

4.5 委外件的回收。

4.5.1 委外供方按委外加工单规定的日期报检、交付货品。

4.5.2 质量部按《外协件检验规范》对委外件进行验收，验收合格后，在委外加工单上签章。

4.5.3 委外供方持委外加工单到仓库办理验收合格货品的入库手续。

4.5.4 仓库保管员在委外加工单上签字后，委外供方持委外加工单到财务结算加工费用。

5. 流程图

序号	流程图	责任部门
1	潜在供方调查 → 纳入潜在供方	采购部
2	潜在供方评价？（不通过／通过）	第二方审核员
3	纳入合格供方	采购部
4	委外需求	生产部
5	委外需求评审？（不通过→自加工／通过）	生产部、市场部、采购部
6	委外审批？（通过）	总经理
7	选择委外供方	采购部
8	委外供方的批准？（不通过／通过）	总经理
9	委外件入库	生产部、仓库
10	委外件出库	市场部、仓库
11	委外件发运	市场部
12	委外件接收	供方、市场部
13	委外件加工 ← 技术指导	供方、技术部
14	委外件报检	供方
15	委外件检验？（不通过／通过）	质量部
16	委外件入库	供方、仓库

6. 相关文件、表单

6.1 供应商的选择与管理。

6.2 供应商的评价。

6.3 外协件检验规范。

6.4 委外加工申请单。

6.5 委外加工单。

附件1：委外加工申请单

委外加工申请单

序号	产品图号	产品名称	加工类别	数量	完成时间

申请单位：　　　　市场部：　　　　采购部：　　　　总经理：

附件2：委外加工单

委外加工单

No.　　　　　　　　　　　　　　　　　　　　　　　　　　年　月　日

供方名称：_____　　　　　　　　供方地址：

供方联系人：_____　　　　　　　联系电话：

委外加工明细									
序号	产品图号	产品名称	加工内容	数量	交货时间	单价	合计	检验签章

加工总价：

附加条件：

采购员：　　　　采购部长：　　　　总经理：　　　　供方：

（五联单：一联采购存根　二联供方　三联生产部　四联仓库　五联市场部）

5.7 委外产品开发协议

汽车零部件制造企业，当有委外加工业务时，与委外企业签订相关协议，对质量、技术、交付、结算等进行明确，双方形成一定的约束，是有必要的。这些协议包括技术协议、质量协议、保密协议、价格协议、开发协议、供货合同等，多数企业根据业务实际，将这些协议选择合适的条款整合，或使用几种协议。对于通用件的加工，可选择签订技术质量协议，在每批的采购订单上约束交付期、价格等事项。对于新产品的委外开发，需要约束的条款要多一些，如开发周期、模具要求、技术要求、价格、包装、运输等。

以下是一个产品开发协议示例。

例 GS-MS05-07： 产品开发协议

编号：QR08-006

产品开发协议

本着公平合理、互惠互利、诚实信用的原则，经双方代表充分协商，于_____年____月____日签订本产品开发协议。

签约一方为_____（以下简称甲方），该公司为依据中国法律成立并合法存在的企业，其地址为_____。

签约另一方为_____（以下简称乙方），是一家依据中国法律合法存在的企业，其地址为_____。

乙方为甲方开发供应的产品见下表：

序号	项目/车型	零部件编号	零部件总成名称	材料	单车用量	备注
1						
2						

1. 技术要求

1.1 本协议规定的产品技术要求要符合下列标准的最新版本。

序号	标准号	标准名称	备注
1	GB 8410—2006	汽车内饰材料的燃烧特性	
2	GB/T 27630—2011	乘用车内空气质量评价指南	
3	GB/T 30512—2014	汽车禁用物质要求	
4	GB/T 191—2008	包装储运图示标注	
5	GB/T 250—2008	纺织品 色牢度试验 评定变色用灰色样卡	
6	GB/T 3920—2008	纺织品 色牢度试验 耐摩擦色牢度	
7	ISO 6452—2007	橡胶或塑料涂覆织物 汽车内装饰物的雾气凝结性能的测定	

1.2 本协议规定的产品材料为_____，牌号为_____。

1.3 产品外观满足_____标准的外观要求，皮纹符合顾客的纹理样板。

2. 模具要求

2.1 模具由乙方负责开发，模具寿命保证30万模，模具型腔材质为P20，其他部位材质不做要求。

2.2 双方商定模具费用_____元（含税，含皮纹费用），由甲方承担，于样件合格后甲方支付给乙方，模具所有权归甲方。

2.3　模具开发完成时间为_____年___月___日（不含皮纹制作）。

3. 技术合作

3.1　甲方应在本协议生效后，向乙方提供本协议规定产品所需的技术资料或样件，技术资料包括：3D数据、产品图样、相关标准、纹理样本等。如有样件，则由甲方提供合格样件作为参考。

3.2　甲方提供乙方的技术资料，如乙方发现缺失、错误、损坏或不清晰，则甲方应尽快补发或更换。

3.3　甲方应通过提供技术支持等方式，积极协助乙方开发出合格产品。

3.4　乙方收到甲方提供的技术资料后要进行评审，并对发现的技术问题或异议事项进行交流。如必要，则双方举行项目会议，会上甲方应确认技术资料的正确性和完整性，解决、澄清乙方提出的有关技术资料上的问题。经双方确认的技术资料和项目会议纪要中双方协商一致的技术问题，均作为生产和验收协议产品的依据。

3.5　如甲方拟对协议产品进行更改，应及时通知乙方，并同乙方协商确定技术更改后的实施进度及更改将产生的问题；如乙方需变更，则必须向甲方书面申请，甲方同意后方可变更，否则因私自变更发生的损失，由乙方承担全部责任。更改所发生的费用双方另行协商。

4. 质量保证

4.1　协议产品的供货不良目标为低于200PPM。

4.2　乙方应有质量控制和质量保证的能力，健全工艺文件，标准化作业，以满足甲方技术文件和相关标准要求。

4.3　乙方应于2022年底前必须按ISO 9001标准建立质量管理体系，并通过第三方认证，否则取消供货资格。

4.4　乙方应对生产过程的薄弱环节和质量缺陷不断地进行质量改进，必要时，甲方对乙方质量提升提供支持。

4.5　甲方发现的质量问题，甲方必须及时向乙方反馈。对成批或较为严重的质量问题，在发现问题当日由甲方反馈给乙方，乙方应立即给予明确的答复，必要时，乙方应在甲方规定时间内到问题发生的现场进行处理。

4.6　对甲方反馈的质量问题和质量改进要求，乙方应及时整改并向甲方提供质量改进措施计划或者整改报告。对没有按照甲方要求进行整改或没有达到预期目标的，甲方将对乙方采取暂缓供货、削减配套额直至终止供货合同等必要措施。

4.7　为提高乙方的供货能力及产品质量，达到与甲方同步提升的目的，甲方每年对乙方进行一次现场过程审核，不定期对乙方进行培育指导。

5. 检验和试验

5.1　乙方按甲方图样和技术要求进行检验和试验，每年进行一次型式试验。

5.2　甲方对协议产品按甲方的《进货检验标准》进行检验。

5.3 甲方对乙方协议产品的接收实行"零过一不过"原则，即批抽检中出现一个不合格即判定该批不合格。发现不合格时，按以下方式处理。

5.3.1 甲方将该批不合格品退回乙方或通知乙方来甲方所在地进行全检、挑选处理，发生的退货及不良处理费用由乙方承担。

5.3.2 甲方对协议产品进行全数检验，挑选使用，发生的费用由乙方承担。

5.4 发生退货或有异常件时，乙方应及时补足相应数量的合格品，保证甲方需求的数量。

5.5 双方如对检验方法或检验标准产生争议，应协商解决，必要时可委托双方认可的第三方检验机构进行检验，检验费用由乙方承担。

6. 搬运、包装、防护和交付

6.1 在搬运协议产品的过程中，乙方必须采用合适的搬运工具、搬运方法和运输方式，以防止产品发生划伤、损坏和混装。

6.2 乙方负责协议产品的运输（含各种托运），因运输造成协作产品丢失或损坏，乙方应负责退换、修复、补发，并赔偿甲方因此而受到的损失。

6.3 除另有约定，乙方应严格按照甲方所指定的包装标准对协议产品进行包装。

6.4 用作售后服务备件的协议产品应按甲方有关标志、特殊包装的规定执行。

6.5 甲方不负责空包装物和包装箱返回事宜。

6.6 乙方必须具有100%的交付能力，制定有效的应急预案。

7. 产品责任

7.1 乙方应对所提供的产品质量负全责，甲方的检验不能免除乙方的质量责任。

7.2 协议产品在交付前，乙方应有防止受潮、腐蚀、变质的措施。

7.3 乙方向甲方交付产品时，必须带有出厂合格证和明确的产品标识（批次、品种、规格、型号等），以及必要的产品质量证明，如检验记录或批次质量证明文件，否则甲方有权拒收，由此造成的损失由乙方负责。

7.4 甲方收到乙方货物时，如发生错件、缺件现象，由乙方无偿更换、补齐，由此发生的一切费用由乙方承担。

7.5 如乙方未能按甲方规定的时间、数量和质量标准提供协作产品，造成甲方停产或其他质量问题，则甲方有权要求乙方赔偿由此造成的一切损失。

8. 价格与支付

8.1 双方商定价格为_____元/件（含税）。

8.2 双方的结算凭据有采购订单、验收合格单及入库单。

8.3 乙方在5日前将上月增值税发票交给甲方，乙方在5日以后向甲方提供的发票，甲方在下月入账，甲方收到供方发票后两个月内向乙方付款。

8.4 支付方式经甲乙双方协商一致，采用：电汇√ 支票× 承兑汇票√ 其他×（选定请用"√"，否定请用"×"）方式进行货款结算。

9. 知识产权和保密

9.1 本协议产品在开发过程中所形成的与协议产品相关数模、模具、图样和技术文件的知识产权归甲方所有，在任何国家或地区申请专利，甲方为专利权人。

9.2 未经甲方事先书面同意，乙方不得向任何第三方透露从甲方得到的任何技术。如违约，则甲方有权向乙方提出索赔。

9.3 乙方需向其外协厂商提供从甲方得到的技术资料时，必须事先获得甲方的许可，并要求其外协厂商同样承担保密的义务。

9.4 乙方及其外协厂商有权在本协议的有效期内使用甲方所提供的技术，而且这种使用不能产生技术所有权的转移。

10. 其他

10.1 乙方未经许可不得向第三方销售本协议所规定的产品。

10.2 由于不可抗力所造成的停产不能履行协议的，乙方不承担违约责任，双方应尽最大努力减轻不可抗力所造成的损失，并协商解决。

10.3 由于一方可预见原因不能履行协议时，应提前通知另一方，双方及时协商处理在制品和有关事宜，以避免不必要的损失。

10.4 协议双方需严格履行其义务，如果一方违反本协议下列条款，则另一方有权终止协议。违约方需向另一方支付年计划产品金额 5% 的违约金。

1）甲方无故单方终止本协议，中途拒绝乙方生产协议产品。

2）甲方无故拖延支付货款 3 个月以上。

3）乙方无故单方终止本协议，中途停止生产协议产品，或未按甲方书面同意本协议的权利和义务转让给第三者。

4）乙方违反保密条款。

10.5 对本协议的任何修改、增删均应以书面形式提出，并作为本协议的有效补充，同样具备法律效力。

10.6 由本协议引起的或与本协议有关的争议均应通过协商或调解解决，如果协商或调解在两个月内未取得协议双方可接受的结果，则通过仲裁、诉讼方式解决。

10.7 本协议未尽事宜，按《中华人民共和国民法典》有关规定执行。

11. 期限和效力

11.1 本协议自甲乙双方签字并盖章之日起生效，有效期两年。

11.2 本协议一式二份，甲乙双方各执一份。

11.3 本协议附件与本协议同样具有法律效力。

甲方： 乙方：

授权代表： 授权代表：

盖　　章： 盖　　章：

签订日期： 签订日期：

第6章 市场销售部门管理制度

市场销售部门的工作是将产品或服务按期交付到顾客手中,协助顾客完成货款结算,实现产品到货币的转化。市场销售部门也是与顾客沟通的窗口部门,要及时传递和处理顾客的订单、质量、新品开发等各种信息,关注顾客的满意程度,做好顾客服务。市场销售工作更要做好市场关系管理,把维护好老市场、开发新市场作为主要工作。市场销售部要随时观察市场行情,调查分析竞争对手的情况,为公司的市场决策提供基础信息。

6.1 服务管理规范

汽车零部件供应商在为顾客提供有形产品时,存在各种形式的服务,贯穿从产品设计到售后服务的各个阶段,可以说供应商将有形产品与无形服务同时用以满足顾客的需要,当然也包含一些与产品无关的单纯服务。为顾客提供服务的人员要不断提升个人素养,注意自身形象和沟通技巧,让顾客满意,给顾客留下良好的印象。供应商的良好服务水平也将提升公司的市场竞争力,为企业的发展奠定基础和条件。

以下是一个服务管理制度示例。

例 GS-MS06-01: 服务管理制度

1. 目的
为规范顾客服务管理,满足顾客的服务要求,提高顾客满意度,特制定本制度。

2. 范围
本制度适用于本公司产品的售前、售中、售后服务。

3. 职责
3.1 市场部是本制度的归口管理部门,负责顾客服务管理和实施服务工作。
3.2 技术部和质量部协助市场部对顾客进行相关的服务。

4. 内容与要求
4.1 服务总则。
4.1.1 快速反应顾客的服务需求,4h 内给予顾客服务方案。

4.1.2 以良好的形象和状态为顾客服务，使用礼貌用语，讲普通话，穿工作服。
4.1.3 掌握沟通技巧，认真倾听、耐心回答顾客的问题，不焦躁、不插话。
4.1.4 进入顾客现场要遵守顾客的管理规定，做好防护措施，穿工作服。
4.1.5 守时守则，按与顾客约定的时间进行服务。

4.2 售前服务。
4.2.1 业务人员寻找机会主动拜访顾客，了解顾客需求，为顾客进行专业知识的讲解。
4.2.2 报价过程中，业务人员要友好沟通，按顾客要求的时间和方式提交报价资料，并做好解释工作。
4.2.3 产品开发设计过程中，技术部主管工程师做好开发对接工作，为顾客提供必要的技术支持，有需要现场服务时，按顾客要求到顾客现场进行交流。

4.3 售中服务。
4.3.1 市场部按规定做好顾客的合同或订单评审，识别顾客的特殊要求，并在企业展开，满足顾客这些要求。
4.3.2 市场部选择满足顾客要求的运输方式、运输车辆和器具，准时交付产品。
4.3.3 市场部通过顾客门户网站、邮箱等形式了解顾客的需求信息，并组织在企业内开展评审，积极满足顾客需求。

4.4 售后服务。
4.4.1 市场部最少每天查阅一次顾客门户网站、邮箱信息，若有顾客的投诉、质量反馈等信息，应及时将这些信息传递给质量部。质量部初步分析后当日与顾客进行联系，说明初步原因与改善对策，并执行《纠正预防措施控制程序》。
4.4.2 到顾客现场服务时，需提前与顾客约好时间，并按约定到达现场。
4.4.3 现场服务时，要遵守顾客的管理规定，按顾客要求进行服务。
4.4.4 服务完成后，服务人员要填写《售后服务记录》，要求顾客签字确认，交市场部留存。
4.4.5 对质保期内的质量缺陷产品，由服务人员初步分析后，向顾客说明原因，现场能维修的进行现场维修，不能维修的退回公司，按《不合格品控制程序》执行。
4.4.6 涉及产品设计或结构问题时，可由技术或质量部工程师到顾客现场试装、研判，与顾客工程技术人员密切合作，详细分析原因及改善措施。
4.4.7 对顾客现场发现的 NTF 产品，由市场部与顾客沟通，耐心说明情况，并按《NTF 管理规定》进行处理。
4.4.8 市场部定期组织对售后服务人员进行业务和专业知识培训，不断提升服务人员的服务水平和业务能力。

5. 相关文件、记录
5.1 市场营销管理程序。
5.2 纠正预防措施控制程序。

5.3 不合格品控制程序。

5.4 NTF 管理规定。

5.5 售后服务记录。

附件：售后服务记录

售后服务记录

No：

顾客名称		服务人员	
产品名称		产品图号	
反馈时间		服务时间	
顾客反馈信息			
现场情况确认及原因分析			
现场处理情况			
用户确认及建议			
回访记录			

6.2 顾客满意度评价细则

顾客的满意取决于对供应商的服务、质量、交付等方面的认可。顾客的满意程度直接关系到顾客的采购行为，通过对顾客满意程度的监视和测量，持续地进行改善，不断提高顾客的满意程度，也为企业形成横向商誉，对企业经营稳定和市场开发非常重要。顾客满意度评价包括顾客直观的评价，也包含潜在的影响，如退货、质量反馈、顾客投诉和超额运费等，要综合考虑影响顾客满意的显性和隐含因素，真实评价出顾客的满意程度。

以下是一个顾客满意度评价细则示例。

例 GS-MS06-02： 顾客满意度评价细则

1. 目的
为更好地监视和评价顾客满意度，规范顾客满意度调查和评价的作业实施，使调查和评价的结果有效、可靠，特制定本细则。

2. 范围
本细则适用于本公司顾客满意度的调查和评价。

3. 职责
3.1 市场部是本细则的归口管理部门，负责顾客满意度调查和评价的实施。
3.2 质量部负责向市场部提供顾客质量反馈的数据信息。

4. 内容与要求
4.1 顾客满意度调查。

4.1.1 顾客满意度调查通过向顾客发放调查表的形式进行，由市场部业务员向顾客发放，顾客填写后回收。

4.1.2 顾客满意度调查最少每年进行一次，顾客调查的覆盖率达到100%，调查表有效回收率达90%以上。

4.1.3 顾客满意度调查表由顾客从质量、交付、服务和价格四个方面进行满意程度的评价，每项权重25%。

4.1.4 顾客满意程度分为以下五个等级。

1）很满意：10分，超越顾客的要求和期望，顾客称赞。
2）满意：8分，满足顾客的要求和期望，顾客没有意见。
3）一般：6分，顾客勉强接受，需进一步改进。
4）不太满意：4分，不能满足顾客的要求和期望，顾客不满意。
5）不满意：0分，顾客明确表示有较大意见或抱怨。

4.1.5 顾客对质量、交付、服务和价格四个方面分别按4.1.4规定的五个等级进行评价，填写在《顾客满意度调查表》中。

4.1.6 收到顾客回复的《顾客满意度调查表》后，由市场部按顾客填写的每项满意程度加权计算，并计算总得分。

4.2 顾客满意度内部评价。

4.2.1 顾客满意度的内部评价由退货、停线、让步接收、质量反馈、顾客投诉和超额运费组成，总分100分。其中，退货占20分，导致顾客停线占20分，让步接收占15分，质量反馈占15分，顾客投诉占15分，超额运费15分。

4.2.2 发生退货一次扣5分，导致顾客停线一次扣5分，让步接收一次扣3分，质量反馈一次扣2分，顾客投诉一次扣2分，超额运费一次扣1分。

4.2.3 质量反馈由质量部统计后报市场部，退货、停线、让步接收、顾客投诉和超额运费由市场部统计。

4.3 顾客满意度总评价。

4.3.1 单一顾客满意度计算：顾客满意度综合得分＝顾客满意度调查得分×60%＋顾客满意度内部评价分×40%。

4.3.2 顾客满意度调查得分计算：顾客满意度调查得分＝∑（各项得分×25%×10）。

4.3.3 顾客满意度内部评价分计算：顾客满意度内部评价分＝总分－各项次扣分。

4.3.4 公司总顾客满意度指标值的计算：顾客满意度＝∑顾客满意度综合得分÷有效评价顾客数量（有效评价顾客为收到该顾客有效的《顾客满意度调查表》，获得有效的内部评价数据）。

4.3.5 市场部每年最少进行一次顾客满意度评价，计算各项目、指标的得分情况，重点改进评价分数低的项目。

5. 相关文件、记录

5.1 顾客满意度评价程序。

5.2 顾客满意度调查表。

5.3 顾客满意度内部统计评价表。

5.4 顾客满意度分析评价报告。

附件1：顾客满意度调查表

顾客满意度调查表

No：

顾客名称（盖章）			填表人		填表日期	
供应商名称			调查人		电话	
供应商地址			电子邮箱			
序号	评价项目	很满意	满意	一般	不太满意	不满意	加权分数
		10分	8分	6分	4分	0分	
1	产品质量						
2	交付及时性						
3	服务						
4	价格						
	总分						
顾客建议或意见							

注：1. 加权分数和总分数由供应商回收后计算填写。

　　2. 请配合如实填写后，盖章回复至调查人电子邮箱。

附件2：顾客满意度内部统计评价表

顾客满意度内部统计评价表

No：

序号	顾客	项目	2021年 1月	2月	3月	4月	5月	6月	7月	8月	9月	10月	11月	12月	合计	年目标分值	实际得分	未达成原因简述	责任人	改善措施	责任人/日期	改善效果验证	验证人/日期	备注
1	顾客1	退货	-5												-5	20	15							
		停线						-5							-5	20	15							
		让步接收				-3									-3	15	12							
		顾客投诉			-2							-2			-4	15	11							
		质量反馈													0	15	15							
		超额运费											-1		-1	15	14							
		得分	95	100	98	97	100	95	100	98	100	98	99	100	-18	100	82							
2	顾客2	退货					-5								-5	20	15							
		停线													0	20	20							
		让步接收													0	15	15							
		顾客投诉			-2										-2	15	13							
		质量反馈													0	15	15							
		超额运费						-1					-1		-2	15	13							
		得分	100	100	98	100	95	99	100	100	100	100	99	100	-9	100	91							

附件3：顾客满意度分析评价报告

顾客满意度分析评价报告

No：

分析日期	2021.12	分析人	×××	发出问卷份数	8	收回有效问卷份数	8	问卷有效回收率	100%

序号	顾客	A 顾客评价结论（依据顾客满意度调查表评分结果，占比60%）						B 内部数据评价结果（依据内部数据统计，占比40%）								综合得分 A+B 合计
		顾客满意度调查分值统计				评价分数	A 部分权重分	退货	停线	让步接收	顾客投诉	质量反馈	超额运费	合计得分	B 部分权重分	
		质量	交付	服务	价格											
1	顾客1	10	8	10	8	90	54	15	15	12	11	15	14	82	32.8	87
2	顾客2	10	10	10	10	100	60	15	20	15	13	15	13	91	36.4	96
3	顾客3	10	10	10	6	85	51	20	15	12	13	13	14	87	34.8	86
4	顾客4	10	10	10	10	100	60	20	20	9	13	13	15	90	36	96
5	顾客5	10	10	8	8	90	54	20	20	9	9	15	14	87	34.8	89
6	顾客6	10	10	10	8	95	57	20	20	15	11	7	15	88	35.2	92
7	顾客7	10	10	10	10	100	60	15	15	13	13	13	13	89	35.6	96
8	顾客8	10	10	10	10	100	60	20	20	12	11	13	14	90	36	96
平均分数		10	9.5	9.75	8.75	95	57	18	19	12	12	14	14	88	35.2	92.2
达标率		100.00%	95.00%	97.50%	87.50%	—	—	87.50%	93.75%	82.50%	78.33%	91.67%	92.50%	—	—	—

顾客调查满意情况
- 质量 100.00%
- 交付 95.00%
- 服务 97.50%
- 价格 87.50%

内部数据分析情况
- 退货 87.50%
- 停线 93.75%
- 让步接收 82.50%
- 顾客投诉 78.33%
- 质量反馈 91.67%
- 超额运费 92.50%

说明：	综合得分	评价结果
1. 顾客评分以10分计，评价分数以100分计算。 2. 单项达标率70%以下，综合得分75分以下必须即刻实施改善。 3. 综合评价得分75～85分，需制订改善计划，进行改善。 4. 综合评价得分在85分以上为合格，需寻找改善机会，持续改善。	92.2	满足年度顾客满意度目标

6.3 顾客门户网站操作权限管理规定

现在，汽车行业对网络信息的应用已经拓展到了对供应商的管理上，信息技术使汽车行业供需双方的交流、业务处理更加高效、便捷。尤其是整车厂或规模以上的汽车零部件企业，大都开发了各种网络信息系统，并分配给供应商一定权限的接口，形成一定的电子数据交换功能。各个企业根据自身的特点，所开发的信息管理系统存在很多差异，功能也不同。作为下游的零部件制造企业，要根据顾客的要求，做好顾客门户网站和各种网络平台的维护管理工作，做好保密与权责分配，保证信息及时、正确地传递与使用。

以下是一个顾客门户网站操作权限管理规定示例。

例 GS-MS06-03: 顾客门户网站操作权限管理规定

1. 目的

为规范顾客门户网站的管理，明确顾客门户网站的登录操作权限，确保顾客信息安全，特制定本制度。

2. 范围

本规定适用于本公司有权限登录和操作的所有顾客门户网站和电子平台。

3. 职责

3.1 市场部是本程序的归口管理部门，负责与顾客沟通门户网站的操作授权和维护管理，负责顾客门户网站订单、顾客积分卡、客诉反馈等信息的监视。

3.2 技术部负责顾客技术平台或网站的维护与管理。

3.3 质量部负责顾客质量相关平台或网站的维护与管理。

4. 内容与要求

4.1 市场部每天登录一次顾客门户网站或相关业务电子平台，及时了解顾客发布的各种信息，如顾客的订单信息、客户投诉、质量反馈、顾客积分卡信息等，并将这些信息于当日内传递给对应部门。

4.2 与顾客进行产品电子数据交换的网站或技术平台，由技术部进行维护和管理，与顾客及时沟通技术数据或文件的网络传递事项。

4.3 顾客的质量保证、产品质量信息等网站，由质量部负责管理，按顾客要求登录处理质量信息和提交相关质量文件。

4.4 顾客门户网站或平台若有登录受限、链接错误等情况，管理部门要及时与网络管理员和顾客沟通，获得解决方案，排除各种问题。

4.5 要严格遵守顾客对网站或网络平台的使用要求和规定，按要求操作，不得泄露涉及顾客保密的各种信息。

4.6 顾客门户网站或平台的账号和密码要权限到人，专人管理，严格保密，不得透露给他人。

4.7 顾客门户网站或平台的使用权限如下：

序号	顾客	网站名称	网址	账号	责任人	备注

5. 相关文件、记录

市场营销管理程序。

6.4 顾客财产管理规定

顾客财产是指所有权属于顾客，提供给供方使用的各类财产。顾客财产包括样品、样件等零部件或配件，用于供方加工的顾客产品，包装材料，图样、技术规范、标准等技术文件等。顾客财产保管不当，造成丢失或损坏，都可能引起顾客不满或索赔，影响公司的声誉或供货市场。因此，对顾客财产进行管理，明确顾客财产管理职责的意义非常重大。

供方的财产同样需要爱护，进行严格管理。以下为顾客财产和供方财产管理整合在一个制度中的案例，供参考。

以下是一个顾客或外部供方财产管理制度示例。

例 GS-MS06-04：顾客和外部供方财产管理制度

1. 目的

为了对顾客或外部供方提供的财产进行识别、验证、保存、维护和使用进行有效控制，以确保顾客或外部供方财产的完好无损，特制定本制度。

2. 范围

本制度适用于本公司使用或暂存的顾客或外部供方提供的财产控制和管理，顾客或外部供方财产包括顾客或供方提供的，所有权属于顾客或供方的样品、包装物、图样、数模、技术文件等。

3. 职责

3.1 市场部负责除技术文件之外的顾客财产识别、联络与交接，负责顾客财产的登记。

3.2 采购部负责供方财产识别、联络与交接，负责供方财产的登记。

3.3　技术部负责顾客或供方提供的图样、数模、标准等技术文件接收、评审及必要的技术沟通。

3.4　技术部资料室负责顾客或供方提供的图样、数模等技术文件，以及样品、零部件的保存与管理。

3.5　模具仓库负责模具、工装的保存与管理。

3.6　各使用部门负责对顾客或供方财产进行保养与维护。

4. 内容与要求

4.1　顾客提供的除技术文件之外的物质类材料、零部件、工具设备等财产，由市场部负责识别和接收，使用部门验证，市场部在《顾客/外部供方财产台账》上进行登记。

4.2　外部供方提供的材料、零部件、工具设备等财产，由采购部负责识别和接收，使用部门验证，采购部在《顾客/外部供方财产台账》上进行登记。

4.3　顾客或外部供方财产登记后，交业务对应部门保存和管理，保存部门在《顾客/外部供方财产台账》上签字。产品样件、车门、车身等与产品开发有关的财产交技术部；工装、模具类财产交模具仓库。

4.4　顾客或供方财产的保管部门负责对其做好防护，如实记录借用与使用情况。使用部门负责对顾客或供方财产做好保养与维护。

4.5　顾客或供方提供的图样、数模、标准等技术文件，由技术部接收后，组织评审，资料室存档，填写《外来文件台账》，具体按《文件控制程序》执行。

4.6　顾客或供方财产要妥善保管，专项使用，不得他用。有保密要求时，按公司《保密制度》执行。

4.7　当顾客或供方财产出现损坏、不适用等异常情况时，市场部或采购部及时与顾客或供方取得联系，获得解决措施，并做好记录。

4.8　业务人员、技术人员、采购人员接到顾客或外部供方提供的财产时，必须在返回公司的当日转交公司市场部、采购部或技术部。

4.9　当顾客或供方财产使用到期，若需归还时，由市场部或采购部与对方取得联系，处理归还事宜。

5. 相关文件、记录

5.1　文件控制程序。

5.2　顾客/外部供方财产台账。

附件：顾客/外部供方财产台账

顾客/外部供方财产台账

No：

序号	顾客/供方	财产名称	数量	接收人	接收时间	有效状态	保存部门	保存人	备注

6.5 顾客订单管理规定

汽车厂的规模、管理模式、发展历史不同，对零部件制造企业下达订单的情况也不尽相同，时间有长有短，数量有多有少，频次有高有低，变化有大有小。汽车零部件制造企业要应对和处理好不同整车厂或模块厂的订单，积极满足顾客的订单需求，准时完成交付。

以下是一个顾客订单管理规定示例。

例 GS-MS06-05：顾客订单管理规定

1. 目的

为及时有效处理顾客订单，保证按期交付，积极应对好顾客临时追加或变更订单，特制定本管理规定。

2. 范围

本规定适用于公司接到的所有顾客订单的处理。

3. 职责

3.1 市场部是本规定的归口管理部门，负责顾客订单的统一处理。

3.2 生产部、仓库、质量部、技术部等部门协助，确保顾客订单按时完成，如期交付。

4. 内容与要求

4.1 正常订单。

4.1.1 根据《市场营销管理程序》，公司与顾客签订《供货合同》后，即建立正式合作关系，可按顾客下达的订单或计划安排生产。顾客有特殊交付要求时，按顾客要求交付。

4.1.2 每月 25 日前，业务经理或售后服务人员根据顾客的月产量和供货系数信息，编制《顾客需求计划》反馈至市场部。若顾客有订单或计划原件，附带原件一并反馈。

4.1.3 市场部编制《3 个月市场需求预计》和《月度市场需求计划》，每月 28 日将计划下达至生产部，生产部根据销售计划考虑库存、在制品编制生产计划。

4.1.4 业务经理或售后服务人员根据顾客的上线计划和顾客处、周转库库存情况，如需发货，提前 5 日通知市场部，市场部当日将《发货通知单》下达成品仓库和生产部。

4.1.5 生产部核对发货计划的在库产品数量，成品库保管核对产品名称、规格型号、数量，确保准确无误，准备发货。若发现发货计划数量不足，生产部及时补足，仓库及时提醒生产部。

4.2 追加或变更订单。

4.2.1 顾客追加或变更订单时，业务经理或售后服务人员即时通过传真、邮件等形式向市场部反馈，并电话告知，市场部做好记录。

4.2.2 市场部立即组织生产部、采购部、技术部、质量部联合评审，各评审部门在《订单评审记录》相应栏内填写评审意见。

4.2.3 生产部确认追加或变更订单中的产品数量和交货期，评价公司的生产周期是否满足要求。

4.2.4 采购部确认原材料库存是否满足顾客追加或变更订单产品的生产要求。

4.2.5 技术部确认顾客追加或变更订单产品是否有技术变更，工装模具是否完善，工艺文件是否齐全或能够完成修订。

4.2.6 质量部确认是否产品还存在质量问题，质量保证措施是否可满足顾客追加或变更订单的要求。

4.2.7 市场部确认更改后是否存在在途、在库产品，是否需要改变发货方式。

4.2.8 追加或变更订单经评审可满足顾客要求时，市场部向成品仓库和生产部下达《发货通知单》。

4.2.9 若存在生产周期不能满足、原材料供应不能满足，生产部和采购部必须启动应急预案的情况，市场部要立即通知业务经理，由业务经理向顾客说明原因和最快的供货日期，与顾客商讨调整订单计划，并将结果及时反馈市场部，市场部按调整后订单向成品仓库和生产部下达《发货通知单》。

4.2.10 若顾客要求变更产品技术，项目经理负责与顾客沟通，明确其变更的内容与要求并重新组织评审，按《变更管理程序》执行。

4.2.11 若产品有技术变更时，存在在途、在库产品，市场部报告总经理，业务经理与顾客交涉过渡使用或申请补偿。

4.3 因订单紧急，改变订单中约定的运输方式造成运费高于订单中约定的运输方式的费用，市场部按超额运费进行登记。

4.4 新产品订单按《项目开发管理程序》执行。

4.5 仓库在发货前需认真检查产品品种的正确性、数量的准确性，包装是否完好无损，标识内容是否正确完整，具体执行《产品交付与反馈程序》。

5. 相关文件、记录

5.1 市场营销管理程序。

5.2 产品交付与反馈程序。

5.3 项目开发管理程序。

5.4 变更管理程序。

5.5 顾客需求计划。

5.6 3个月市场需求预计。

5.7 月度市场需求计划。

5.8 发货通知单。

5.9 订单评审记录。

附件1：顾客需求计划

顾客需求计划　　　　　　　　　　　　　　　　　　　　No：

顾客名称		订单形式		订单编号	
车型/项目		交付日期		3个月需求预计	

序号	品号	品名	数量	单位	生产车间	备注

业务员：　　　　　　　　接收人：　　　　　　　　接收日期：

附件2：3个月市场需求预计

___—___月（3个月）市场需求预计　　　　　　　No：

序号	顾客名称	品号	品名	预计需求数量	生产车间	备注

编制：　　　　　　　　审核：　　　　　　　　批准：

附件3：月度市场需求计划

_____月份市场需求计划　　　　　　　　　　　　No：

序号	顾客名称	品号	品名	需求数量	完成日期	生产车间	备注

编制：　　　　　　　　审核：　　　　　　　　批准：

附件4：发货通知单

发货通知单　　　　　　　　　　　　　　　　　　　　No：

顾客名称 _____　　　　　　发货方式 _____
通知日期 _____　　发货日期 _____　　交货日期 _____

序号	品号	品名	数量	单位	生产车间	备注

编制：　　　　　　　　审核：　　　　　　　　批准：

附件5：订单评审记录

订单评审记录

No:

顾客名称			订单号		接收订单日期	
订单类别		□追加 □更改	业务员		要求交货日期	
序号	品号	品名	数量	单位	生产车间	备注
顾客特殊要求：						

	部门	评审内容（满足打"√"）		建议	签字
评审栏	生产部	□满足生产排期	□人员		
	采购部	□原材料	□外协件		
	技术部	□工装模具	□工艺文件		
	质量部	□以往质量问题已关闭			
	市场部	□发运	□库存		
综合评审意见					

6.6 发货用车管理制度

在汽车制造业中，将产品安全地运抵顾客所在地，准时地交到顾客手中，即完成了产品的交付任务。产品运输途中存在诸多不可控制的因素，做好发货的运输车辆及驾驶员管理，对有效防护产品、准时完成交付任务、获得顾客满意非常重要。

以下是一个发货用车管理制度示例。

例 GS-MS06-06： 发货用车管理制度

1. 目的
为规范公司货物发运用车管理，保证货物安全、按期交付，特制定本制度。

2. 范围
本细则适用于本公司发货用车管理，包括公司自有货车和委托货运公司的管理。

3. 职责
3.1 市场部是本制度的归口管理部门，负责发货用车安排与管理，负责货运驾驶员管理，负责联系货运公司、签订货运协议。

3.2　办公室负责发货用车的监管，负责安排年审和定期保养，负责安排车辆加油、维修事项。

4. 内容与要求

4.1　发货管理。

4.1.1　市场部根据发货数量和路途合理安排发货车辆，距离100km以内的，优先使用公司货车；公司货车不足的，可选择运输公司托运。距离100km以上的，全部委托运输公司发货。

4.1.2　样件、样品发货按样品发货制度执行。

4.1.3　对紧急发货情况，必须经总经理同意后方可选择航空运输、铁路快运、小车送货等形式。

4.2　货运公司承运的管理。

4.2.1　市场部发运管理员根据发货计划与货运公司联系，选择合适的装载量并满足顾客特殊要求的车辆。

4.2.2　发货前，市场部发运管理员与货运公司签订《货运协议》，交代具体发货事宜，支付预付运费。

4.2.3　货车驾驶员到仓库提货后，按协议要求做好货物的防护，按期如数交付到顾客手中。

4.2.4　交付货物后，由收货人在产品出库单上签字确认。驾驶员持产品出库单回执到财务部结算运费。

4.2.5　其他事项遵循《货运协议》的约定。

4.3　公司货车用车管理。

4.3.1　公司货车送货专用，特殊情况需接货或各部门因公用车，需提前一天填写《用车申请单》，经部门领导审核、常务副总批准，市场部方可安排出车。

4.3.2　公司货车由市场部统一管理，建立车辆档案，按车辆保养要求制订定期保养和年审计划，报办公室统一安排保养和年审。

4.3.3　市场部为每辆货车建立《车辆行驶记录》，每次发车要核对车辆里程表与《车辆行驶记录》表中的数据是否一致，车辆使用后，如实记载用途、时间、目的地、里程等内容。

4.3.4　公司货车实行驾驶员责任制，每辆货车必须安排有资质的驾驶员驾驶，驾驶员必须遵守《中华人民共和国道路交通安全法》和有关交通安全法规，负责保护好车上货物、车辆设施和证件，注意安全，遵章行驶。

4.3.5　严禁在未经领导同意的情况下接送人员或私用，严禁将车辆交给他人驾驶，严禁私自改变行车路线和行车计划。

4.3.6　发车前，驾驶员要对车辆进行例行检查，发现油量不足时，报办公室后到公司指定的加油站加油。

4.3.7　货车驾驶员应按出车计划认真填写《派车单》，由发运管理员签字，凭

《派车单》到成品仓库提货，货物装车要码放整齐，严禁野蛮装卸。

4.3.8 货车驾驶员要在整个运输过程中，防护好车上的货物，准时将货物交付到顾客手中。

4.3.9 货车驾驶员应爱惜车辆，随时保持车辆整洁，回公司后应将车辆擦洗干净，整齐停放在规定位置。

4.3.10 车辆有异常或故障时，驾驶员应立即检修，排除故障。不能及时处理的报告发运管理员，经批准后送公司指定的修理厂维修。维修费在_____元以下时，由办公室主任核准；维修费在_____元及上时，由总经理批准。

4.3.11 车辆用毕，必须将车辆交回公司，不得擅自将车辆开回家或停在公司以外的地方。如遇特殊情况不能按时返回，应及时与发运管理员说明原因，并将车辆停放在安全位置。

4.3.12 严禁酒后开车、疲劳开车等违法行为，违反者自行承担相应责任，公司有权追偿对公司造成的各种损失。

4.3.13 用车途中遇路线改变、车辆故障需要临时加油、维修的，需联系管理员，经批准后实施加油或维修，回厂后按公司《费用报销制度》报销费用。

5. 相关文件、记录

5.1 货运协议。

5.2 用车申请单。

5.3 车辆行驶记录。

5.4 派车单。

附件1：用车申请单

用车申请单   No:

申请人		用车部门		申请日期	
目的地				用车日期	
用 途					
派车人		车 号		驾驶员	

申请人：   审核：   批准：

附件2：车辆行驶记录

车辆行驶记录

编号：   车型：   牌号：   No:

序号	用车日期	用途	目的地	发车日程数	用车人	交车里程数	交车日期	车辆状况	交车人	备注

附件 3：派车单

派车单   No：

驾驶员		车　号		出车日期	
用　途		目的地		预计交车日期	
货物件数		收货人		联系电话	
其他说明：					
派车人		批准人		日　　期	

6.7 货物运输协议

随着市场化分工的发展，第三方物流企业迅速发展起来。由于物流货运公司更加专业，现在多数汽车零部件企业向顾客交付产品时，选择第三方物流货运公司来进行货物运输。为保障双方权益，保护好和准时交付产品，双方签订一份货物运输协议是对双方相互负责和保护的方式和措施。

以下是一个产品货运协议示例。

例 GS-MS06-07： 产品货运协议

××汽车部件有限公司产品货运协议

甲方：××汽车部件有限公司

乙方（承运人）：＿＿＿＿＿＿＿＿＿＿＿＿　驾驶员：＿＿＿＿＿＿＿＿＿＿

××汽车部件有限公司（以下简称甲方）与承运人＿＿＿＿＿＿＿＿＿＿（以下简称乙方）经协商，本着平等互利、诚实信用的原则达成本协议，本协议签字或盖章后生效。

1. 乙方提供车牌号为＿＿＿＿＿＿＿运输车辆，为甲方运送货物。路途起：＿＿＿＿＿，止：＿＿＿＿＿＿＿＿＿，货物共计：＿＿＿＿件。收货人：＿＿＿＿＿＿，联系电话：＿＿＿＿＿＿。

2. 当次运费总价：＿＿＿＿＿＿元，大写：＿＿＿＿＿＿。

3. 发货日期：＿＿＿年＿＿月＿＿日，到货日期：＿＿＿年＿＿月＿＿日。

4. 付款方式：按本协规定的发货日期到达甲方，并按甲方要求装货后支付＿＿＿＿＿元。按本协议规定，安全、准时运达目的地，将货物如数交付收货人，收货人在《产品出库单》上确认签字后，持《产品出库单》回执到财务部结算费用。

5. 发货总件数和产品数量以实际《产品出库单》为准。

6. 乙方对货物的到货时间负全部责任，如不能按时到达、按期交付货物所造成的一切损失由乙方承担。

7. 乙方负责途中的货物防护，采取相应的防雨、防尘、防挤压等措施，因运输过程中造成产品损坏、丢失，乙方按产品销售价格向甲方赔偿损失。

8. 如有要求附带检测报告或其他文件资料时，乙方负责与货物一同交给收货人。
附带发票：_____份，检验报告：_____份，其他文件：_____份。

9. 车辆凭《产品出库单》出厂，并在交付时要求收货人签字确认，并带回回执。

10. 其他事项：_____

11. 乙方安排的驾驶员全权代表乙方，本协议乙方驾驶员签字与乙方盖章有同等法律效力。

12. 本协议一式三份，甲方两份，乙方一份，具有同等法律效力。

13. 如有争议双方友好协商解决，协商不成，通过仲裁或诉讼解决。

甲方代表：_____   电　　话：_____
乙方代表或驾驶员：_____   电　　话：_____
驾驶员：_____   驾驶证号/准驾车型：_____
驾驶员身份证号：_____   驾驶员电话：_____
收货情况说明：_____

第7章 设备部门管理制度

工业企业的设备通常包含生产设备、辅助设备、车辆及生活设施等。根据各企业的组织职责，这些设备的管理划分也不尽相同。本章中述及的设备管理无特别明确时是指生产设备的管理，有些管理制度为便于部门管理包含了不同的设备类别。

对于汽车零部件制造企业，设备是制造零部件所必需的、在生产运营中长期反复使用的工具和设施。设备是产品实现的基础保障，做好设备的管理对企业经营非常重要，使设备的无故障运行时间最大化，以期用最少的费用实现设备的最大贡献。

7.1 设备操作规程

设备操作规程规定了操作者在某设备生产前、生产中和生产后的操作步骤和方法。设备操作规程一般依据设备使用说明书及以往的经验教训来编制，用以规定操作者在使用设备时必须遵循的动作规范、安全规范及其他要求，从而保证设备持续、稳定的正常运行，减少故障停机时间，预防安全事故。

以下是一个设备操作规程示例。

例 GS-MS07-01： 设备操作规程

裁断机操作规程

No：

设备型号：　　　　　　　　　　　　　设备编号：

一、 设备使用规范

1. 生产前检查

1.1 检查设备接地端子是否可靠地连接大地。

1.2 检查减速机和轴承部位是否注油润滑。

1.3 检查固定螺栓是否全部上紧，传动部分是否正常转动、无卡死现象。

1.4 检查电源线是否可靠连接、有无破损。

1.5 检查气路、气缸是否有漏气现象。

1.6 检查各检测信号是否通畅。

1.7 检查锯片是否在正常位置。

2. 生产前调试

2.1 未通电前,将所有开关置于"关"的位置。

2.2 依次按下操作面板上各按钮,检测各按钮是否动作正常。

2.3 通电试运行,单独按下各急停按钮,检验各急停按钮是否正常控制。

2.4 单击触控显示屏上的"手动"按钮,选择手动模式,单独启、停各装置,检查各装置动作是否正常控制。

3. 生产运行操作

3.1 合上电源开关,电源指示灯亮。

3.2 按下操作台上的"准备/停止"按钮,"运行准备"指示灯亮,设备处于待机状态。

3.3 单击触控显示屏上的"自动"按钮,选择自动模式,触控显示屏进入主控画面。

3.4 根据工艺要求设定牵引速度、收料速度、锯片转速。

3.5 按下操作台上的"启动"按钮,牵引、收料、锯片、除尘等操作启动自动运行。

二、安全注意事项

1. 危险注意事项

1.1 必须对设备操作者进行专门培训。

1.2 必须由了解本设备工作原理的专业人员进行维护。

1.3 必须将设备的接地端子与大地正确安装连接。

1.4 严禁在通电的情况下进行检修、更换器件、清洁。

1.5 严禁开机后开启切断装置门。

1.6 严禁在推料时触摸推料导向装置。

1.7 严禁在气源未关闭情况下进行设备维修。

2. 其他注意事项

2.1 不可对设备的关键元器件进行随意更换。

2.2 开机前必须对设备进行电气检查。

2.3 开机前必须对设备机械器件进行检查。

2.4 注意各旋钮、开关应指示在正确位置。

2.5 注意牵引带及输送带上不可有杂物。

2.6 注意监视气动系统能否正常工作。

2.7 注意监视气源气压是否符合工艺要求。

2.8 注意监视牵引装置是否正常运转、牵引带是否正常工作。

2.9 注意监视除尘器风机运转及水位是否正常。
2.10 注意监视物料是否被正常输送。
2.11 注意监视裁断长度是否符合要求。

三、设备维护保养

1. 首次维护保养

1.1 设备安装调试完毕，经通电试运行48h，要对设备进行全面检查维护。

1.2 首次维护保养的内容包括：电器件的检查，电气安装牢固程度的检查，接线牢固程度的检查，仪表及电器件表面灰尘油污的清扫，电器件安装松动的要重新上紧，对全部电气接线进行紧固。

1.3 必须由经专门培训、了解本设备工作原理的专业人员进行维护保养。

2. 定期维护保养

2.1 每班检查、清洁操作面板器件、仪表、按钮、指示灯等，确保其完好无损、显示正常。

2.2 每班要清扫牵引带及输送带，牵引带及输送带上不得有杂物。

2.3 每周清除除尘器中的切屑，并更换干净的自来水，确保良好的除尘效果。

2.4 每周检查设备的紧固螺栓、电源线接头有无松动，发现隐患及时排除。

2.5 每月应对设备电源开关、接触器、继电器等各器件进行检查，观察有无异常、过热点、灰尘，根据运行情况更换新器件。

2.6 要保证每月一次停机检查维护，全面清扫电气控制柜及电气线路，发现异常及损坏器件、线路要及时更换。

2.7 对使用寿命到期、性能不良的电气部件，定期更换，所更换的部件性能不应低于原配部件性能。

2.8 每2周对各轴承部位加注锂基滑润脂，每1周对牵引装置的齿轮部位加注锂基滑润脂。

7.2 设备维护保养管理制度

设备保养即对设备在使用前后或使用中进行养护，从而降低设备发生故障的频率，延长设备使用年限。设备使用寿命的长短，在很大程度上取决于维护保养工作的好坏。

设备维护保养一般为三级保养制，即日常保养、一级保养和二级保养。一级保养的主要内容包括清洁、擦拭、检查、调整、润滑等内容。二级保养为全面的保养检修，以维持设备的技术状况为主，介于小修和中修之间，完成小修和中修的部分工作，对设备易损零件的磨损与损坏进行修复或更换。有的行业企业根据设备工艺特点设置更为复杂的保养体系。

设备保养的间隔时间需根据设备的特性要求、以往的统计或监测数据来确定，制订设备维护保养计划。

以下是一个设备保养管理规定示例。

例 GS-MS07-02： 设备保养管理规定

1. 目的
规范设备维护保养，使设备设施持续保证正常生产要求。

2. 范围
适用于本公司各类生产设备、环保设备及基础设施的维护保养。

3. 职责

3.1 设备部为本制度的归口管理部门，负责公司所有生产设备、环保设备的维护保养和管理。

3.2 各生产车间负责对所使用的生产设备和环保设备进行日常维护保养的实施。

3.3 办公室负责对办公、生活等基础设施的维护和保养。

4. 内容与要求

4.1 生产和环保设备的维护保养种类。

4.1.1 设备维护保养分为日常保养、一级保养和二级保养。

4.1.2 对日常维护保养，操作工每班班前对设备进行点检、润滑，班后擦拭、清洁。

4.1.3 一级保养由车间保全员实施，操作工辅助。

4.1.4 二级保养由设备部机修工实施，保全员和操作工辅助。

4.2 生产和环保设备的维护保养计划。

4.2.1 每年年末由设备部根据设备特性、以往异常停机统计分析结果、过程监测结果等制订次年年度设备保养计划。

4.2.2 每月月末由设备部根据年度设备维护保养计划制订次月的月度设备维护保养计划，并将计划发送至车间保全员。

4.3 生产和环保设备的维护保养。

4.3.1 生产和环保设备的维护保养，实行定机、定人、定责，采取专业维护人员与岗位操作人员相结合、重点设备及重点部位要重点维护保养的原则。

4.3.2 岗位操作人员要保持设备、机台的整洁卫生，每班清洁，同时检查设备各部位的磨损情况，发现异常及时向上级报告。

4.3.3 日常维护保养由设备操作者按设备点检作业指导书和5S要求持续进行，并按要求填写设备点检记录。

4.3.4 一级保养和二级保养按月度设备维护保养计划进行，保全员提前2日通知生产车间和设备机修工，生产车间按需调整生产计划。

4.3.5 一级保养和二级保养按设备保养规程的要求进行。

4.3.6 一级保养和二级保养结束后如实、认真填写设备维护保养记录，并由使用车间签字确认。

4.3.7 设备在维护保养时须在设备正面悬挂醒目的"检修"标牌，在该回路开关上悬挂"设备检修请勿合闸"标牌，以保证维修人员及设备的安全。

4.3.8 设备点检记录每月月底由车间班长整理后交设备部存档；设备维护保养记录由设备部整理存档。

4.4 基础设施的维护。

4.4.1 公司建筑物及构件，办公、生产、生活等基础设施，由办公室每年进行一次检查，对发现的问题及时向总经理汇报，经总经理批准后办公室统一安排维护，由办公室做好设施的维护维修记录。

4.4.2 各部门在日常生产、生活中发现的基础设施问题，应及时报办公室，以便及时处理，保证正常的生产、生活要求。

5．相关文件、表单

5.1 设备年度维护保养计划。

5.2 设备月度维护保养计划。

5.3 设备维护保养记录。

附件1：设备年度维护保养计划

设备年度维护保养计划

_____年　　　　　　　　　　　　　　　　　　　　　　　　　　　　　　　　No：

序号	设备名称	设备编号	设备型号	月度												备注
				1	2	3	4	5	6	7	8	9	10	11	12	
1	高速冲床	GSCC-002				△		△			△			○		
2	高速冲床	GSCC-003					△		△			△		○		
3	高速冲床	GSCC-004		△			△			○			△			

编制：　　　　　　　审核：　　　　　　　批准：　　　　　　　日期：

注："△"为一级保养；"○"为二级保养。

附件2：设备月度维护保养计划

设备月度维护保养计划

_____年___月　　　　　　　　　　　　　　　　　　　　　　　　　　　　No：

序号	设备编号	设备名称	保养内容	第1周	第2周	第3周	第4周	完成时间	备注
1	GSCC-002	高速冲床	电器开关				△		
			润滑点润滑				△		
			检查油量				△		
			电器线路				○		
			防振垫更换				○		
			…						
2	GSCC-003	高速冲床	电器开关		△				
			润滑点润滑		△				
			…						

编制：　　　　　　　审核：　　　　　　　批准：

注："△"为一级保养；"○"为二级保养。

附件 3：设备维护保养记录

设备维护保养记录

No：

设备名称：　　　　设备型号：　　　　设备编号：　　　　保养日期：

序号	保养级别	保养项目	保养耗时	保养及配件更换情况	保养人	备注

确认：

7.3 设备保养规程

设备保养的主要内容包括：检查设备使用和运转情况，对设备各部件擦拭清洁，定时加油润滑，随时注意易紧固松脱的零件，调整消除设备小缺陷，检查设备零部件是否完整，工件、附件是否放置整齐等。

设备一级维护保养以操作者为主，设备维修人员配合。设备经一级保养后要达到：外观清洁，油路、气路、线路、水路畅通，操作灵活，运转正常，油窗明亮，防护有效，指示仪表齐全、可靠。设备二级保养以设备维修人员为主，操作者为辅。二级保养要完成一级保养的全部工作，对设备易损零部件的磨损与损坏进行修复或更换。经二级保养后，设备精度和性能达到工艺要求，无漏油、漏水、漏气、漏电现象，声响、振动、压力、温度等符合标准。

设备保养一般按照既定的设备保养规程或设备保养指导书进行，保养后按规定做好设备维护保养记录。

以下是一个设备维护保养规程示例。

例 GS-MS07-03：设备维护保养规程

附件：设备保养规程（高速冲床）

设备保养规程

No：

设备名称	高速冲床	设备型号	
使用单位	一车间	修订日期	
一、保养类别 1. 日常保养，主要是操作者班前点检、班后擦拭。 2. 一级保养，每季一次，车间保全员实施，员工辅助。 3. 二级保养，每年一次，设备部实施，保全员和员工辅助。		设备简图	
二、保养规程 1. 日常保养按设备点检制度和 5S 要求执行。确保设备正常运行，设备内外清洁、无锈蚀、无油污、无灰尘。			

(续)

2. 一级保养和二级保养根据设备保养计划进行。 3. 一级保养内容： 　1）彻底清理设备、附件和周围环境。 　2）检验各开关、按钮是否灵敏；检查线路、插头有无破损、松动。 　3）用手动油泵对滑块加锂基脂油；用油枪对各润滑部位加润滑油。 　4）检验油雾器油量是否在上下限之间，如油量少，检查是否漏油，并加至合理范围内。 4. 二级保养内容： 　1）包含一级保养的全部要求。 　2）检查调整防振垫是否无破损、牢靠，根据情况更换或调整。 　3）检查主电机有无异常发热、异常振动声音。 　4）检查各油路及输油管是否畅通，检查油液系统是否正常，根据情况疏通或更换。
三、安全注意事项 1. 严格执行安全技术操作规定，做好防护措施，戴好手套、安全帽等。 2. 设备运行中严禁触摸运转部件和电气。 3. 设备检修时必须切断电源。
四、保养记录 设备保养记录。
备注
编制：　　　　　　　审核：　　　　　　　批准：

7.4　设备点检作业指导书

设备点检一般是指人们通过看、听等感官或利用工具、仪器对设备进行检查，确定设备的正常状况，进行简单的调整与维护。设备点检的目的是，及时了解设备的状态，为设备的维护保养提供基础，从而保证设备正常运转，减少设备故障的发生。设备点检一般分为运行前点检、运行中点检和运行后点检。设备点检由操作者或专门人员按照预定的点检项目，使用相应的点检方法，对设备、部件逐一检查、保养，并按要求做好点检记录。

以下是一个设备点检作业指导书示例。

例 GS-MS07-04：设备点检作业指导书

设备名称	吹塑机	文件编号	QT××××-×××	设备点检作业指导书	版本	编制/修改日期	编制	审核	批准
使用部门	吹塑车间	编制时间	××××年××月××日		A/0	××××年××月××日			

序号	点检项目	点检周期	点检基准	点检方法	点检人员
1	电机运转	班	电机运转正常，无杂声	检查电机在起动和正常运转时，有无噪声、异响	机长
2	系统压力	班	系统压力为6~9MPa	正常生产时，开合模时目测系统压力表，系统压力是否为6~9MPa	机长
3	液压油油位	班	油位在最高最低限之间	目测油箱油位，不得低于最低限刻度，不得高于最高限刻度	机长
4	空气压力	班	空气压力4.5~6.5MPa	设备正常运转时，目测气压表，气压是否为4.5~6.5MPa	机长
5	液压油泵	班	油泵运转时无噪声	设备正常运转时，检查油泵是否有振动、噪声	机长
6	机筒温度	班	设定与实际显示温度偏差在±5℃	在设备操作屏上，目测温度读数，查看设定温度与实际温度是否一致	机长
7	储料筒温度	班	设定与实际显示温度偏差在±5℃	在设备操作屏上，目测温度读数，查看设定温度与实际温度是否一致	机长

附件：设备日常点检表

设备日常点检表

No：_____年___月

设备名称		设备编号		设备负责人																													
序号	点检内容	班别	1	2	3	4	5	6	7	8	9	10	11	12	13	14	15	16	17	18	19	20	21	22	23	24	25	26	27	28	29	30	31
1	设备是否清洁，有无油垢、锈蚀，有无螺纹松动，有无杂物	一班																															
		二班																															
2	滑块导轨、机身主轴套、连杆瓦是否加油，每班加油一次	一班																															
		二班																															
3	润滑油系统是否正常，油路是否畅通，油位是否在上下限之间	一班																															
		二班																															
4	模具是否松动，模具定位柱是否加油润滑	一班																															
		二班																															
5	电源是否正常通电，线路、插头是否无破损、松动	一班																															
		二班																															

(续)

设备名称				设备编号								设备负责人										___年___月							
序号	点检内容	班别	1	2	3	4	5	6	7	8	9	10	11	12	13	14	15	16	17	18	19	20	21	22	23	24	25	26	27	28	29	30	31
6	气压是否正常	一班																															
		二班																															
7	设备运行是否正常,有无异常杂声、异常振动	一班																															
		二班																															
8	操作是否灵敏,紧急开关是否能有效制动	一班																															
		二班																															
9	指示仪表、指示灯是否正常指示	一班																															
		二班																															
备注:		点检人(一班)																															
		确认人(一班)																															
		点检人(二班)																															
		确认人(二班)																															

注:1. 用相应符号填写,"√"正常,"○"停机,"△"检修,"×"异常。
　　2. 每班班前班长点检、保全员确认。
　　3. 此表每月由班长统一整理后交设备部存档。

7.5 设备维修管理规定

设备维修广义上包括设备维护保养、设备检查和设备修理,本篇特指设备修理部分,即当设备技术状态劣化或发生故障后,为恢复其功能而进行的技术活动,包括各类计划修理和计划外的故障修理及事故修理。设备维修根据修理的内容和范围可分为小修理、中修理和大修理三类。

随着设备管理理念的改变,许多企业注重设备故障的预防,进行预防性的维护;将异常情况进行统计分析,进行预见性维护。将设备运行中发生故障的可能性极限降低,使设备发挥最大的效能。

以下是一个设备维修管理规定示例。

例 GS-MS07-05: 设备维修管理规定

1. 目的
规范生产设备、环保设备和基础设施的维修管理,降低设备故障再发生的频率。

2. 范围
适用于本公司所有生产设备、环保设备和基础设施的维修。

3. 职责
3.1 设备部为本制度的归口管理部门,负责公司所有生产设备、环保设备和辅助设施的维修和管理。

3.2 各生产车间负责对所使用的生产设备和环保设备的日常保养和维修提请。

3.3 办公室负责对办公、生活等基础设施的维护保养和维修提请。

4. 内容与要求

4.1 设备管理以预防性和预见性保养维护作为首要任务,设备发生故障时,需做好记录,为以后的预见性维护积累基础数据。

4.2 生产设备发生故障时,车间管理者立即按《应急计划》采取紧急措施,并及时向生产部长报告。生产部组织有关人员本着"四不放过"的原则(故障原因未查清的不放过;故障教训未吸取的不放过;整改措施未落实的不放过;故障责任未追究的不放过)进行处置。

4.3 设备小修由生产车间提出,保全员实施检修。保全员填写设备维修记录,交设备部存档。

4.4 中修和大修必须由设备部机修师傅统一实施。由生产车间提出,经生产部审核后报设备部,设备部根据维修计划结合生产情况安排检修。

4.5 设备部机修师傅无法排除设备故障,确需委外检修时,由设备部提出申请,总经理批准后,委托有资质的修理单位实施检验。

4.6 设备的中修和大修由设备部机修师傅填写设备维修记录,设备部存档。

4.7 设备的异常停机,由生产车间按实际填写《异常停机统计表》,月底由保全员收齐交设备部存档。

4.8 设备在检修时,须在设备正面悬挂醒目的"检修"标牌,在该回路开关上悬挂"设备检修请勿合闸"标牌,以保证维修人员及设备安全。

4.9 公司建筑物、构件、办公、生产、生活等基础设施的维修,由使用单位提出,行政副总批准后,办公室安排实施。

5. 相关文件、表单

5.1 设备维修记录。

5.2 设备异常停机统计表。

附件1:设备维修记录

设备维修记录

No:

设备名称		设备型号		设备编号	
使用单位		故障日期		维修日期	
故障描述: 提出人:					

(续)

维修内容（委外、自修）：	
零件更换情况：	维修人：
维修验证：	验证人：
备注：	

附件2：设备异常停机统计表

设备异常停机统计表

_____年___月　　　　　　　　　　　　　　　　　　　　　　　　No：

序号	时间	故障类型	故障描述	停机时间	处理措施	备注

编制：　　　　　　　审核：　　　　　　　批准：

7.6 特种设备管理制度

特种设备是指涉及生命安全、危险性较大的锅炉、压力容器（含气瓶，下同）、压力管道、电梯、起重机械、客运索道、大型游乐设施和场（厂）内专用机动车辆等。汽车零部件制造企业一般都会涉及特种设备，为了加强特种设备的安全管理，防止和减少事故的发生，保障员工及其相关方的人身安全和财产安全，制定制度来规范特种设备的管理。

以下是一个特种设备管理制度示例。

例GS-MS07-06：**特种设备管理制度**

1.目的

加强特种设备的安全管理，规范特种设备安全作业，防止和减少事故的发生，保障员工生命和财产安全。

2. 范围

适用于本公司的压力容器、起重机械、叉车等特种设备的管理。

3. 职责

3.1 设备部是本制度的归口管理部门，负责特种设备的维护管理，负责联系质量技术监督局等对特种设备进行定期检定。

3.2 特种设备使用和保管部门负责特种设备的日常管理和维护保养。

3.3 办公室负责特种设备操作者的资格确认、培训教育。

4. 工作内容与要求

4.1 特种设备的备案登记、使用、检验检测及其监督检查等必须严格遵守《特种设备安全监察条例》和有关安全生产的法律、行政法规的规定，保证特种设备的安全使用。

4.2 特种设备采购时，应要求供应商提供特种设备安全技术规范要求的设计文件、产品质量合格证明、安装及使用维修说明、监督检验证明等文件。

4.3 特种设备在投入使用前或者投入使用后30日内，设备部应当向当地质量技术监督局进行验收登记，取得特种设备使用证、登记证等证明。特种设备证明应当置于或者附着于该特种设备的显著位置。

4.4 特种设备作业人员应当按照国家规定必须取得相应资格后方可进行作业。办公室定期组织对使用、存储、运输特种设备的人员进行安全教育和培训。

4.5 设备部建立健全岗位责任、应急救援等安全管理制度，制定特种设备操作规程，保证特种设备安全运行。

4.6 设备部应为每台特种设备建立安全技术档案。特种设备安全技术档案应包括以下内容。

4.6.1 特种设备的设计文件、产品质量合格证明、使用维护说明等文件以及安装技术文件和资料。

4.6.2 特种设备的日常运行、检查、保养记录运行故障和事故记录。

4.6.3 特种设备的安全附件、安全保护装置、测量调控装置及有关附属仪器仪表的日常维护保养记录。

4.6.4 质量技术监督局等第三方机构的检定证明、登记证明。

4.6.5 特种设备的安装、大修、改造记录等。

4.7 设备部按《设备编号规则》对特种设备进行统一编号，并将编号标识在特种设备上，登记在《特种设备台账》上。

4.8 各生产车间及使用部门应当对在用特种设备进行经常性日常维护保养，并每周自行检查一次，做好特种设备运行和维护保养记录，每月将记录报送设备部存档。设备部对在用特种设备应当至少每月进行一次自行检查，并做好检查记录。当发现异常情况时，应当及时处理。

4.9 设备部应当对在用特种设备的安全附件、安全保护装置、测量调控装置及有关附属仪器仪表进行定期校验、检修，并做好记录。确保设备的安全附件、安全装置、灵敏、准确、可靠。

4.10 设备部应当按照安全技术规范的定期检验要求，在安全检验合格有效期届满前1个月向当地质量技术监督局等特种设备检验检测机构提出定期检验要求。未经定期检验或者检验不合格的特种设备，不得继续使用。

4.11 特种设备出现故障或者发生异常情况时，设备部应当对其进行全面检查，消除事故隐患后，方可重新投入使用。

4.12 特种设备存在严重事故隐患，无改造、维修价值，或者超过安全技术规范规定使用年限的，设备部应当及时予以报废，并向原登记特种设备的安全监督管理部门办理注销。

4.13 特种设备的存放环境和移动应符合特种设备的安全技术要求，现场环境应清洁、通畅、无杂物，气瓶的放置地点不得靠近热源和明火，大型特种设备的移动应由专业厂商或有资质的特种设备服务商来操作实施，并重新检定。

4.14 设备部应当制定特种设备的事故救援措施和应急预案，办公室组织相关人员定期进行应急和救援演练。

5. 相关文件、表单

5.1 设备编号规则。

5.2 特种设备台账。

5.3 特种设备日常运行记录表。

附件1：特种设备台账

特种设备台账

No：

序号	设备编号	设备名称	型号	备案号	使用车间	启用日期	检定周期	价值	备注

附件2：特种设备日常运行记录表

特种设备日常运行记录表

No：

设备名称				设备编号				
规格型号				使用车间				
序号	日期	操作者	检查情况	运行状况			保养记录	备注
				运行时间	是否正常	异常及处理情况		

7.7 设备工装统一编号规则

制造企业的设备、工装较多,为便于设备、工装的分类和识别,制定统一的编号规则,对设备、工装进行统一编号,以实现设备、工装在企业内部身份的唯一性。在企业的运行过程中,将设备、工装的编号应用于各种账、卡、物及各类文件中,形成一致的识别标记,有利于企业的标准化、规范化管理,也为资产管理、核计分析提供条件。

以下是一个设备工装统一编号规则示例。

例 GS-MS07-07: 设备工装统一编号规则

1. 目的
便于设备、工装、模具分类、识别,规范设备、工装、模具的管理,统一设备、工装、模具编号。

2. 范围
适用于本公司的生产设备、辅助设备、工装、模具的编号。

3. 职责
3.1 设备部是本规定的归口管理部门,负责编号规则的制定,负责生产设备、辅助设备的编号。

3.2 技术部负责对工装、模具进行编号。

4. 设备编号规则
4.1 公司内部所有生产、环保及相关辅助设备的编号是唯一的,并应在相应设备上标识其设备编号。

4.2 公司内部设备编号规则如下:

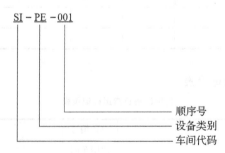

1) 车间代码,为保管和使用该设备的生产车间代码,如注塑一车间代码为 S1。
2) 设备类别:

设备类别	生产设备	特种设备	环保设备	其他设备
代号	PE	SE	EE	OE

3）顺序号按设备类别进行排序，如生产设备第 1 台设备的顺序号为 001。

示例：注塑车间生产设备第一台设备的编号为 S1 - PE - 001。

5. 工装模具编号规则

5.1　公司内部所有工装、模具的编号是唯一的；所有工装、模具的永久性标识的内容都应包含其唯一编号。

5.2　公司内部工装模具编号规则如下：

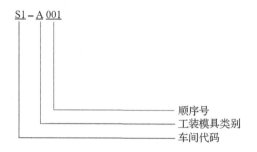

1）车间代码，为使用该模具、工装的生产车间代码，如注塑一车间代码为 S1。

2）工装模具类别：

设备类别	注塑模具	吹塑模具	冲切模具	切边工装	其他工装
代号	A	B	C	D	E

3）顺序号按模具类别进行排序，如注塑模具第 1 套模具的顺序号为 001。

示例：注塑车间注塑模具第一套模具的编号为 S1 - A001。

6. 相关文件、表单

略。

7.8　工装模具管理制度

工装是生产制造过程中所使用的各种工艺装备，包括模具、夹具、刀具、辅具、检具等。其中，模具是指在生产过程中用以注塑、吹塑、挤出、压铸或锻压成型、冶炼、冲压、拉伸等方法得到所需产品的各种模子和工具。因为模具是用来成型产品的关键工具，所以实际管理过程中为突出模具的重要性，把模具分离出来称为工装模具。

汽车零部件制造企业为特定的汽车整车厂、特定的车型供货，往往是一个产品只能配套一个或几个车型，因此，用以生产制造汽车零部件产品的工装模具也具有特殊性、单一性的特点。汽车零部件产品工装模具的开发、验收、保管、使用、维护、修理和报废等过程的管理要在企业内得到足够重视，确保工装模具能够满足生产工艺、产品质量和交付要求。

以下是一个工装模具管理制度示例。

例 GS-MS07-08： 工装模具管理制度

1. 目的

为规范公司工装、模具的管理，确保工装、模具符合生产工艺要求、产品质量要求，特制定本制度。

2. 范围

适用于本公司的模具开发、验收、保管、使用、维护、修理和报废等管理。

3. 职责

3.1 设备部是模具的归口管理部门，负责工装模具的保管、维修、履历管理等工作。

3.2 技术部负责新模具的开发，与外部模具制造商技术交流和模具合同的签订。

3.3 质量部负责模具的验收。

3.4 各生产车间负责模具使用过程中的保管和保养。

4. 工装模具的开发与验收

4.1 新产品、新项目模具的开发由技术部负责，技术部根据项目产品和进度，在模具合格供方范围内寻找模具制造商，并进行初步技术、开发周期、费用等交流后，填写《工装模具申请单》，交财务部评审价格后，由项目经理批准。

4.2 生产车间根据产品或生产需求需要补充模具，由生产车间填写《工装模具申请单》，经生产部长审核后交技术部核对确认，技术部根据该产品上次模具的制造情况选择合格模具制造商，财务部评审价格后，由总经理或常务副总批准。

4.3 如新开发的模具在现有合格供方内无有能力的模具制造商，可由技术部向采购部提交申请，按《供方管理程序》开发新的模具供应商。

4.4 《工装模具申请单》批准后，由技术部与模具制造商进行详细的技术交流，签订《工装模具开发合同》，并按《工装统一编号规定》对工装、模具进行编号。

4.5 技术部在工装、模具设计制造期间，定期监督开发进度，并要求模具制造商定期提交《工装模具开发进度表》，发现异常及时要求模具制造商采取赶工等措施。

4.6 工装、模具的验收由质量部主导，技术部、生产部、设备部配合。由质量部质量工程师、技术部主管工程师、生产部工艺人员以及车间主任、操作人员共同确认模具件的外观、形状、尺寸；由质量部委托实验室验证模具材质和硬度；由设备部、技术部、生产部共同检验模具配件是否齐全、有无损伤的情况。顾客有要求时通知顾客共同验收。

4.7 工装、模具验收合格，由质量部开具《工装模具验收单》，质量部、技术部、生产部确认签字后，质量部、技术部、设备部各留一份，交模具制造商一份。

4.8 模具制造商凭《工装模具验收单》，由技术部技术员陪同到设备部模具库办理入库手续。

4.9 设备部模具库管理员检查核对模具和《工装模具验收单》无误后，在《工装模具台账》上登记模具信息，开具《工装模具入库单》，并交模具制造商一份。

4.10 模具制造商持《工装模具入库单》和《模具合同》，并按《模具合同》的规定到财务结算模具款项。

5. 工装模具的日常管理

5.1 工装模具必须进行永久性标识。大、中型模具由模具制造商制造铭牌镶嵌在模具上，小型模具由车间保全员或班长用钢戳砸号。永久性标识内容必须包括产品图号和模具编号，模具编号必须与技术部确认并与《工装模具台账》上的编号保持一致。模具入库时由模具库管理员对工装模具的永久性标识进行确认验证。

5.2 工装模具使用实行生产车间领用制度，班前由车间班长或保全员到模具库领取，并在《工装模具使用记录》上写明领用日期和领用人。

5.3 使用车间负责监视和管护所使用工装、模具，使用过程中发现问题及时处理，不能解决的及时向设备部反馈。

5.4 产品生产结束后，使用车间对所使用的工装、模具进行清洁并擦油防锈后及时送模具库，并在《工装模具使用记录》填写使用的模数、回库时间等信息；模具库管理员做好模具发放、接收和《工装模具使用记录》的管理工作。

5.5 生产车间或质量部或其他相关人员发现工装模具损坏或发现所生产产品不能达到规定的技术要求，应及时向设备部报告，由设备部组织相关人员对模具进行检查、修理，并认真做好记录。

5.6 工装模具应定期按《工装模具保养规范》上的要求进行保养，由设备部制订模具保养计划，并按计划实施，做好记录。

5.7 设备部按《易损备件管理规定》做好易损备件的管理，保证工装模具保养及维修时所需配件的及时更换。

5.8 工装模具的报废由生产车间提出申请，填写《工装模具报废单》报生产部，经设备部、技术部和质量部会同评审，确认无法修复或没有修理价值后，报总经理批准后予以报废，必要时（如顾客财产）通知顾客。报废工装模具由模具库管理员在《工装模具台账》上注明报废日期，并做好标识，摆放在指定废品区。

5.9 工装模具库按公司《仓库管理制度》做好管理，规划好区域和料架，做到定置定位和账、卡、物一致。

6. 相关文件、表单

6.1 工装统一编号规定。

6.2 供方管理程序。

6.3 工装模具保养规范。

6.4 易损备件管理规定。

6.5 仓库管理制度。

6.6 工装模具申请单。

6.7 工装模具开发进度表。

6.8 工装模具验收单。

6.9 工装模具台账。

6.10 工装模具入库单。

6.11 工装模具使用记录。

6.12 工装模具报废单。

附件1：工装模具申请单

工装模具申请单　　　　　　　　　　　No：

产品图号		产品名称		顾客名称	
模具类型		申请部门		申请日期	
申请原因	□新作　□补增　□损坏			要求完成日期	
建议制造商：					
建议价格：					
申请人		审核		批准	

附件2：工装模具开发进度表

工装模具开发进度表　　　　　　　　　　　No：

零件号：12345-67890　　　零件名：装饰板　　　工序：注塑
供应商名：××汽车配件有限公司　　供应商代码：54321　　编制日期：××××-2-5
模具/工装：注塑模具　　　模具厂家：××模具公司　　要求完成日期：××××-12-15

日期(月/周)	2				3				4				5				6				7				8				9				10				11				12			
项目	4	11	18	25	4	11	18	25	7	12	14	21	18	5	12	19	29	6	16	23	7	12	4	21	18	4	11	18	25	18	15	22	29	6	13	20	27	3	10	17	24	18	15	22	29
签订协议	▲																																												
模具设计																																													
NC数据加工									提前完成																																				
精加工																																													
组装																			提前完成																										
研配																																													
调试																																													
测量																																													
皮纹																																													
入库																																▲													
安装																																													

编制：　　　　　　审核：　　　　　　批准：

注：1. 计划 □ ，实际 ■ 。
　　2. 如延期，必须注明对策。

附件3：工装模具验收单

工装模具验收单　　　　　　　　　　　　　　　　　　　　No：

产品图号				产品名称			
工装/模具名称				模具编号			
制造厂商				验收日期			
模具外观尺寸及设计要求				其他特殊要求			
产品主要尺寸检查	序号	尺寸/公差	实测	序号	尺寸/公差	实测	
	1			4			
	2			5			
	3			6			
其他检测				检验人员			
				技术部			
验收结论				生产部			
				设备部			

注：本表一式三份，质量部、设备部、模具制造商各持一份。

附件4：工装模具台账

工装模具台账　　　　　　　　　　　　　　　　　　　　No：

序号	工装模具编号	工装模具名称	产品图号	产品名称	顾客	入库日期	使用工序	状态	价值	备注

附件5：工装模具入库单

工装模具入库单　　　　　　　　　　　　　　　　　　　　编号：

模具制造商				入库日期		
序号	模具名称	模具编号	产品图号	产品名称	数量	单位
备注						

生产车间：　　　　技术部：　　　　设备部：　　　　质量部：　　　　保管员：
（三联单，第一联仓库，第二联模具制造商，第三联财务）

附件 6：工装模具使用记录

工装模具使用记录   No：

模具名称：		模具编号：		产品名称：			产品图号：		
顺序号	领用日期	领用人	回库日期	模次数	模具状态	维修/保养情况	经办人	备注

附件 7：工装模具报废单

工装模具报废单   编号：

申请部门/申请人			申请日期		
模具名称		模具编号		模具启用日	
产品图号		产品名称		是否通知顾客	
报废原因：					
生产部			技术部		
设备部			质量部		
总经理意见					
经办人			仓库		
备注栏：					

（三联单，第一联留存，第二联仓库，第三联财务）

7.9 模具制造合同

　　汽车零部件制造企业的工装、模具多委托专业的模具制造商来完成，他们专注于模具的设计制造，所制造的模具更精密、更优良。汽车零部件企业委托模具制造商设计制造模具时，为保障双方权益，一般都会签署模具设计制造合同或协议。

　　以下是一个模具设计制造合同示例。

例 GS-MS07-09：模具设计制造合同

模具设计制造合同

合同号：_____

甲方：××汽车部件股份有限公司（以下简称甲方）
地址：××工业园　　　　电话：
乙方：××模具有限公司（以下简称乙方）
地址：××开发区　　　　电话：
签订时间：　　年　　月　　日　　　　　　　　签订地点：

甲乙双方本着友好合作、互利互惠的原则，经充分协商，现就甲方委托乙方进行模具开发事宜达成以下协议。

一、产品、模具及价格明细如下：

序号	产品名称	模具类型	模具费（含税/元）	套数	备注
1					
2					
3					
金额合计人民币大写：			￥：		

二、模具技术要求

1. 模具材质为_____，模具结构为_____。
2. 模具寿命为_____万模。
3. 模具外形美观、结构合理、模料标准。
4. 模具型腔粗糙度须满足产品技术要求，型芯和滑块之间应配合到位，出模顺畅。
5. 模具必须配备行车起吊用的吊环。
6. 模具所生产的产品外形尺寸必须符合产品装配尺寸。
7. 产品表面应有良好的粗糙度、壁厚均匀、无顶伤、无拉伤等不良现象。
8. 产品背面必须刻有材料标识及供应商代码以及生产年份表格。
9. 其他技术要求以双方技术部门签订的技术要求为准并作为本合同的附件。

三、技术资料

1. 甲方向乙方提供上述产品的计算机 3D 数据和图样等技术资料。乙方应保证遵守甲方所提供的技术资料中规定的要求。
2. 乙方在模具设计完成、加工制作前向甲方提交模流分析报告，在模具交付时同时向甲方提交模具数据和模具图样。

四、付款模式

1. 合同签订后壹周内，甲方预付乙方模具设计制造费总额的_____%（￥_____元）。
2. 模具试制完成，产品确认合格后，甲方向乙方支付模具设计制造费总额的_____%（￥_____元）。
3. 甲方保留_____%（￥_____元）尾款作为模具质保金，在模具正常使用 1 个月内付清模具设计制造费。

五、开发周期与延期责任

1. 本合同签订之日起_____天内，即_____年____月____日前，试制出合格样件，并交付甲方确认。
2. 因乙方原因造成的开发周期延误一天，扣除模具设计制造费总额的_____；

若因甲方原因，则开发周期顺延；如甲方提出设计变更，开发周期和费用可以另外协商。

3. 若因甲方原因中途通知乙方终止开发模具，甲方应付清本合同的所有款项。

4. 如果甲方无故拖延本合同约定的付款周期，甲方按应付未付款的银行同期贷款利息支付违约金，乙方有权顺延甲方模具交期。

六、 包装与交付

1. 模具交付地为甲方所在地。

2. 模具使用坚固木框箱包装，适合远程运输，防潮防振。

3. 由乙方负责包装、运输，并承担包装、运输费用。

七、 模具验收与维修

1. 甲方对乙方提供的样件的初步验收合格后，甲方派出工作人员到乙方现场对模具进行验收，查看外观是否有划伤、脏污、压痕、凸凹点、杂质，以及表面喷漆、模具标识情况等；并对模具进行现场试制，当试制产品出现因模具造成的质量问题时，乙方应按甲方的需要无条件对模具进行修整。

2. 在本合同约定的乙方移交或交付义务履行时，甲方若需要乙方进入并在甲方现场整改模具时，乙方应给予配合与协助。

3. 模具交付甲方经过两次试模后仍不能满足甲方的质量要求，后期试模费用由乙方承担；模具在甲方设备试制成功后，甲方出具模具验收报告。

4. 在甲方付清所有模具款项后，本合同所涉及的模具归甲方所有。

5. 如乙方制作的模具在_____万模次之内出现质量问题，乙方必须____日之内赶到甲方处进行无偿维修，否则因模具质量问题导致甲方不能正常生产，给甲方造成的经济损失由乙方承担。如因甲方（或甲方用户）操作不当造成的损坏，则由甲方负责。

八、 知识产权

1. 乙方在本合同第一条所述产品模具设计制造过程中产生的知识产权，不得单方面申报专利。

2. 乙方应为甲方提供的产品图样和技术资料保密，不得以任何理由向第三方提供，不得用于本合同以外的其他目的。

3. 未经甲方许可，乙方不得以任何理由和形式向第三方提供本合同产品的模具数据或模具图样。

九、 不可抗力

1. 当甲方或乙方因不可抗力的影响不能履行合同责任时，履行合同的事件将推迟，履行合同的事件与不可抗力的持续时间相同，合同的价格不因不可抗力而改变。

2. 不可抗力发生后，受影响方（甲方或乙方）应在_____小时内将不可抗力发生的情况通知另一方（甲方或乙方），并在不可抗力发生后 14 天内出具权威部门证明，并由另一方认可。甲乙双方应采取必要措施密切配合以减少不可抗力的影响，如不可抗力事件持续超过一个月，双方均有权解除本合同，且互不承担违约责任。

3. 不可抗力是指战争、自然灾害、罢工等以及《中华人民共和国民法典》规定的其他不可抗力。

十、其他约定事项

1. 模具调试及交样所需的原材料由甲方提供，原材料在模具交付前_____天内提供，如果甲方提供原材料推迟，则模具交付时间顺延。

2. 本合同在实施过程中，如发生争议和纠纷，双方应协商解决；甲乙双方发生纠纷不能协商解决时，由合同签订地的仲裁机构仲裁或司法部门裁决。

3. 双方单位负责人的变动或机构调整均不影响本合同的执行和法律效力。

4. 本合同未尽事宜由双方协商解决。

十一、附则

1. 本合同一式两份，双方各执一份。
2. 本合同自双方签字或盖章后生效。
3. 本合同的扫描盖章件以邮件形式收发等同原件法律效力。

甲　　方：××汽车部件有限公司（盖章）　　乙　　方：××模具有限公司（盖章）
企业代码：　　　　　　　　　　　　　　　　企业代码：
负　责　人：　　　　　　　　　　　　　　　负　责　人：
授权代表（签字）：　　　　　　　　　　　　授权代表（签字）：
地　　址：××工业园　　　　　　　　　　　地　　址：××开发区
邮　　编：　　　　　　　　　　　　　　　　邮　　编：
电　　话：　　　　　　　　　　　　　　　　电　　话：
开户行：　　　　　　　　　　　　　　　　　开户行：
账　　号：　　　　　　　　　　　　　　　　账　　号：

7.10　工装模具保养规范

做好工装模具的维修保养，使其能保持最佳的性能状态，延长其使用寿命，从而保证所生产产品质量的稳定性。根据工装模具的类别、使用状况、结构、复杂程度等不同，其维护保养的重点和内容也不同。工装模具的保养通常包括日常检查保养、定期保养和定量保养。

以下是一个工装模具保养规范示例。

例 GS-MS07-10： 工装模具保养规范

1. 目的

为使工装模具保持良好状态，确保工装模具的使用寿命，满足生产的工艺要求和产品的质量要求，特制定本规范。

2. 范围

适用于本公司的所有工装、模具的维护保养。

3. 职责

3.1 设备部负责工装模具维护保养的管理工作。

3.2 模具工负责工装模具定量和定期的维护、保养和维护保养记录。

3.3 质量部负责模具维护保养后的鉴定。

3.4 各生产车间负责模具使用过程中的保管和保养。

4. 规定与要求

4.1 工装模具每次使用前，由使用车间对模具进行检查，检查模具有无缺件、损坏、杂料，易损件有无损坏，定位、导向等装置有无松旷，螺栓等紧固件有无松动，冷却水孔有无堵塞，水路是否畅通，模具合模是否到位等；并对模具相对活动部位涂润滑脂。连续生产时，每个班次进行一次检查和润滑。

4.2 正常生产过程中，操作者要严格遵守操作规程，随时观察模具的工作状态，及时清理废料，发现异常立即停机，并通知班长。

4.3 工装模具使用后，由使用车间对所使用的工装、模具进行清理、清洁并喷涂防锈剂后送模具库，将其放置于定点位置，并填写《工装模具使用记录》。

4.4 在搬运、吊运、装卸过程中要慢起慢放，注意安全，避免伤及人员、模具和其他设施。

4.5 模具维护保养过程中，模具工要戴好安全头盔和手套，做好安全保护。

4.6 挤出模具在使用 15 万模后，模具工对模芯进行保养；在使用 30 万模后，模具工对模具进行全面维护保养。

4.7 硫化模具在使用 5 万模后，模具工对模具进行维护保养。

4.8 注塑、注胶模具在使用 10 万模后，模具工对相应的定位销、滑块、顶针等易损件进行检查、维修或更换，使用 30 万模后由设备部委托模具制造商进行模具研配。

4.9 冲切模具在使用 10 万模后，模具工对相应的冲刀、滑块等易损件进行检查、维修或更换，使用 30 万模后由模具工对模具进行全面维护保养。

4.10 工装模具使用前后的保养情况由生产车间在领交模具时记录在《工装模具使用记录》上，模具库管理员负责监督。

4.11 工装模具按定量的模次、米数保养后，由模具工在《工装模具维修/保养记录》上记录模具的保养情况。质量部对维护保养后的模具第一次生产的产品进行鉴定，并在《工装模具维修/保养记录》上记录鉴定情况。

4.12 长期存放的工装模具,由模具工每 6 个月对工装模具进行一次检查、喷涂防锈剂,并填写《工装模具维修/保养记录》。

4.13 工装模具维护保养的内容主要有:

1) 模具分型面、模腔、型芯面等部位的清洁。
2) 模具相对导柱等运动部位的润滑。
3) 螺栓等紧固件的紧固。
4) 刀具、定位销、滑块、顶针等易损件的维修或更换。
5) 冷却水孔的和水道的疏通。
6) 防锈。
7) 研配。

5. 相关文件、表单

5.1 工装模具管理制度。

5.2 工装模具台账。

5.3 工装模具使用记录。

5.4 工装模具维修/保养记录。

附件:工装模具维修/保养记录

工装模具维修/保养记录

No:

模具编号:		模具名称:		产品名称:		产品编号:	
类型: □保养 □维修		使用单位:		生产总数:		维修/保养日期:	

计划保养不填此栏					
损坏日期:_____		损坏部位:_____		使用车间:_____	
损坏原因:_____					
申请人:	申请日期:	申请完成日期:		批准人:	批准日期:

维修/保养记录:
_____
_____
_____

维修者:	完成时间:	确认人:	确认时间:

更换零件:				
序号	零件名	规格/型号	数量	单位

维修者:	完成时间:	确认人:	确认日期:

(续)

```
检查验证：
_____
_____
_____

验证人：      验证日期：      批准人：      批准日期：

其他特记事项：
```

7.11 易损备件管理规定

易损件是指机械和电气设备中较容易损坏的零部件，这些易损坏的零部件在高温、高压以及高速磨损的情况下，极易受到损害。为保证易损件在损坏后或预计将要损坏时能够得到及时的更换，保证设备的正常运行或将设备维修时间缩短，避免缺件延长停机，耽误生产，易损件的管理需要得到足够重视。

以下是一个易损备件管理规定示例。

例 GS-MS07-11： 易损备件管理规定

1. 目的

为加强设备维护用配件、易损备件的管理，保证设备保养及维修时的配件及时更换，使设备运行能够得到期望的结果，满足正常的生产能力和生产要求，特制定本管理规定。

2. 范围

适用于本公司所有设备的周期性维护用配件、易损备件的管理。

3. 职责

3.1 设备部为本制度的归口管理部门，负责公司设备配件、易损备件的统计、使用需求信息的提请。

3.2 采购部负责设备配件、易损备件的采购。

3.3 零件库负责设备配件、易损备件的存储管理。

4. 内容与要求

4.1 设备管理员根据设备说明书、实际运行情况制定各种设备易损备件的最低库存储备量，编制易损备件清单。易损备件清单每年更新一次，在设备发生变化、日常检修发生新易损件等情况下，及时更新。

4.2 零件库管理员每月月底盘点设备配件、配件库存，将盘点表抄送设备部。

4.3 设备部设备管理员根据易损备件最低库存储备量和盘点表的数据，申请采购，补足库存。采购申请单需注明易损备件的标准名称、型号和制造商。

4.4 采购部必须按采购申请单注明的型号和制造商采购，以保证购买备件的质量和适用。

4.5 易损备件的入库、储存和出库按公司《仓库管理制度》执行。

4.6 设备保养、检修，需要更换配件时，经办人填写领料单，由设备部批准后，方可办理领料、出库手续。保养、维修用配件的领用必须为当次检修用额，不得超额、超前领用。

4.7 配件更换时或使用过程中如发现质量问题，及时通知采购部，采购部做好更换、退货等处理。

4.8 设备检修遇仓库无所需配件时，由维修人员临时填写采购申请单，采购部及时采购。设备部设备管理员根据该配件是否为意外损坏更换，是否重复损坏等，确定是否将该配件纳入易损备件清单。

5. 相关文件、表单

5.1 仓库管理制度。

5.2 采购申请单。

5.3 领料单。

5.4 易损备件清单。

附件：易损备件清单

易损备件清单

年　　月　　日　　　　　　　　　　　　　　　　　　　　　　　　　　　No：

序号	易损件		使用设备				储备量		备注
	名称	型号	名称	数量	单台用量	更换频次	最小	最大	

编制：　　　　　　　　审核：　　　　　　　　批准：

7.12　工位器具管理制度

工位器具是企业为方便生产作业、保护产品或材料、规范现场作业环境而设计制作的，在生产现场或仓库中用来存放生产原材料、零配件、产品或工具的各种容器或装置，包括各种料车、料架、料箱、周转车、工作台等。

在现代化生产体系中，一个良好的现场作业环境离不开合理、适用的工位器具。设计和使用合理的工位器具，在很大程度上影响着企业生产现场作业环境和物流的正常进行,对于保证产品质量、减少无效劳动和浪费、提高工作效率和工作质量、便于科学管理、保证安全生产、改善作业环境、促进文明生产也都具有一定的积极作用。

以下是一个工位器具管理制度示例。

例 GS-MS07-12: 工位器具管理制度

1. 目的

规范料车、料箱、料架、铁网篮等工位器具的管理,满足产品的防护要求。

2. 适用范围

适用于本公司工位器具的设计、制造、采购、使用、维护、保管等管理。

3. 职责和权限

3.1 生产部负责工位器具的统一管理与日常检查。

3.2 设备部负责自制工位器具的制造。

3.3 采购部负责外购工位器具的采购。

3.4 工位器具使用车间负责工位器具的设计与日常的维护和保管。

4. 管理内容与要求

4.1 工位器具的设计。

4.1.1 使用车间根据产品的几何形状、尺寸大小及不同加工阶段(工序)的使用要求,设计方便搬运、利于产品防护的工位器具。

4.1.2 工位器具的设计可采用铁箱、塑料箱、木箱、四轮料车、V型铁料车、料架、铁网篮等。

4.2 工位器具的需求。

4.2.1 生产新产品,现有的工位器具不能满足其几何形状或防护要求。

4.2.2 生产的产品数量增多,现有的工位器具不能满足生产需求。

4.2.3 原有的工位器具破损且无法修复,需增补工位器具。

4.2.4 各车间工艺员在以上情况下可向生产部提报《工位器具需求计划》。

4.2.5 《工位器具需求计划》由生产部部长审批。

4.3 工位器具的制作。

4.3.1 《工位器具需求计划》经生产部部长审批后,交模具车间或采购部,必要时附带工位器具图样。

4.3.2 自制工位器具由模具车间按工位器具需求计划进行制作。

4.3.3 外委或外购工位器具由采购部采购。

4.4 工位器具的使用。

4.4.1 工位器具装料前,要清理干净,工位器具内不允许有水渍、油渍、尘屑等。

4.4.2 不允许使用已损坏(如变形、残缺、轮子转动不灵活、箱体破损、锈蚀等)的工位器具。

4.4.3 合理使用工位器具，装料时要轻拿轻放，装箱量按有装箱限量规定控制。

4.4.4 有防划伤布、防尘帘的料架、料箱，使用和存放过程中要避免损坏防划伤布、防尘帘。

4.5 工位器具的维护保养。

4.5.1 工位器具停用时，要擦洗干净。

4.5.2 有油漆的工位器具，要定期喷漆，防止生锈，保持美观。

4.5.3 有损坏的工位器具，要及时维修，保持完好。

4.5.4 有防划伤布、防尘帘的料架、料箱、木箱、铁网篮等易损坏的工位器具，使用前检查是否有变形、破损等，有异常情况及时进行维修。

4.5.5 带轮子的料车使用前，要对轮子进行检查和润滑，转动不灵活时及时维修或更换。

4.5.6 每半年由使用车间和生产部进行一次全面的检查和维护保养，并填写《工位器具检查和保养记录》。

4.6 工位器具保管与检查。

4.6.1 工位器具制作完成或采购后由各使用车间领出后负责保管并分类编号，登记到《工位器具台账》上，《工位器具台账》副本交生产部存档。

4.6.2 工位器具的分类及代号如下：铁箱 TX，塑料箱 SX，木箱 MX，四轮料车 LC，V 型铁料车 VC，料架 LJ，铁网篮 TW。

4.6.3 工位器具的编号规则如下：

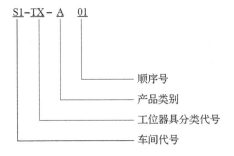

4.6.4 工位器具必须进行永久性标识。永久性标识采用喷漆形式，标识的内容根据工位器具的形状特征确定，但最少应包含工位器具的编号。

4.6.5 工位器具按定置管理要求停放在规定位置，可叠放的工位器具要符合限高要求，摆放整齐。

4.6.6 工位器具的报废，由使用车间填写《报废单》，报生产部审批。工位器具报废后，要在《工位器具台账》上进行注销。

4.6.7 生产部对工位器具的使用情况进行日常的检查，并将其纳入车间绩效管理。

5. 相关文件、记录

5.1 工位器具需求计划。

5.2 工位器具台账。

5.3 工位器具检查和保养记录。
5.4 工位器具报废单。

附件1：工位器具需求计划

工位器具需求计划

No：

申请车间		工位器具类型		申请日期	
申请原因	□新产品	□补增	□损坏	自制/外购	□自制　□外购
申请数量		现有数量		计划完成日期	
其他说明：					
申请人		审核		批准	

附件2：工位器具台账

工位器具台账

No：

序号	工位器具编号	工位器具类别	使用车间	启用日期	状态	价值	备注

附件3：工位器具检查和保养记录

工位器具检查和保养记录

No：

序号	工位器具编号	工位器具类别	使用车间	启用日期	检查保养日期	状态	保养记录	保养人	备注

附件4：工位器具报废单

工位器具报废单

编号：

申请部门/申请人			申请日期	
工位器具编号		工位器具类别		工位器具启用日
报废原因：				
经办人			审批	
备注栏：				

（三联单，第一联留存，第二联生产部，第三联财务）

第 8 章

财务部门管理制度

企业财务部门是组织领导和具体从事财务管理工作的职能部门,主要职能是管理公司的财产和资金。财务管理是企业管理的一个重要组成部分,具有较强的专业性,它是根据财经法规制度,按照财务管理的原则,开展企业财务活动,处理财务关系的一项经济管理工作。

汽车零部件企业的财务管理与其他制造业财务管理的方法一样,特殊性不大,本章选列的几篇关于财务部门的管理制度,来自汽车零部件制造企业,供参考。

8.1 付款管理规定

付款是指付款人向持票人支付票据金额的全部或一部分,以消灭票据关系的行为。公司付款后将票据收回作为记账原始凭证。财务部门制定相应的应付和预付款项的付款流程和规定,用以规范公司的付款和财务管理。

以下是一个公司付款流程示例。

例 GS-MS08-01:公司付款流程

1. 目的

明确公司付款流程,规范公司付款管理,完善公司的财务管理制度。

2. 范围

适用于公司除报销外的一切付款,包括但不限于购买材料、固定资产等的所有采购付款,行政事业收费付款等。

3. 职责

3.1 财务部是本规定的归口管理部门,负责办理付款业务。

3.2 各部门和人员按本规定要求进行付款申请。

4. 流程与要求

4.1 应付款项付款流程。

4.1.1　经办人需要填制《付款申请单》并签字，将《付款申请单》与相关发票、入库单等原始凭证交给部门负责人审核。

4.1.2　部门负责人根据业务状况进行审核，签字确认后交还给经办人。

4.1.3　经办人将部门负责人审核过的《付款申请单》交给财务部长，财务部长根据公司的财务状况进行审核，签字确认后交还给经办人。

4.1.4　经办人将财务主管会计审核过的《付款申请单》交总经理审批，总经理审批通过并签字后交给经办人。

4.1.5　经办人将总经理审批过的《付款申请单》交至财务部，财务部出纳办理付款，在《付款申请单》上签字确认，并在财务系统中做相应的账务处理。

4.2　预付款项付款流程。

4.2.1　经办人需要填制《付款申请单》并签字，将《付款申请单》与合同或协议等证据交给部门负责人审核。

4.2.2　部门负责人根据业务状况进行审核，签字确认后交还给经办人。

4.2.3　经办人将部门负责人审核过的《付款申请单》交给财务部长，财务部长根据公司的财务状况进行审核，签字确认后交还给经办人。

4.2.4　经办人将财务经理审批过的《付款申请单》交总经理审批，总经理审批通过并签字后交给经办人。

4.2.5　经办人将总经理审批过的《付款申请单》交至财务部，财务部出纳办理付款，在《付款申请单》上签字确认，并在财务系统中做相应的账务处理。

4.3　付款流程。

报销人填写《付款申请单》→部门负责人审核→财务部长审核→总经理审批→出纳付款。

4.4　其他规定。

4.4.1　应付款项付款必须附有效原始凭证和入库单等。有效原始凭证包括发票、行政事业性收据、交通车船票等，原始凭证必须有收款方的盖章。无特殊情况，白条、普通收据等一律不办理付款。

4.4.2　预付款项付款必须附合同或协议。合同、协议可以是复印件，但必须是双方签字盖章的有效合同或协议的复印件。

4.4.3　《付款申请单》、入库单和所附原始凭证不得涂改，合同、协议修改处必须有签字和盖章，否则无效。

4.4.4　有紧急情况需要付款而总经理不在办公室时，经办人需要电话或微信给总经理远程审批，财务出纳付款前需要电话或微信给总经理再次确认，事后由财务出纳人员向总经理补办签字手续。

4.4.5　财务部每周三、周五办理付款，经办人根据情况适时办理付款事项。

4.4.6　费用报销执行《费用报销管理制度》。

5. 相关文件、记录

5.1　费用报销管理制度。

5.2　付款申请单。

附件：付款申请单

付款申请单

年　　月　　日　　　　　　　　　　　　　　　　　　　　　　　No：

付款金额	（大写）	¥：			
付款事由					
收款单位					
银行账号			开户银行		
付款方式	□电汇	□转账	□现金	□支票	□其他

经办人：　　　　部门负责人：　　　　财务：　　　　批准：

8.2　产品报价管理制度

产品报价是指供方在考虑自己产品的成本、利润、市场竞争等因素后，向顾客报出的可行的合理价格。顾客有产品采购需求时，首先要进行市场询价，选择满足其目标价格和其他要求的供方。报价时，组织根据得到的顾客询价信息，进行产品的成本分析，综合考虑顾客的特殊要求、合适的利润水平和竞争对手的因素，确定合理的产品价格。及时、合理的报价既能使企业获得产品市场，又能保证企业在交易产品中获得利润。

以下是一个产品报价管理制度示例。

例 GS-MS08-02：产品报价管理制度

1. 目的

为规范公司产品报价工作，确保产品定价的科学、合理，保证报价工作的顺利进行，使产品价格满足市场和成本的要求，特制定本制度。

2. 范围

本制度适用于本公司所有产品报价。

3. 职责

3.1　财务管理部是本制度的归口管理部门，负责产品各项成本的分析、计算汇总。

3.2　市场部负责收集市场信息、客户信息和产品信息，负责报价表的编制，将最终核准的报价表传递给客户，负责与客户的沟通和协调。

3.3　技术部负责根据市场部提供的产品信息进行技术分析，向财务部提供产品所需材料、规格、重量等信息。

3.4　采购部负责提供产品所需原材料的当前市场价格。

4. 工作要求与流程

4.1　产品价格的构成：材料费用、外购外协件费用、人工电费、制造费用、损耗、期间费用、包装费、运输费、模具摊销、利润、税金等。

4.2　报价工作必须认真负责，技术数据分析要准确，各种成本费用的估算要可靠，哪个环节出现错误，影响市场，公司将追究其相应责任，按公司绩效管理制度进行考核。

4.3　报价工作流程。

4.3.1　市场部业务员随时了解市场信息，收集客户需求和产品信息。业务员收到客户的询价要求时，应详细了解客户对目标价、产品要求、报价时间等方面的要求，将收到的信息进行初步分析后，形成开发建议书，及时将报价需求和开发建议传递到市场部管理人员处。

4.3.2　市场部管理人员对报价需求信息和开发建议书组织管理层评审后，报总经理核准，将产品报价资料传递给技术部。

4.3.3　技术部对报价资料进行技术可行性分析，形成包含产品所需材料、规格、重量等信息的初始物料清单（BOM），预估生产所需的设备、模具，估算模具费、试验费等开发费用，顾客有要求时，编制报价用技术资料。经技术评审后，将BOM及开发费用等信息传递到采购部和财务部，将报价用技术资料传递到市场部。

4.3.4　采购部根据产品BOM进行市场询价，向财务部提供产品所需原材料、外购外协件的当前市场单价。

4.3.5　财务管理部对产品各项成本进行分析、计算汇总，形成产品成本费用核算表，交市场部。

4.3.6　市场部根据已了解的竞争对手情况、客户目标价等信息权衡内外，请示总经理后确定产品价格，编制报价表。

4.3.7　市场部按客户要求向客户发送报价单、报价技术资料及顾客需求的其他资料，并及时与客户进行沟通和协调。

报价流程如下：

流程	责任部门	文件/表单	备注
收集信息	市场部		
初步分析	市场部	开发建议书	
信息评审	市场部、管理层、总经理	评估报告	
技术分析	技术部	产品初始BOM 报价技术资料 产品初始BOM	
原材料询价	采购部		
成本核算	财务部	产品成本费用核算表	
编制报价表	市场部	报价表	
报价审批	总经理	报价表	
报价	市场部	报价表 报价技术资料	

4.4 报价各项工作按项目节点进行安排，若遇较大项目、紧急投标等情况，按时限要求采取组织横向职能小组会议、集中评审的形式进行项目和产品分析。

4.5 具体市场调研、顾客沟通等工作要求执行"市场营销管理程序"；具体产品技术分析、项目管理等相关工作执行"设计与开发管理程序"。

4.6 顾客有要求时，报价表的格式、报价技术资料等遵循顾客要求。

5. 相关文件、记录

5.1 市场营销管理程序。

5.2 设计与开发管理程序。

5.3 报价技术资料。

5.4 产品成本费用核算表。

5.5 报价表。

附件1：报价技术资料

报价技术资料　　　　　　　　　　　　　　　　No：

序号	顾客名称	产品图号	产品名称	产品断面	3D形象	材料	表面处理	规格	材料重量/g	使用设备	挤出模具	冲切模具	注接模具	其他1	其他2	检具	备注

附件2：产品成本费用核算表

产品成本费用核算表

序号	厂家	产品名称	图号	成品重量/kg	规格	原材料1							原材料2							材料费合计
						材质	重量	单价	生产废损	加工废损	合计废损	金额	材质	重量	单价	生产废损	加工废损	合计废损	金额	
1		×注塑件	1311-1121	0.08	122mm×75mm×18mm	灰色PP	0.08	20.00	6.0%	0.0%	6.0%	1.60	—	0.00	15.00	5.0%	0.0%	5.0%	0.00	1.60

喷涂					注塑人工电费				加工修整人工			合计人工费	合计电费	其他加工1				
喷涂重量	型号	损耗	单价	人工	喷涂价格	班产量/件	电费	注塑人数	注塑人工费	加工人数	班产量	加工人工费			类	材料费	重量	人数	班产量	人工费
0	—	0%	0.00	0.00	0.00	900	0.14	1	0.20	2	1000	0.30	0.50	0.14		0		1	0.00

其他加工2						其他加工合计费用	委外项目		设备折旧	模具费		包装物流		合计总成本费用
类	材料费	重量	人数	班产量	人工费		类别	费用		模具费	摊销	包装费用	物流费用	
			0	1	0.00	0.00						0.4	0.3	2.94494

附件3：报价表

报价表   No：

零件号：	×××-××××			项目/车型：	××项目			供货厂商：	××汽车零部有限公司				
零件名：				顾客名称：	××汽车有限公司			联系电话：					

产品成本			材料费用明细						加工费用明细						
No.	项目	金额	名称	规格	单位	件耗用量	单价	金额	No.	加工工序	所需设备	功率	人员/人	产能	燃动费	人工费	折旧费	其他
1	材料费	12.40	EPDM		g	620	0.02	12.40	1	挤出	挤出机	200	5	180	1.70	0.80	0.28	
2	人工费	2.44							2	接角	注胶机	22	2	20	0.30	0.96	0.10	
3	燃动费	2.00							3	加工			6	60		0.68		
4	其他	0.00							4									
5	设备折旧	0.38							5									
6	外协外购	3.15							6									
7	废品损失	0.66							7									
8	期间费用	4.70	合计					12.40	合计						2.00	2.44	0.38	0.00
9	包装费	0.70	外协外购件明细						模治具费用明细									
10	运输费	0.50	No.	外协内容	厂家名称	数量	单价	金额	No.	加工工序	模具名称	厂家名称	材料	模/件	寿命	价格	分摊
11	利润	2.40	1	卡扣	××	21	0.15	3.15	1	挤出	挤出模具	××模具公司		1	200000	5000	0.05
12	税金	4.99	2						2	接角1	接角模具	××模具公司		1	300000	22000	0.22
13			3						3	接角2	接角模具	××模具公司		1	300000	22000	0.22
14			4						4								
15			5						5								
16			6						分摊台份	100000.00					合计	49000	0.49
合计		34.32	7						税金明细			（期间）费用明细			备注：			
总成本			8						项目	税率	金额	项目		金额	1.报价时请详细填写，并加盖公章，否则视为报价无效。			
No.	项目	金额	合计					3.15	增值税		2.40	销售费用		2	2.单位：货币 元，质量 克(g)，尺寸 毫米(mm)，功率 千瓦(kW)，产能 件/小时(Pcs/h)。			
1	产品单价	34.32	包装费用明细						地税			管理费用		0.5				
2	模治具费	0	项目	规格	定额	单价		金额	抵扣			财务费用		2.2				
3	模具分摊	0.49	1	包装费	20	14		0.7										
合计		34.81	2	运输费				0.5	合计		2.40	合计		4.7				
制表	×××		审核	×××			批准	×××			日期	××××年××月××日						

8.3 质量成本分析制度

质量成本是指企业为了保证产品或服务满足质量要求而发生的费用，以及由于产品或服务质量未满足质量要求所产生的一切损失的总和，是企业生产总成本的一个组成部分。

质量成本的概念最早由美国质量专家阿曼德·费根堡姆于20世纪50年代提出。费根堡姆指出，公司的质量成本包括控制成本和控制故障成本两个方面，控制成本又分为预防成本和鉴定成本，控制故障成本包括内部故障成本和外部故障成本。

控制成本也叫作一致性成本，这类成本是用于预防缺陷发生而付出的成本。

控制故障成本也叫作非一致性成本，即由于质量与要求或规范不一致而产生的成本。

预防成本：用于预防或减少不合格或缺陷所支出的各项成本费用，如质量策划费用，新产品评审、验证、确认费用，工序能力研究费用，质量审核费用，质量情报费用，质量管理培训费用，以及质量改善费用。

鉴定成本：用于评估产品质量是否符合产品质量要求而进行的检验、检查或试验等所支出的费用,如各种检验、试验费用,监测装置的费用,以及量、检具维护、校准费等。

内部故障成本:也叫作内部损失成本、内部失败成本,指产品或服务在交付前因质量未满足规定的要求所发生的各种成本损失费用,如废品损失、次品损失、返工返修损失、复检费用、停工损失、质量问题处理费。

外部损失成本:也叫作外部损失成本、外部失败成本,指产品或服务在交付后因不满足规定的质量要求,导致索赔、修理、更换或信誉等损失所发生的成本损失费用,如索赔费用、退货损失、保修费用、降价损失、处理质量问题的费用、信誉损失。

因为质量成本包含在整个产品生命周期中,所以应从市场调研、产品设计、试制、生产制造到售后服务的整个过程进行管理,要对质量成本进行全员的、全要素的、全过程的系统管理。质量成本管理包括质量成本预测、质量成本计划、质量成本分析、质量成本控制等内容。

根据企业的历史数据、质量方针和目标、国内外同行的质量成本水平以及产品的质量要求、顾客的特殊要求等,通过分析各种质量要素与质量成本的关系,对计划期的质量成本进行预测,通过预测的结果,制订质量成本计划。

通过质量成本核算所提供的数据信息,对质量成本的形成、变动原因进行分析和评价,找出影响质量成本的关键因素和管理上的薄弱环节,从而对质量成本进行控制,优化质量成本各项主要费用的合理比例。

根据国内外质量成本管理的成功经验,质量成本比例最佳值为质量损失成本占50%、鉴定成本占40%,预防成本占10%,即质量一致性成本占50%、质量非一致性成本占50%为宜。

以下是一个质量成本分析制度示例。

例 GS-MS08-03: 质量成本分析制度

1. 目的
规范公司质量成本的核算、分析和控制,为从成本的角度分析质量管理现状提供依据。持续改善产品质量、降低质量成本,促进产品的质量成本平衡,不断提高公司的质量管理水平。

2. 范围
本办法适用于本公司所有产品的质量成本分析。

3. 术语和定义
质量成本:为确保产品或服务满足规定要求的费用以及没有满足规定要求造成的损失,是企业生产总成本的一个组成部分。质量成本由预防成本、鉴定成本、内部损失成本、外部损失成本组成。

预防成本：用于预防或减少不合格或缺陷所支出的各项成本费用。

鉴定成本：用于评估产品质量是否符合产品质量要求而进行的检验、检查或试验等所支出的费用。

内部损失成本：产品或服务在交付前因不满足规定的质量要求所发生的成本损失费用。

外部损失成本：产品或服务在交付后因不满足规定的质量要求，导致索赔、修理、更换或信誉等损失所发生的成本损失费用。

4．职责

4．1　财务部是质量成本管理的归口部门。财务部汇总计算产品的各项质量成本，核查数据的真实性，编制质量成本报告。

4．2　各相关部门负责收集产品的各项质量成本原始数据并报送财务部。

4．2．1　预防成本数据由质量部、技术部按费用支出进行收集统计。

4．2．2　鉴定成本数据由质量部、实验室按费用支出进行收集统计。

4．2．3　内部损失成本由质量部、生产部、仓库按费用支出进行收集统计。

4．2．4　外部损失成本由市场部、售后服务按费用支出收集统计。

5．工作内容

5．1　质量成本项目的设置。

5．1．1　公司各项质量成本的会计科目由财务部建立。一级科目为质量成本，二级科目为预防成本、鉴定成本、内部损失成本、外部损失成本。

5．1．2　本公司的预防成本由以下会计科目组成：

1）质量管理活动费。

2）质量培训费。

3）产品评审费。

4）工资及附加费。

5．1．3　本公司的鉴定成本由以下会计科目组成：

1）检测试验费。

2）检测设备维护费用、折旧费。

3）办公费。

4）工资及附加费。

5．1．4　本公司的内部损失成本由以下会计科目组成：

1）返修损失。

2）停工损失。

3）产品降级损失。

5．1．5　本公司的外部损失成本由以下会计科目组成：

1）索赔费。

2）保修费。

3）超额运费。

4）退货/换货损失。

5）产品折价损失。

5.2 质量成本目标。

5.2.1 质量成本目标由公司经营管理层负责制定。

5.2.2 本公司的质量成本目标如下：

1）质量成本结构比例：

$[（预防成本+鉴定成本）=X]/[（内部损失成本+外部损失成本）=Y]\geqslant1$。

2）质量损失率：

（内部损失+外部损失）/工业总产值$\times100\%\leqslant2\%$。

5.3 公司所生产的所有产品，包括新产品和量产产品，各相关部门均需对其进行质量成本的收集统计。

5.4 各相关部门于每月结束后 5 个工作日内，针对需做质量成本核算的产品进行数据和资料收集、统计，并将收集到的数据和资料记录于与质量成本有关的表格中，经部门主管确认后将其转交财务部。

5.5 财务部在接收到相关部门收集的质量成本的相关数据和资料后，按与质量成本会计科目有关的金额和费用进行质量成本核算、分析和汇总。必要时，财务部对数据的真实性进行核实。

5.6 财务部根据上月预防成本、鉴定成本、内部损失成本、外部损失成本等会计科目的实际发生费用统计编制"预防成本和趋势图""鉴定成本和趋势图""内部损失成本和趋势图"和"外部损失成本和趋势图"，报财务部经理审查。

5.7 财务部在进行各项质量成本核算、汇总后，对上月的质量成本进行分析和评价，按分析和评价的结果编制"质量成本月报表"，经财务部经理审核后，由财务部存档。

5.8 当质量成本不符合 5.2 规定的质量成本目标时，财务部将未达标情况报告主管副总后反馈至相关部门。相关责任部门按《纠正与预防措施控制程序》中的规定进行原因分析并采取纠正与预防措施。如果质量成本的分析和评价结果符合 5.2 规定的目标，则相关部门按《持续改进管理程序》进行持续改进。

5.9 资料归档。与质量成本有关的资料由财务部归档，各部门的统计资料由各部门存档备查。

6. 相关记录

6.1 质量成本报告。

6.2 质量成本月报表。

附件：质量成本报告

质量成本报告

质量成本	质量成本二级科目	2017年8月—2018年7月											
		8月	9月	10月	11月	12月	1月	2月	3月	4月	5月	6月	7月	累计
预防成本	质量管理活动费	2000	2000	2000	2000	2000	2000	2000	2000	2000	2000	2000	2000	24000
	质量培训费	3000	3000	3000	3000	3000	3000	3000	3000	3000	3000	3000	3000	36000
	质量评审费	4000	4000	4000	4000	4000	4000	4000	4000	4000	4000	4000	4000	48000
	质量管理人员工资及附加费	2879	2622	2552	2611	2543	3158	2728	2090	3064	2572	2834	2879	32532
	小计	11879	11622	11552	11611	11543	12158	11728	11090	12064	11572	11834	11879	140532
鉴定成本	检测试验费	1680	1536	1760	1476	1504	1790	1476	2000	1850	1300	2354	1680	20406
	检测设备折旧费维护费用	14142.07	14142.07	14142.07	14142.07	14142.07	14142.07	14142.07	14142.07	14142.07	14142.07	14142.07	14142.07	169704.84
	办公费	1500	1565	1504	1360	1575	3900	12350	1124	2085	13560	13662	1500	55685
	专职检验员工资及附加费	8569	8065	5637	5388	5200	6462	6136	6508	6556	5558	4760	8569	77408
	小计	25891.07	25308.07	23043.07	22366.07	22421.07	26294.07	34104.07	23774.07	24633.07	34560.07	34918.07	25891.07	323203.84
内部损失成本	废品损失	3300	3100	2860	2900	3000	2750	2630	2580	2540	2490	2280	2200	32630
	返修、返工损失													0
	停工损失	1500	2000	800	1400	1700	2000	1800	1900	1500	1700	1400	1500	19200
	小计	4800	5100	3660	4300	4700	4750	4430	4480	4040	4190	3680	3700	51830
外部损失成本	索赔、保修、超额运费													0
	退货/换货损失													0
	降级损失费													0
	小计	0	0	0	0	0	0	0	0	0	0	0	0	0
合计	515565.84	42570.07	42030.07	38255.07	38277.07	38664.07	43202.07	50262.07	39344.07	40737.07	50322.07	50432.07	41470.07	515565.84

质量成本目标设定

1 质量成本结构比例	预防费用	鉴定费用	内部损失	外部损失
	150000	320000	60000	5000

	目标值≥1	
2 质量损失率（%）	（内部损失+外部损失）/工业总产值×100%	2%

	实际质量成本结构状态		
理想状态质量成本结构比例	140532	323203.84	51830	0

预防费用趋势图

鉴定费用趋势图

内部损失趋势图

外部损失趋势图

（续）

	月份	8月	9月	10月	11月	12月	1月	2月	3月	4月	5月	6月	7月
数据统计区	质量损失	4800	5100	3660	4300	4700	4750	4430	4480	4040	4190	3680	3700
	当期工业总产值	258000	275000	276000	278000	272000	282000	272000	280000	278000	282000	235000	276000
	质量损失率	1.86%	1.85%	1.33%	1.55%	1.73%	1.68%	1.63%	1.60%	1.45%	1.49%	1.57%	1.34%
	内部损失成本	4800.00	5100.00	3660.00	4300.00	4700.00	4750.00	4430.00	4480.00	4040.00	4190.00	3680.00	3700.00
	质量成本	42570.07	42030.07	38255.07	38277.07	38664.07	43202.07	50262.07	39344.07	40737.07	50322.07	50432.07	41470.07

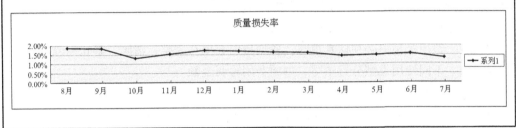

注：以上费用/成本的单位为元。

8.4 费用报销管理制度

费用报销是指业务经办部门在业务发生取得原始凭据后，按规定的审批程序办理的经费结算活动。报销人要严格按报销制度报销费用，会计要严格按照各项经费支出标准核算执行，合理控制企业费用的支出，保障企业各项工作的正常运转。

以下是一个费用报销管理制度示例。

例 GS-MS08-04：费用报销管理制度

1. 目的

为加强公司的费用管理，规范费用报销流程，合理控制费用的支出，特制定本制度。

2. 范围

适用于公司所有员工发生的各项费用报销，包括但不限于差旅费、会议费、招待费、车辆费用、办公耗材、培训费、员工福利费、信息费等费用。

3. 职责

3.1 财务部为该制度的归口管理部门，负责本制度的修订与解释。

3.2 财务部负责费用的借支与报销。

3.3 各部门负责人负责本部门员工经手的费用的核实。

4. 内容与要求

4.1 原始凭证有效性要求。

4.1.1 原始凭证必须真实、合法，不得涂改。

4.1.2 有效原始凭证包括发票、行政事业性收据、交通车船票。无特殊情况，白条、普通收据、长条车票一律不得报销。

4.1.3 报销用发票抬头、税号必须正确，不得有错字、漏字；增值税专用发票，需填写完整的开票信息。

4.1.4 当收到增值税发票时，不得在自己手中押置，及时将抵扣联交财务，将发票联粘贴报销。不得接收已开具半年以上的增值税发票。

4.2 费用报销单的填写与票据粘贴要求。

4.2.1 费用报销单必须认真填写，各项目内容填写完整、清晰，禁止涂改。

4.2.2 不同费用类型分行填写，每项费用写明金额。

4.2.3 金额填写精确到分，大小写规范，合计栏金额前加"￥"。

4.2.4 日期为填写报销单的实际日期，报销人栏由本人签字。

4.2.5 票据粘贴在与报销单大小相同的底纸上，报销单靠左整齐粘贴，不能遮挡票据内容，票据不得超出报销单之外，票据过大时按报销单大小从下往上折齐。

4.2.6 各票据应均匀粘贴，整份报销单各部分的厚度应尽量一致。

4.2.7 根据票据的类别、金额分类粘贴，并按金额大小排列。

4.2.8 有实物入库的单据，必须附入库单。

4.3 费用报销流程与要求。

4.3.1 报销流程：

报销人填写报销单→部门负责人审核→会计审核→总经理审批→出纳审核付款。

4.3.2 总经理享有公司所有资金收付审批权，总经理外出但急需费用时，由主管领导审核后，报总经理远程审批，总经理通知财务予以办理。总经理回来后补办正式审批手续。

4.3.3 审核人、审批人对费用发生的真实性负责，对原始凭证无效、金额不符、报销单填写不规范等情况，审核人、审批人不予审批。

4.3.4 费用报销必须本人办理，严禁代领代办。

4.3.5 多人共同产生的费用，由最高级别的人员办理报销，不得指定下级人员办理。

4.4 报销时限。

4.4.1 市场部、采购部、办公室每月月初前三天按预算办理预支款和报销业务。

4.4.2 其他部门发生的费用、差旅费于每月28日前的周二、周四办理报销业务。每月28日以后不再办理付款和报销业务。

4.4.3 紧急采购支款、临时招待费用或其他紧急出差支款，经总经理审批后可随时办理。

4.4.4 非特殊情况，超过三个月以上的费用不予报销。
4.5 其他规定。
4.5.1 出差人员严格按照《出差管理制度》进行支款与报销。
4.5.2 其他预支款，经办人必须认真填写借款单（今到条），经部门负责人审核后报总经理审批，通过后到财务支取。
4.5.3 公司规定费用额度的，超过限额部分财务不予报销。

5. 相关文件、表单
5.1 出差管理制度。
5.2 费用报销单。
5.3 今到条。

附件1：费用报销单

费用报销单

No:

姓名		年 月 日		附原据 张	
事由				备注	
费用项目		摘要	金额		
				部门负责人	
				单位负责人	
报销金额合计					
合计金额	（大写）		原借款： 元	应退（补）款： 元	

复核：　　　　　　　出纳：　　　　　　　报销人：

附件2：今到条

今到条

No:

今　到

事由：
人民币（大写）：　　　　　　　　　¥
经手人：　　　　　审批：　　　　　　　　　　年　月　日

第 9 章 仓储相关管理制度

仓储是现代物流不可缺少的重要环节，仓储管理是对仓储货物的存储、收发、结存等活动的有效控制，确保企业仓储货物的完好无损，从有序收发、库存控制等方面满足供应链上下游的需求。

汽车零部件企业等制造类企业一般会安排成品仓库和原材料仓库两大类仓库，根据产品工艺和复杂程度，有些企业会设置半成品库、周转库等。这两大仓库处在生产和交运的中间环节，做好仓储管理，是生产经营活动正常进行的保证。除与产品链有关的仓库，汽车零部件企业会根据情况设置工装模具库、包装物仓库、危险废物库等仓库，这些仓库作为生产运营辅助性的仓库，各自发挥着重要的作用。

9.1 仓库管理制度

在汽车零部件制造企业，一般会制定一个仓储管理的总要求，列出仓储管理中要遵守的条款，作为仓储管理的总则上墙明示。

以下是一个仓库管理制度示例。

例 GS-MS09-01： 仓库管理制度

一、严格执行安全管理规定，切实做好防火、防盗工作，保证仓库和货物财产的安全。

二、仓库要经常通风，货位、货架和地面及时清扫，保持仓库清洁。

三、根据货物的不同种类及其特性，各种货物必须分类存放，摆放有序，保证货物的进出和盘存方便。

四、严禁无单出入库，货位标识清晰、准确，账、卡、物必须一致。

五、非同批次的成品、原材料必须单独存放，保证先入先出。

六、货物不得落地存放，原材料堆放不得高于 2.5 米，成品不得超过包装标识的堆码极限。

七、必须做好干湿控制，温度不高于 30 摄氏度，湿度不超过 75%，每周记录一次。

八、临近保质期的原材料,提前三个月报采购部进行调换。

九、严禁无关人员进入仓库,严禁在仓库内逗留,严禁在仓库内吸烟,严禁在仓库堆放杂物。

十、对易燃、易爆、剧毒等危险货物,由专人管理,并做明显标识。出入库必须登记,数量清楚,用途明确。

十一、严格遵守消防规定,禁止在仓库内乱拉电线、增加用电设备,仓库内一律安装防爆灯,严禁随意动用仓库消防器材,保持消防通道畅通。

十二、仓库保管员每天上下班要做好检查工作,及时处理安全隐患,下班时拉闸断电,锁好门窗。

9.2 成品出入库管理规定

入库与出库是仓储管理中非常重要的两项工作,是仓库与外部联系的两个重要环节,是物流的两个关键节点。制定合理的出入库管理制度,可以规范货物的进出仓库,有效促进仓库管理的高效、有序、安全、准确。

以下是一个成品出入库管理规定示例。

GS-MS09-02: 成品出入库管理规定

1. 目的

对成品的入库过程、出库过程进行规范、有效的管理。

2. 范围

本制度适用于本公司所有成品入库、出库过程的控制管理。

3. 职责

3.1 车间入库人员负责将产品运至仓库,办理入库。

3.2 仓库保管员按产品检验合格证明办理出入库手续,按发货单办理出库手续,并对出入库物品的数量负责。

3.3 市场部人员负责到仓库办理产品出库与发运。

4. 入库控制

4.1 车间入库人员持检验员开具的产品合格证明到成品仓库办理入库;无产品合格证明不予办理入库手续。

4.2 仓库保管员根据产品合格证明核对产品数量和包装标签,清晰、无误后开具入库单。

4.3 入库人员按库房的规划区域和仓库保管员的要求将产品摆放到相应位置。

4.4 仓库保管员按产品类别在保管台账上登记入库实际数量并总计库存量。

4.5 库存量超过和低于安全存量时,应提前2~5天向生产部发出报警。

5. 出库控制

5.1 市场部人员持发货通知单到仓库办理产品的出库和发运，严禁白条出库或口头出库。

5.2 仓库保管员根据发货通知单对产品名称、规格、单位、数量等进行核对后，开具出库单办理出库手续。

5.3 仓库保管员按照"先入先出"的原则办理出库，仓库保管员对发货产品的标识、标签进行确认，防止错发。

5.4 当发现有超期或标识不清等产品出库时，需在发货前通知质量部进行检查确认后，方可出库。

5.5 已办理出库手续的产品，要及时发运，不得在成品库内存放。

5.6 发货后，仓库保管员要立即记账、记卡，保持账、卡、物一致。

6. 相关文件、表单

6.1 成品入库单。

6.2 成品发货通知单。

6.3 成品出库单。

附件1：成品入库单

成品入库单　　　　　　　　　　　　　　　编号：

生产车间		入库数量			
序号	主机厂	产品名称	产品图号	数量	件数	备注

车间主任：　　　　　　　保管员：　　　　　　　日期：

（三联单，第一联车间，第二联仓库，第三联财务）

附件2：成品出库单

成品出库单　　　　　　　　　　　　　　　编号：

顾客名称		出库数量			
序号	产品名称	产品图号	数量	单价	金额/元	备注
总计						

保管员：　　　　　　　发货员：　　　　　　　日期：

（三联单，第一联仓库，第二联随货，第三联财务）

9.3 原材料贮存管理规定

汽车零部件制造企业的原辅材料,种类繁多。原辅材料的贮存除满足仓库管理总要求外,根据原辅材料的特性,其存贮条件的要求较为严格。尤其是化学物品的贮存,需要专业人员制定专业化的贮存作业文件。

以下是一个原材料贮存管理规定示例。

GS-MS09-03: 原材料贮存管理规定

1. 目的
规范原辅材料贮存条件,明确原辅材料的贮存要求,确保原材料的贮存质量。

2. 范围
本规定适用于本公司所有原辅材料的贮存。

3. 职责
3.1 物流部是本规定的归口管理部门,对原辅材料的贮存质量负责。
3.2 原材料库保管员严格执行本规定。

4. 内容与要求
4.1 原材料仓库应不靠近热源,防雨防潮。
4.2 仓库环境通风良好、阴凉干燥,温度不大于30摄氏度,湿度不超过75%。
4.3 原材料避光贮存,避免阳光直射和使用具有高紫外线的光源,室内照明采用普通白炽灯。
4.4 根据原辅材料类别、性质划分区域、垛位,分类存放;对不同批次的原辅材料分开存放,做好标识。
4.5 固体弹性材料及塑料制品存放时,不可被拉伸、压缩或使之产生其他形式的形变。
4.6 金属原材料存贮应清洁干燥,避免腐蚀性化学品和潮湿物品的接触。
4.7 液体、半固体材料要密封存贮,在贮存期间,不允许同酸、碱、溶剂及油脂等液体、半固体材料接触。
4.8 橡胶类原辅材料避免与铜和锰的盐类或氧化物接触。
4.9 原材料的有效保存期限为该材料外包装标明的有效日期,超期材料视为不合格。
4.10 化学材料明确标识化学品安全技术说明书(Material Safety Data Sheet, MSDS)。
4.11 原材料必须有生产厂商合格证明,并经实验室复验合格方可入库,做好标识卡,保持账、卡、物一致。

4.12 必须遵守先入先出的原则,按领料单办理出库。

5. 相关文件、表单

5.1 原材料入库单。

5.2 原材料出库单。

5.3 领料单。

附件1：原材料入库单

原材料入库单

材料厂家：　　　　　　　　　　　　　　　　　　　　　　　　　　　　No：

序号	原材料名称	牌号	单位	数量	单价/元	金额/元

经办：　　　　　　　保管员：　　　　　　　日期：

（三联单，第一联留存，第二联仓库，第三联财务）

附件2：原材料出库单

原材料出库单

领料单位：　　　　　　　　　　　　　　　　　　　　　　　　　　　　No：

序号	原材料名称	牌号	单位	数量	单价/元	金额/元

保管员：　　　　　　　经办：　　　　　　　日期：

（三联单，第一联留存，第二联车间，第三联财务）

附件3：领料单

领料单

领料单位：　　　　　　　　　　　　　　　　　　　　　　　　　　　　No：

序号	原材料名称	牌号	单位	数量	单价/元	金额/元

经办：　　　　审批：　　　　保管员：　　　　日期：

（三联单，第一联留存，第二联仓库，第三联财务）

9.4 先入先出管理制度

仓库先入先出也叫先进先出（First In First Out，FIFO），是根据仓库物料进入仓库的时间顺序作为发料的依据，按照先入库的先出库原则，使物料有序合理地流动。汽车零部件制造业有很多材料都是有保质期的，材料在仓库里停留的时间越长，意味着其保质期越短，所以必须把先入库的材料，先行投入使用，避免材料过期，造成损失。按先入先出顺序使用物料，有利于避免不同批次材料混用，提高仓储管理水平，也有利于实现产品的可追溯性和质量问题的改善。

以下是一个先入先出管理规定示例。

例 GS-MS09-04： 先入先出管理规定

1. 目的
规范仓库物料的先入先出管理，避免过期物料和呆滞料的产生，避免浪费，使物料有序流动，便于追溯。

2. 范围
本规定适用于本公司成品仓库、原材料仓库、半成品仓库的仓储管理。

3. 职责
3.1　物流部是本规定的归口管理部门，负责成品库、原材料库和半成品库的管理与监督。

3.2　成品库、原材料库和半成品库各仓库保管员负责物料先入先出的执行。

4. 内容与要求
4.1　仓库根据厂地和存储物料的情况做好规划，物流路线和"五距"的设定要适合叉车、地牛等运输搬运。

4.2　根据货物的类别划分存储区域，做好平面和立体布局，各种物料分区域存放。成品、半成品先根据不同顾客划分区域，再以产品种类细分区域。原材料先根据不同种类的材料划分区域，再根据不同的生产厂家和牌号进行细分。

4.3　货垛、料架、料箱等统一使用标识卡进行标识，标识卡的内容要填写完整、清晰、易于辨识。

4.4　各仓库在仓库明显位置张贴、悬挂仓库分区和物流路线看板、库存物料明细看板和先入先出管理看板。

4.5　对不同批次的成品、原材料按垛位区分，半成品按料箱区分存放，并便于先入先出，避免混淆。

4.6　物料入库时，每一垛位与料箱都要做好标识卡进行标识，并同步填好先入先出管理卡。先入先出管理卡的填写要清晰、完整，必须写清垛位或料箱号、来料日期、数量等信息，然后按入库顺序将先入先出管理卡放置到先入先出管理看板上。

4.7　物料出库时，按先入先出的原则，入库日期在先的物料先行出库，同时取下先入先出管理看板相应的管理卡。

4.8　保管员必须按物料入、出库的顺序如实记好流水账，保持账、卡、物、看板数据一致。

5. 相关文件、表单

5.1 仓库管理制度。

5.2 原材料先入先出管理看板。

附件：原材料先入先出管理看板

原材料先入先出管理看板　　　　　　　　　　入————→出

序号	材料名称	生产厂家	保质期	最低库存	最高库存	现在库存	状态	先入先出顺序标识

9.5 仓库盘点管理制度

仓库盘点是指对仓库库存等进行清点，常用方法有账面盘点法与现货盘点法。账面盘点又称为永续盘点，这是仓库人员每天要进行的工作，包括将入库、出库货品的数量及单价进行记账，计算库存量和库存金额。现货盘点亦称为实地盘点或实盘，就是实际去仓库内的实盘实点库存数，再依货品单价计算出实际库存金额的方法。对于汽车零部件制造行业，通常所说的仓库盘点即是指仓库现货盘点。

以下是一个仓库盘点管理制度示例。

例 GS-MS09-05：仓库盘点管理制度

1. 目的

规范盘点作业，确保公司库存物料盘点数据的准确性，达到仓库物料有效管理和公司财产有效管理的目的。

2. 适用范围

适用于公司各仓库所有库存物料的盘点，包装季度盘点、月度盘点、不定期盘点。

3. 职责

3.1 财务部为本制度的归口管理部门，负责组织公司季度盘点，负责复核仓库盘点数据。

3.2 各仓库管理员负责组织月度盘点，实施仓库盘点作业，最终盘点数据的核对、校正、盘点总结。

4. 内容与要求

4.1 盘点频次。

4.1.1 公司每季度组织一次大盘点，由财务部负责组织。

4.1.2 月末盘点由仓库负责组织，财务部负责稽核。

4.1.3 不定期盘点由仓库根据公司需要自行进行安排或由公司组成盘点小组进行。

4.2 盘点方法及注意事项。

4.2.1 盘点采用实盘实点方式，禁止目测数量、估计数量。

4.2.2 盘点时注意物料的分类与摆放，避免混料。盘点后需要对物料进行整理，保持原来的或合理的摆放顺序和位置。

4.2.3 各仓库所负责区域内物料需要全部盘点，不得遗漏，并按要求做相应记录。

4.2.4 盘点过程中认真保管好《盘点表》，避免遗失。

4.2.5 盘点过程中盘点人员要本着"细心、负责、诚实"的原则进行盘点；严禁弄虚作假，虚报数据；避免盘点粗心大意导致漏盘、少盘、多盘；数据书写要准确、规整；不得随意换岗。

4.2.6 盘点期间注意安全，配备相应的劳保用品，做好防护措施，防止意外事件发生。

4.3 盘点时间。

盘点时间根据公司的生产、销售、工作任务等情况确定，总体原则是保证盘点质量和不严重影响仓库正常工作任务；季度盘点一般在季末月底最后 2 天，月度盘点一般在月底最后 2 天。

4.4 盘点人员。

4.4.1 盘点人：负责盘点过程中物料的确认和点数，将盘点数据正确记录在《盘点表》"数量"一栏。

4.4.2 监盘人：监盘人对所负责仓库的盘点工作进行监察，对盘点人的盘存数据进行复核。

4.4.3 根据以上人员分工，所有盘点工作必须由盘点人和监盘人共同完成，根据仓库存储物资情况对盘点人员进行分工。

4.5 盘点准备。

4.5.1 季度盘点前一周，财务部编制"仓库盘点计划"，通知仓库，并抄送总经理。月度盘点由仓库根据仓库工作情况，盘点前 2 天报财务部。

4.5.2 盘点前，由仓库下发通知至生产、采购、市场、质量等部门，说明盘点相关事宜；仓库盘点期间禁止物料出入库。

4.5.3 盘点前，采购部通知供应商，要求其计划在盘点日送达的物料提前三天送达，以提前完成收货及入库任务，避免影响后续正常生产和发货。

4.5.4 市场部尽量避免安排盘点日发货，确属顾客要求不能避开盘点日，应在盘点前一日将物料办理出库，隔离存放。

4.5.5 质量部在盘点前 4 小时完成检验任务，以便仓库及时完成物料入库，不影响正常盘点。

4.6 盘点实施。

4.6.1 准备 A4 夹板、笔、透明胶、盘点卡、盘点表等盘点用品。

4.6.2 仓库账务全部处理完毕，将所有能入库归位的物料全部归位入库登账，不能入库归位或未登账的物料进行明显标识不纳入本次盘点。

4.6.3 将仓库所有物料进行整理整顿标识检验，所有物料外包装上或仓位都要求有相应物料标识卡片。同一仓位的物料的存放不能超过 2 米远的距离。

4.6.4 仓库盘点前要组织盘点人员召开会议，以便落实盘点各项事宜，包括盘点人员及分工安排、盘点中需要注意事项、时间安排、安全事项等。

4.6.5 盘点人每点完一种物料后，认真填写盘点卡并粘贴于盘点货物上，同时正确填写《盘点表》。

4.6.6 监盘人按 5% 的比例进行抽查，抽查复核结果无误在《盘点表》上签字；抽查复核有误时，盘点人重新进行盘点。

4.7 盘点结果。

4.7.1 盘点结束后，各仓库管理员对《盘点表》进行整理，对盘点数据与仓库的账簿数据进行核对，检查是否有差异；若有差异，需进行分析，核查账簿是否有误。

4.7.2 各仓库管理员将整理后的《盘点表》交财务部，财务部对《盘点表》进行复核后，在《盘点表》的相应位置签名，调整账务。

4.7.3 仓库管理员根据盘点期间的各种情况进行总结，内容包括本次盘点结果、盘点差异原因分析、以后的工作改善措施等，形成"盘点总结报告"，发送财务部，抄送总经理。

5. 相关文件、记录

盘点表。

附件：盘点表

盘点表

No：

仓库：						盘点日期：	年	月	日
序号	品名	规格	单位	数量	单价/元	金额/元	备注		
盘点人：			监盘人：			主管：		财务：	

（两联：留存一联，财务一联）

9.6 样品出入库管理规定

样品是指能代表产品品质的少量实物。由企业生产，用于向顾客展示、交由检测机构检测等目的的样品，经常是免费提供的。因其特殊用途，这些样品的出入库管理也不同于批量产品的管理。多数企业为控制样品的有效提供，减少浪费，保证统计数据有效，会单独制定样品的出入库管理制度。

以下是一个样品出入库管理制度示例。

例GS-MS09-06： 样品出入库管理制度

1. 目的

为规范样件、样料的出入库与出厂，有效控制成本与浪费，统计数据真实可靠，特制定本规定。

2. 范围

适用于公司向顾客提供的新产品、新材料出入库、出厂的办理。

3. 职责

3.1 仓库为该规定的归口管理部门，负责办理新产品、新材料的出入库业务。

3.2 技术部、质量部、生产部、市场部、办公室为该规定的执行部门。

4. 定义

样品：免费或有偿向顾客提供的新产品样品、试验样品或新材料。

5. 内容与要求

5.1 样品经技术、质量、生产联合验收合格后，由质量部开具产品验收单，并经技术部项目负责人签字。

5.2 生产部将样品包装后，持验收单办理入库手续。

5.3 仓库保管员按仓库管理规定办理入库。

5.4 发物流或快递的样品，由技术部填写发货通知单，并报主管副总签字审批，向市场部下达，由市场部办理出库和发货手续。

5.5 由技术部或其他部门自带出厂的样品，由携带人员填写发货通知单，并报主管副总签字审批，到仓库办理出库手续。

5.6 仓库保管员收到发货通知单后按仓库管理规定办理出库，开具出库单。

5.7 样件出厂时，门卫收到出库单并验证物品符合后，方可放行。

5.8 门卫每月月初将上月收到的样品出库单整理后报办公室，办公室统计后与财务数据进行核实。

6. 流程图

6.1 入库。

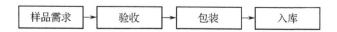

6.2 出库。

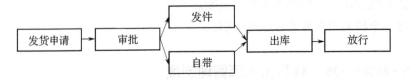

7. 相关文件、表单

7.1 产品验收单。

7.2 产品出库单。

7.3 样品发货通知单。

附件：样品发货通知单

样品发货通知单

No:　　　　　　　　　　　　　　　　　　　　　　　　　年　　月　　日

序号	产品图号	产品名称	数量	备注
发货方式				
收货人				
发货时间				

编制：　　　　　　　　审核：　　　　　　　　批准：

第 10 章

环境、安全相关管理制度

工业的发展对人类的生存环境产生强大挑战,污染、废物、气候变化、生态失衡等对人类生存环境造成巨大压力。为了让我们的地更绿、天更蓝、水更清,为了让我们的子孙后代更幸福,世界各国出台各种环境保护相关的法律法规。在既要满足当代人的需求,又不能损害后代,使环境、社会、经济协调平衡,实现可持续发展目标的迫切需求下,ISO 14001《环境管理体系规范及使用指南》应运而生。企业通过实施环境管理体系,采用系统的方法进行环境管理,为环境、社会和经济的可持续发展做出贡献。

在企业工作的职工,或企业运行可能影响到的人员,企业应对他们的安全负责。在职业健康安全领域,国家专门制定了一系列职业健康安全相关法律法规(如劳动法、安全法、职业病防治法、消防法、道路交通安全法、矿山法等)。很多企业依据这些法律法规制定了安全相关的管理制度,但这些制度零零散散,难以提升至企业的战略和经营层面。经过长期的探索,ISO 制定了 45001 职业健康安全管理体系,我国也依此制定了 GB/T 45001—2020《职业健康安全管理体系 要求及使用指南》,用以系统管理企业的职业健康安全,降低职业健康安全风险,使企业的职业健康安全管理更加有效。

汽车零部件企业多数也通过了环境管理体系和职业健康安全管理体系,有的企业也为了体系运行与管理单独设立了环境与安全部门。本章列举了一些环境、健康安全相关的管理制度,供参考。

10.1 消防器材管理制度

消防工作主要是预防和扑灭火灾,进行现场求援,降低火灾造成的破坏程度,减少人员伤亡和财产损失。我国消防工作实施"预防为主,防消结合"方针,已经颁布施行了以《中华人民共和国消防法》为基本法律的消防法律、规章 20 余部,国家消防规范、国家和行业技术标准 200 余部,地方性消防法规 60 余部,初步形成了以消防法规和技术规范、标准以及地方性消防法规相配套的消防法规体系。

消防器材是指用于灭火、防火以及火灾事故的器材,主要有灭火器、消火栓、报警器等器材。消防器材、设施是扑救火灾必需的武器,企业要做好消防器材的配置、检查和维护等工作,保证消防器材随时处于良好的备用状态,教育员工了解各种消防器材的技术性能使用方法，组织演练活动，如遇火险、火警或火灾，充分发挥消防器材灭火救援的作用。

以下是一个消防器材管理制度示例。

例 GS-MS10-01： 消防器材管理制度

1. 目的

为规范消防器材的管理，保障公司财产和员工安全，确保消防器材配置合理、完好有效、处于良好的备用状态，特制定本制度。

2. 范围

适用于本公司所有消防器材的管理。

3. 定义

消防器材是指用于灭火、防火以及火灾事故的器材。

4. 职责

4.1 安环科是消防器材的归口管理部门，负责消防器材的配置、采购、更新、维修、报废等管理工作，负责消防器材的档案管理，有关消防器材的使用与培训，实施消防演练等。

4.2 各部门、车间负责本部门、车间配备的消防器材的保管、日常检查、维护保养。

5. 内容与要求

5.1 消防器材的配置。

5.1.1 安环科按照国家标准、行业标准，根据工作场所的面积、火灾危险等级、可燃物、扑救难易程度、使用或贮存危险化学品的数量和性能，以及周边消防器材的配置情况，规划配置足够和适用的消防器材。

5.1.2 安环科根据工作场所的工作性质、使用或贮存危险化学品数量和品种的变动等情况，及时对消防器材的配置进行相应调整。

5.1.3 安环科负责按消防器材的配置规划，制定常用消防器材及配件的需求计划，并负责提请采购。大型综合性消防设施的设计、施工、验收工作由公司另行讨论安排。

5.1.4 消防器材必须从具有相应资质的单位采购，消防设施施工建设必须由具备相应资质的单位承担。消防器材和消防设施建设必须做到先进，符合国家相关技术标准。

5.1.5 新建筑物及新工艺、新产品、新设备的作业场所，应在投入使用或生产之前由其主管部门向安环科提交配置消防器材的《消防器材申请单》，由安环科确认后进行配置，消防器材未配置到位之前不得投入使用或生产。

5.2 消防器材管理与检查维护。

5.2.1 安环科对公司所有消防器材、消防设施统一管理，定期组织检验、维修、更换，发现问题及时整改，确保消防器材完好有效。

5.2.2 各种消防器材要做到一不准、三勤、三定，即不准将消防器材移作他用，勤检查、勤清洁、勤维护，定人保管、定位置、定期更换。

5.2.3 消防器材、设施按照所属部门区域，实行"谁主管，谁负责"的原则，对配置于本部门各工作场所的消防器材进行妥善保管和维护，确保消防设施器材处于良好的备用状态。

5.2.4 各部门配合安环科设置消防器材专用放置区，并设置明显的消防安全标志。任何人不得随意遮蔽、挪动消防器材，消防器材周围不得堆放杂物，保持消防通道畅通。

5.2.5 如遇火险、火警或火灾，动用消防器材，事后必须归放原处。如由于工作需要动用消防器材，相关部门应报告安环科，必须经许可后移动或使用。

5.2.6 各部门设消防管理员，消防管理员负责本部门消防器材的日常检查、维护管理，确保消防器材不丢失、不损坏、不挪位，整洁完好。

5.2.7 各部门消防管理员每月一次对火警报警器、灭火器、消火栓、消防供水系统进行检查、清洁，并在《消防器材点检表》上记录检查情况。检查中发现消防器材有损坏、泄漏、丢失等问题时，应及时向安环科反映。

5.2.8 安环科每月最少进行一次消防巡查，发现异常或不合格及时予以纠正，并在《消防器材检查记录表》上记录检查情况及处理结果。

5.2.9 结合每年9月公司开展的"安全生产月"活动，安环科对全公司的消防器材进行全面检查及维护，发现异常或不合格及时予以纠正，并在《消防器材检查记录表》上记录检查情况及处理结果。

5.2.10 任何人不得擅自拆卸消防设施，消防器材若有损坏，由安环科送至消防部门指定的维修公司维修，或邀请消防部门指定的维修公司来公司进行维修，并填写《消防器材维修记录》。

5.3 灭火器的药剂更换。

5.3.1 安环科负责组织灭火器材有效期满灭火器药剂的更换，并送有资质专业单位更换。

5.3.2 灭火器的灭火药剂更换周期规定如下：

5.3.2.1 各型干粉（A、B、C）灭火器灭火药剂更换周期为24个月。

5.3.2.2 各型二氧化碳灭火器，灭火药剂量低于2/3正常容量即予重新充灌，灭火剂更换周期为24个月。

5.3.3 灭火器材的药剂更换周期，应在《消防器材配置台账》上做好记录，灭火器材上对灭火药的更换时间应予标识。

5.3.4 安环科应尽量利用药剂更换周期届满的灭火器材用作消防培训或消防演练器材，适时组织演练，以节省资源。

5.4 消防器材的更新与报废。

5.4.1 如发现不符合国家技术标准和环境保护要求的消防器材，应根据公司的实际情况分期分批更换或在国家规定的期限内全部更换。

5.4.2 对在用的灭火器材至少每三年进行筒体压力试验，对不符合试压要求影响安全的应做报废处理，灭火器材的最高使用年限为10年，使用年限期满的应做报废处理。

5.4.3 有下列情形之一的灭火器应报废：

1）筒体严重锈蚀（锈蚀面积大于或等于筒体总面积的1/3，表面有凹坑）。

2）筒体明显变形，机械损伤严重。

3）器头存在裂纹，无泄压机构。

4）筒体为平底等结构不合理。

5）没有间歇喷射机构的手提式。

6）没有生产厂名称和出厂年月，包括铭牌脱落，或虽有铭牌，但已看不清生产厂名称，或出厂年月钢印无法识别。

7）筒体有锡焊、铜焊或补缀等修补痕迹。

8）被火烧过。

5.4.4 报废的灭火器不得随意丢弃，应由生产厂家或正规消防产品检测维修中心回收后集中处理。

5.4.5 消防器材报废由安环科负责人和消防器材所属部门负责人签字确认后，按配置标准增加新的消防器材。

5.5 消防器材的档案管理。

5.5.1 安环科负责建立消防器材台账和消防器材档案。对公司的消防器材的总量、配置进行监控和管理，每半年至少对消防器材进行一次检查与核对，确保账、卡、物一致。对其采购、配置、位置及移动情况、使用情况、检查与维修情况、药剂更换、报废等全面记载。

5.5.2 《消防器材配置台账》应明确登记消防器材放置的位置、数量、类别以及使用记录、维护周期等信息。

5.5.3 《消防器材报废台账》应明确登记报废原因、类别、规格、数量、报废时间等信息。

5.5.4 各部门消防管理员每月将记录的《消防器材检查记录表》报安环科存档。

5.6 消防器材使用与维护的培训。

5.6.1 安环科负责实施新员工消防器材使用和维护的培训。

5.6.2 安环科根据人力资源部的培训计划负责实施消防器材知识的专项培训、消防演练。

6. 相关文件、记录

6.1 安全生产管理制度。

6.2 消防器材配置台账。

6.3 消防器材申请单。

6.4 消防器材点检记录。

6.5 消防器材检查记录表。

6.6 消防器材报废台账。

6.7 消防器材维修记录。

附件1：消防器材配置台账

消防器材配置台账

No：

序号	位置	消防器材类别	型号	数量	消防器材编号	购买日期	生产日期	换药周期	使用情况	备注

附件2：消防器材申请单

消防器材申请单

No：

消防器材类别		型号		数量	
申请部门				申请日期	
申请原因：					
安环科意见：					
申请人		审核		批准	

附件3：消防器材点检记录

消防器材点检记录

_____年

No：

消防器材类别					部门				责任人			
	检查项目	1月	2月	3月	4月	5月	6月	7月	8月	9月	10月	11月	12月	备注
1	是否在有效期内												
2	灭火标志是否完整												
3	铅封是否完整												
4	压力表是否正常												
5	喷嘴与喷射软管是否完好、无堵塞												
6	筒体无锈蚀、变形												
	点检日期												
	点检人												

注：检查项目符合要求打"√"；不符合要求打"×"，并及时向安环科汇报；点检日期为每月的1—5号。

附件4：消防器材检查记录表

消防器材检查记录表

_____年___月　　　　　　　　　　　　　　　　　　　　　　　　　　　　　No:

序号	检查内容	检查情况	处理情况
1	消防通道是否畅通		
2	安全疏散标志、应急照明灯是否完好		
3	防火门是否常闭		
4	灭火器等消防器材是否完好		
5	消防标志是否完整无损		
6	灭火药剂是否过期		
7	消防栓内的各项器材是否完整		
8	消防水源是否畅通、充足		
其他特记事项：			
检查人：	检查日期：	处理日期：	

注：检查项目符合要求在"检查情况栏"打"√"；不符合要求，详细记录不符合情况和处理情况。

附件5：消防器材报废台账

消防器材报废台账

　　　　　　　　　　　　　　　　　　　　　　　　　　　　　　　　　　　No:

序号	位置	消防器材类别	型号	数量	报废原因	生产日期	报废日期	保管部门	安环科	备注

附件6：消防器材维修记录

消防器材维修记录

　　　　　　　　　　　　　　　　　　　　　　　　　　　　　　　　　　　No:

消防器材名称		类型/型号	
检查日期		检查人	
损坏说明			
维修单位			
经办人		维修日期	
维修记录			

10.2 产品安全控制规范

产品的安全是指产品在使用、储运、销售等过程中,保障人体健康和人身、财产安全,使其免受伤害或损失。汽车零部件企业要识别顾客明示的安全特性要求、法律法规要求的安全特性,也要识别隐含的安全特性。汽车零部件企业要从产品设计、采购、生产、检验、运输、交付等过程对安全件、产品的安全特性进行控制。

以下是一个产品安全控制规范示例。

例 GS-MS10-02: 产品安全控制规范

1. 目的

确保产品安全,避免产品安全问题对顾客造成危害,保障顾客的人身安全和财产安全,使安全件和产品的安全特性在制造过程中得到有效控制。

2. 范围

适用于顾客指定或内部识别的安全件和有安全特性的产品控制。

3. 职责和权限

3.1 技术部负责将顾客指定的安全件、产品安全特性和内部识别的安全特性转化在技术文件中,并进行安全性的分析并采取技术保证措施,负责安全特性相关的培训。

3.2 质量部负责对安全件、安全特性的检验、试验,负责对产品安全事故的调查。

3.3 生产部负责对安全件、产品安全特性在制造过程中的控制,确保可追溯,对员工进行技能培训。

3.4 采购部负责对安全件、产品安全特性有影响的原材料、外协件的安全性控制。

3.5 销售部负责对安全件、产品安全特性在运输和交付过程的控制,负责问题产品的召回。

4. 内容和要求

4.1 产品设计开发过程中,技术部要充分识别分析顾客指定的安全件和产品的安全特性,识别顾客未明确指定的法律法规要求的安全特性,分析确定哪些产品、哪些特性对安全影响特殊重大。确定安全特性时可适当考虑以下因素:顾客的规定,材料的规定、功能、目前的技术状态,安全性的法规标准,以及直接影响产品功能安全的其他特性等。

4.2 技术部确定这些安全特性后,要对这些特性和特性值给予明确、易于理解的定义,并将这些特性和安全特性符号"▽"记录在《产品和过程的特殊特性清单》中,并使用 FMEA 进行潜在失效模式分析,顾客有明确安全特性符号时使用顾客符号。

4.3 技术部在先期质量策划（APQP）输出的技术文件上（如过程流程图、控制计划、潜在失效模式和影响分析、设计图样、作业指导书等），必须对安全特性标识安全符号。

4.4 技术部对所有影响产品安全特殊性的工艺参数做出书面规定，纳入所有技术文件和作业指导书中，进行工艺纪律检查时要重点检查，记录检查结果。

4.5 技术部负责对影响产品安全的产品和过程控制人员及所有检验人员进行培训，并做好培训记录。培训内容包括：产品出厂或交付使用后，如出现安全质量问题会造成哪些人身安全、财产损坏以及其他危害；针对安全事故的等级及严重程度，本公司应承担何种责任和赔偿；重大产品安全事故会对本公司产生企业信誉下降、市场竞争力减弱、经济损失、停产等严重结果。

4.6 生产部负责对产品安全性相关操作者、检验员提供充分的技术技能、操作等方面的培训，使其对本岗位的知识有充分的理解和掌握，从而达到上岗资格。

4.7 生产部要明确产品安全责任，生产制造过程中，所有相关人员必须做到：

1）理解产品安全性和产品责任原则。

2）具备上岗资格，对本岗位的知识和技能充分理解并熟练掌握。

3）明确产品过程参数安全性值及其标识，并知道潜在失效模式和后果。

4）按过程流程图、控制计划、作业指导书、操作规程操作，并实施过程监控，出现问题按计划及时处理，以保障产品安全性。

5）对工艺参数进行控制和监控，并记录存档。

6）对过程控制中的产品进行标识，保证可追溯性。

4.8 质量部要特别关注安全件和产品的安全特性，在检验和试验时，要严格按《检验控制程序》和相关标准对产品的安全特性进行验证，需要外委外部实验室时按要求办理委托。

4.9 质量部要严格控制安全特性不合格的产品，防止不合格品流出。对检验和试验发生不合格结果的产品，要立即隔离封存，组织分析产生不合格的原因，并由责任人采取相应的整改措施。

4.10 采购部采购对产品安全有影响的原材料、外协件时，必须由供应商提供检测报告，并由质量部复验后方可投入使用。

4.11 在运输和交付时，销售部对承担运输和交付的人员交代好安全件、产品安全特性的注意事项，做好防护措施，防止安全件、产品的安全特性遭到破坏或失效。

4.12 由市场部制订安全件和涉及产品安全性产品的应急计划，应急计划须考虑产品安全风险情况、如何补救和召回流入市场的产品、限制损失等内容。

4.13 当发现安全件或产品的安全特性出现问题时，启动应急计划，市场部负责将问题产品召回。一旦出现产品安全问题和产品安全责任事故，由总经理组成专题调查组，对事故进行妥善处理。

5. 相关文件、记录

略。

10.3 安全生产管理制度

企业生产过程中存在很多不安全因素,安全生产管理就是要使安全与生产有机统一,使生产在安全的保障下持续有序地进行,使企业效益最大化。

安全无小事,企业的生产安全更不容忽视,企业应运用现代安全管理原理、方法和手段,分析和研究各种不安全因素,从技术上、组织上和管理上采取有力的措施,解决和消除生产中的各种不安全因素。安全是企业全员的事情,每位员工都应时刻提高安全意识,防止安全事故的发生。

汽车零部件企业为了可以依据识别的风险加以控制,最大限度上排除或降低安全隐患,制定安全生产管理制度来保障职工和财产的安全。

以下是一个安全生产管理制度示例。

例 GS-MS10-03: 安全生产管理制度

第一章 总则

第一条 为防止和减少生产安全事故的发生,保护公司员工的生命安全和企业财产安全,促进公司的发展,根据国家《安全生产法》的相关规定要求,结合公司的实际情况,特制定本制度。

第二条 本制度适用于公司所有车间、部门。

第三条 公司的安全生产管理贯彻"安全第一,预防为主,综合治理"的方针,坚持"谁主管、谁负责,谁使用、谁负责"和"属地管理"的原则,坚持生产经营要服从安全管理的原则,实现安全生产,防止安全事故的发生。

第二章 安全生产组织与责任

第四条 公司成立安全生产委员会,领导和协调企业的安全生产工作。安全生产委员会由总经理、常务副总、各部门负责人及部门下属职能单位负责人任委员组成。

第五条 安全生产委员会的主要职责是,全面负责公司安全生产、消防安全及安全教育管理工作,研究制定安全生产管理和劳动保护的制度措施,制定安全事故应急预案,负责对安全生产管理制度和措施的落实情况进行监督和检查,负责安全生产事故的调查处理等工作。

第六条 总经理是企业安全生产的第一责任人,对企业的安全生产工作全面负责。常务副总经理受总经理委托,协助总经理进行安全管理工作,总经理不在时,履行总经理安全职责。

第七条 办公室安全管理员直属安全生产委员会领导,是公司安全生产委员会与各安全责任部门之间的联络员,负责日常安全事务的管理、安全文件资料的管理。

第八条 公司各部门、车间的负责人为本部门、车间的安全生产责任人,其主要职责是贯彻落实公司安全生产制度，组织本部门安全生产、安全教育工作的执行实施与监督检查。

第九条 公司车间配备兼（专）职安全生产管理员，接受安全生产委员会领导，协助车间负责人实施与监督检查生产现场的安全生产、安全教育工作，及时发现问题、解决问题，及时向车间负责人汇报安全生产的真实情况，总结推广安全生产的先进经验。

第十条 安全生产，人人有责。公司全体员工都应遵守国家、地方的有关安全生产法律、法规和规章，遵守公司的安全管理制度和操作规程。积极学习安全知识，增强安全生产观念和意识。正确使用劳保用品，保护好自身安全。及时向安全负责人反映生产中存在的安全问题。

第十一条 任何人在检查和日常工作中发现安全隐患，必须及时整改，如本部门不能进行整改的则提出整改建议报告，提交安全生产委员会统一安排整改。

第三章 安全教育与培训

第十二条 对新职工、临时工、实习人员，必须先进行安全生产的三级教育（公司级、车间级、班组级三级教育），经考试合格后才能准其进入操作岗位。对改变工种的工人，必须重新进行相应安全教育才能上岗。

第十三条 对从事化验、压力容器设备、电气、电（气）焊、车辆驾驶、铸钢件探伤等特殊工种人员，必须进行专业安全技术培训，经有关部门考核取得合格操作证后，才能准其独立操作，严禁无证人员操作。对特殊工种的在岗人员必须进行经常性的安全教育。

第十四条 建立安全检查活动和班前班后会安全教育等制度，对员工进行经常性的安全教育和消防演练，并且注意结合员工文化生活，进行各种安全生产的宣传活动。

第十五条 在采用新的生产方法、添置新的生产设备、制造新的产品或调换工人岗位的时候，必须对工人进行新操作法和新工作岗位的安全教育。

第四章 设施与环境安全管理

第十六条 公司员工在生产、工作中要认真学习和遵守安全生产制度和具体管理规定，爱护生产、工作的工具、设备设施、安全防护装置及劳动保护用品，发现不安全情况及隐患时，及时予以排除并报告本部门安全生产责任人或兼（专）职安全员。

第十七条 各种设备和仪器要正确使用，经常维护，定期检修，不符合安全要求的陈旧设备，应有计划地更新和改造。

第十八条 各种压力容器、起重等特种设备要定期检修维护，认真配合国家相关部门实施年检。特种设备上主要安全部件要定期送到国家指定部门进行校验。特种设备操作人员要认真记录工作日志。

第十九条 电气设备和线路应符合国家有关安全规定。电气设备应有熔体和漏电保护，绝缘必须良好，并有可靠的接地或接零保护措施；有易燃、易爆危险的工作场所，应配备防爆型电气设备；潮湿场所和移动式的电气设备，应采用安全电压。电气设备必须符合相应防护等级的安全技术要求。

第二十条 引进新设备要配备齐全安全附件。引进国外设备，安全附件国内不能配套时，必须同时引进相匹配的安全附件，引进的安全附件应符合我国的安全要求。

第二十一条 生产现场布局要合理，保持清洁、整齐，要有足够的光线和指示灯。保障安全通道、安全出口、消防车通道畅通，保证防火分区、防火间距符合消防技术标准。不得遮蔽、挪动消防栓、灭火器，并定期检查；为生产所设的走台、升降口等有危险的处所，必须有安全设施和明显的安全警示标志。

第二十二条 生产用房、建筑物必须坚固、安全；新建、改建、扩建工程的劳动安全卫生设施必须与主体工程同时设计、同时施工、同时投入生产和使用。

第二十三条 有毒有害的作业环境，有高温、低温、潮湿、雷电、静电等危险的劳动场所，必须采取相应的有效防护措施。

第二十四条 雇请外单位人员在公司的场地进行施工作业时，主管部门应加强安全管理，对违反作业规定并造成公司财产损失者，须索赔并严加处理。

第二十五条 库房要定期进行通风降温、降湿，保持库内温、湿度达到规定的标准。库房内照明灯具要装置防爆设备。

第五章 化学与危险品安全管理

第二十六条 化学试剂的储存由专人负责，根据不同试剂的物理、化学特点分类妥善保管，严禁将氧化剂与还原剂放在一起。

第二十七条 领用化学试剂时，应经领用人所在部门主管和化学试剂管理部门主管同意方可领取，领用时须做好记录。较大数量的领用须经主管副总批准。腐蚀类刺激药品，取用时应戴胶皮手套，瓶子较大时，搬运中必须一手托住底部，一手拿住瓶颈。

第二十八条 未用完的化学试剂，应及时退回管理部门，不得随意放置和丢弃。

第二十九条 试验人员在化验时必须严格遵守《安全试验操作规程》，牢固树立"安全第一，预防为主"的指导思想。

第三十条 易燃、易爆物品的运输、贮存、使用、废品处理等，必须设有防火、防爆设施，严格执行安全操作准则和定员、定量、定品种的安全规定。

第三十一条 易燃、易爆物品的使用和贮存地点，要严禁烟火，要严格消除可能发生火灾的一切隐患。在易燃、易爆物品附近需要动用明火时，必须严格履行申请审批程序，作业过程中必须采取妥善的防护措施，在专人监护下进行。

第六章 劳动者安全保护

第三十二条 员工在生产过程中必须严格遵守安全操作规程。从事特种作业的员工必须经过专门培训并取得特种作业资格证书，才能上岗作业。

第三十三条 根据工作性质和劳动条件为员工配备或发放劳动保护用品。发放标准结合公司实际情况由综合管理部制订。各部门必须教育职工正确使用劳动保护用品，并随时检查员工使用情况。

第三十四条　禁止安排女员工在怀孕期、哺乳期从事影响胎儿、婴儿健康的有毒有害及高强度、重体力工作。对怀孕期、哺乳期女员工，不得安排其延长工作时间和夜班劳动。

第三十五条　对从事有毒有害作业或在有毒有害作业环境工作的员工，每年组织一次健康体检。

第七章　安全检查

第三十六条　坚持定期和不定期的安全生产检查制度。安全生产委员会组织全公司的检查，每年不少于四次，每季度保证一次；各部室每月至少检查一次；各生产车间每周检查一次，班组应实行班前班后检查制度；特殊工种和设备的操作者应进行每天检查。检查时要认真做好记录和总结。

第三十七条　对起重机械、压力容器设备等特殊设备、装置和特殊场所，公司要每年请安全管理部门或有资质的检测机构进行检查，在检查中发现的问题要形成书面材料，建档备查，并限期解决，保证安全生产需要。

第三十八条　对防火、防雨、防雷电、防中暑、防滑等工作进行季节性的专项检查，发现问题，及时采取相应的解决措施。

第三十九条　节假日期间必须安排专职安全员值班，进行安全巡查，同时合理安排好安全保卫人员，搞好安全保卫工作。

第八章　安全事故和救援处理

第四十条　发生安全事故时，要及时向上级和有关部门报告。如有瞒报、虚报、漏报或故意延迟不报的，则对发生事故部门的安全生产责任人及直接责任人予以重惩。

第四十一条　公司将安全事故划分为工伤事故、设备（建筑）损毁事故、交通事故三种。由于各种意外（含人为的）因素造成人员伤亡、厂房设备损毁或正常生产、工作条件或环境受到破坏的情况均为安全事故。

第四十二条　员工在安全事故中受到伤害，按照《工伤保险条例》的规定，对工伤进行认定，实施医疗救治和经济补偿。

第四十三条　凡在生产、工作中为抢救他人或公共财产而负伤的，经有关部门认定后，除按照《工伤保险条例》的规定进行医疗救治和经济补偿外，基本工资照发，并根据情况给予奖励。

第四十四条　在生产、工作中因触电、中毒死亡的，因设备或意外原因造成死亡的，以及因公牺牲的，根据《工伤保险条例》和国家、省有关文件规定对其近亲属进行补偿。

第四十五条　发生安全事故时，责任部门负责人根据事故程度和人员受伤情况迅速组织救援，事故现场人员应首先立即抢救伤员，保护现场，防止事故扩大。如抢救伤员和防止事故扩大所需，移动现场物件时，则必须做出标志，绘制事故现场图。

第四十六条　发生安全事故时，责任部门负责人视情况的严重性，需要时及时拨打119、120救援电话，请求救援，并向公司安全生产委员会报告事故及救援情况。

第四十七条　开展事故调查，分析事故原因。安全生产委员会和责任部门负责事故调查，有关部门应积极配合调查。轻伤或一般事故在15天内，重伤或重大安全事故（含）以上在30天内做出《事故调查报告》。

第四十八条　为杜绝类似安全事故的发生，处理事故要本着"四不放过"的原则：事故原因未查清的不放过；事故教训未吸取的不放过；整改措施未落实的不放过；事故责任未追究的不放过。

第四十九条　事故原因查清后，安全生产委员会对事故部门及相关责任人做出相应处理；发生安全事故的责任部门、车间要制定并落实整改防范措施，由安全生产委员会检查验收。

第五十条　如有关部门或个人对于事故的原因分析、整改措施和处理有不一致意见时，可向公司安全生产委员会反映，由公司安全生产委员会审定处理。

第五十一条　在调查处理事故中，对玩忽职守、滥用职权、徇私舞弊者，按公司相关规定给予处罚，必要时追究其法律责任。

第五十二条　安全生产委员会委托办公室组织，以事故通报和事故分析会等形式对员工进行安全教育。

第五十三条　安全事故调查处理应接受工会的监督。

第九章　奖励与处罚

第五十四条　对在安全生产方面有突出贡献的部门和个人，公司给予奖励；对违反本安全生产管理制度和其他公司管理规定（如操作规程等）造成事故的部门和责任者，公司给予严肃处理，触及法律的依法追究其法律责任。

第五十五条　季度内，生产车间在岗人数50人以内轻伤0例、在岗人数50~100人轻伤不超过1例、在岗人数100人以上轻伤不超过2例，每人奖励50元，发生安全事故的班组无奖励；部室无工伤事故，按时完成安全生产委员会安排部署的各项工作任务的，公司在岗人员每人奖励30元。

第五十六条　对消除重大隐患，避免了危及人身、财产、设备安全事故的集体或个人，提出书面材料，安全生产委员会确认后，根据贡献大小给予集体或个人一次性奖励。

第五十七条　完成年度安全环保工作控制目标被公司评为年度安全生产先进集体的，奖励集体3000元、专（兼）职安全员300元。被评为"先进安全员"的，奖励500元。

第五十八条　公司全年实现工亡事故为零，重伤事故为1‰以内，轻伤事故为1%以内（按考核当期平均人数统计），控制职业病新增人数为零，奖励公司主要安全责任人和部门、车间安全责任人各2000元、班组长、专（兼）职安全员各500元，班组长兼任安全员的，不重复奖励。

第五十九条　本奖励制度除明文规定的对个人兑现外，集体所得奖金应按责任大小、贡献大小区别对待，拉开档次，不得平均分配或挪作他用。

第六十条 发生新增职业病或死亡事故的部门、车间全年无奖励,并处以死亡事故部门、车间 20000 元罚款,按事故责任分别对责任部门高、中、基层责任者和分管领导按工资的 20%~30% 进行罚款;如果事故属员工个人违章作业造成死亡的按国家相关规定处理,各级管理人员负领导责任,分别对责任部门高、中、基层责任者和分管领导处以 100~500 元的罚款。

第六十一条 安全指标内发生一起重伤事故,责任部门半年无奖。超出安全指标发生一起重伤事故,责任部门半年无奖,并处以发生事故部门、车间 5000 元罚款;根据伤者伤势情况和事故责任分别对责任部门高、中、基层主管和分管领导按工资的 10%~20% 进行处罚款。如果事故属员工违章作业造成伤害的,则员工自负责任,并处以 100~500 元罚款,造成的经济损失由当事人承担。

第六十二条 每发生一起轻伤事故,给予部门责任人通报警告批评。年度内超出安全控制指标 1 例,处罚责任部门、车间负责人 500 元;超出安全控制指标 2 例,处罚责任部门、车间负责人 1000 元;超出安全控制指标 3 例,处罚责任部门、车间负责人 2000 元,并停职进行安全培训一个月。如果事故属员工违规操作造成伤害的,则责任自负并处以 100~200 元罚款,造成的经济损失由当事人承担。

第六十三条 对安全事故隐瞒不报或谎报伤情者,事故当事人、车间负责人将承担由此引发的所有责任及费用。

第六十四条 对新入职员工未进行安全教育,转岗、调换工种员工未重新进行安全教育,处罚相关责任人 100 元/人次。未经安全教育培训上岗,发生伤害事故,其直属领导应承担相应的经济责任。

第六十五条 操作者违反设备安全操作规程操作,处罚直属领导 50 元/人次,处罚当事人 100 元。操作工不按规定穿戴劳动保护用品,处罚直属领导 20 元/人次,处罚当事人 50 元。

第六十六条 生产现场安全检查,每发现一处未上报的重大隐患,处罚隐患部门、车间 200 元;每发现一处未上报的一般隐患,处罚隐患部门、车间 100 元。

第六十七条 未经批准擅自安装、改装电路、电线设备等,对责任部门、车间处罚 500 元/次。

第六十八条 非设备操作者擅自操作设备,处罚责任部门、车间 500 元/次,对当事人处罚 200 元。若造成设备损坏,其损失由责任部门、车间自行承担。

第六十九条 下班后,各部室、车间自觉锁好门窗,切断室内电器电源;住宿员工上班时,要切断宿舍室内电器电源,发现一次(处)未断电,对当事人处罚 20 元/次。

第七十条 公司内除吸烟区,任何区域,包括办公室、生产现场、仓库及其他公共场所禁止吸烟。发现吸烟者,处罚当事人 200 元/次。若发现各责任部门、车间所管辖区域内有烟头,处罚该责任部门、车间 100 元/个。

第七十一条 公司员工严禁酒后上岗或岗上饮酒,若发现,处罚当事人 200 元/人次，并责令当事人强制下岗休息，对所在部门、车间通报批评。

第七十二条 禁止在消防、安全通道堆放物品，一经发现，处罚当事部门或车间 200 元/次；消防箱内禁止存放杂物，除应急灭火外，不得擅自挪动、使用消防设施，一经发现，处罚当事部门或车间 200 元/次。

第七十三条 各部门、车间未落实消防设施、设备安全责任人的，处罚当事部门或车间负责人 200 元；未对消防设施设备安全责任人落实安全管护责任的，处罚当事部门或车间负责人 100 元/次。

第七十四条 消防设施无故损坏、配件（水带、水枪等）丢失，按市场购价赔偿，并处罚当事部门或车间 200 元罚款。

第七十五条 未经批准私自动明火，对当事责任部门或车间负责人处罚 200 元/次，直接责任人 500 元/次。

第十章 附则

第七十六条 各部门、车间应根据本制度制定相应的实施细则。

第七十七条 本制度由安全生产委员会制定并负责解释。

第七十八条 本制度经公司工会职工代表和安全生产委员会共同讨论通过后实行。

第七十九条 本规定自发布之日起执行。公司以前制定的有关制度、规定等如与本规定有矛盾的，按本规定执行。

10.4 安全生产责任制度

安全生产责任制度是企业岗位责任制度的一个组成部分，是企业中最基本的一项安全管理制度，也是企业安全生产、劳动保护管理制度的核心。安全生产责任制度是经过长期安全生产、劳动保护的管理实践证明了的成功的制度与措施。企业建立安全生产责任制度，可以使国家、地方的安全生产方针和有关安全生产法规和政策得到落实，通过明确安全责任使企业各级员工能够真正重视安全生产工作，对预防安全事故的发生和减少损失具有重要作用。

实践证明，凡是建立、健全了安全生产责任制的企业，各级领导重视安全生产、劳动保护工作，切实贯彻执行党的安全生产、劳动保护方针、政策和国家的安全生产、劳动保护法规，在认真负责地组织生产的同时，积极采取措施，改善劳动条件，工伤事故和职业性疾病就会减少。反之，就会职责不清，相互推诿，而使安全生产、劳动保护工作无人负责，无法进行，工伤事故与职业病就会不断发生。

企业安全生产责任制度的建立，要根据我国的安全生产方针"安全第一，预防为主，综合治理"和安全生产法规，形成各级领导、职能部门、工程技术人员、岗位操作人员在劳动生产过程中对安全生产层层负责的制度。

以下是一个安全生产责任制度示例。

例 GS-MS10-04： 安全生产责任制度

1. 目的

为确保安全生产，明确和细化安全生产责任，坚持"谁主管、谁负责，谁使用、谁负责""属地管理"的原则，特制定本规定。

2. 范围

本制度适用于公司安全生产管理。

3. 总要求

安全生产，人人有责。总经理是企业安全生产的第一责任人，对公司的安全生产工作全面负责。公司各级部门和负责人，在各自的工作范围内，对本部门安全生产和文明生产工作负责。公司每位员工必须认真履行各自的安全职责，做好恪尽职守，各负其责。

本安全生产责任制度由公司安全管理委员会制定并负责监督执行，公司各级、各部门、各车间组织实施。

4. 安全生产责任

4.1 总经理安全生产责任。

4.1.1 总经理是企业安全生产的第一责任人，对企业的安全生产工作全面负责。

4.1.2 严格遵守和执行国家、地方的有关安全生产法律、法规，并在公司范围内得到贯彻。

4.1.3 负责建立安全生产管理机构和安全生产责任制，确保安全生产管理制度在公司内建立、实施与维持。

4.1.4 确保把安全管理纳入本公司工作目标计划，审定安全生产规划和计划，签发安全生产规章制度、安全技术规程，批准重大安全技术措施，切实保证安全生产资金投入。

4.1.5 改善劳动环境和条件，消除安全隐患，使生产符合安全技术标准和职业健康要求。

4.1.6 主持召开安全生产委员会议，研究解决安全生产的重大问题。

4.1.7 组织对重大伤亡安全事故的调查、分析和处理，认真落实整改措施，做好善后处理工作。

4.2 常务副总经理安全生产责任。

4.2.1 常务副总经理受总经理委托，协助总经理进行安全生产管理工作。总经理不在时，履行总经理安全职责。

4.2.2 保证国家、地方的有关安全生产法律、法规，通过加强对职工进行安全教育培训及考核，在整个公司内得到遵守。

4.2.3 贯彻执行"五同时"的原则，即在工作职责范围内开展计划、布置、检查、总结、评比工作时，同时开展安全工作；监督检查各部门对安全生产各项规章制度的执行情况，及时纠正失职和违章行为。

4.2.4　组织制订并实施公司的安全管理制度、安全技术规程等，保证在公司范围内有效贯彻执行。

4.2.5　组织实施安全管理工作计划，保障安全投入的有效性。使设备、设施、作业环境和条件符合安全生产法律、法规、企业规章制度和安全技术规范要求，并为员工提供必要的劳动保护用品。

4.2.6　组织开展公司级（一级）员工的安全教育和培训，开展安全生产竞赛活动。总结推广安全生产工作的先进经验，奖励先进部门和个人。

4.2.7　组织开展公司内危险源、危险因素的识别评价，安全检查，落实安全隐患的整改，每半年至少组织一次安全生产全面检查。

4.2.8　组织制定并实施本公司的安全事故应急救援预案，每年至少组织或参与一次事故应急救援演练。

4.2.9　发生事故时，组织紧急抢救措施，防止事故扩大，保护好事故现场，按国家有关规定及时报告和处理。

4.2.10　配合和接受政府有关部门依法对公司开展的安全监督检查。

4.2.11　定期召开安全生产工作会议，分析安全生产动态，及时解决安全生产中存在的问题。

4.3　总工程师安全生产责任。

4.3.1　贯彻执行国家和地方的安全生产方针、政策，协助总经理做好技术方面的安全领导工作，在本公司的安全生产中负技术领导责任。

4.3.2　组织开展安全技术研究工作，积极采用先进技术和安全防护装置，组织研究落实重大事故隐患的整改方案。

4.3.3　确保在安装新设备、改造旧设备时，做到安全卫生设施与设备主体工程同时设计、同时施工、同时投产。

4.3.4　确定指导性的安全技术方案，审查企业安全技术规程和安全技术措施项目，保证技术上切实可行。

4.3.5　参加安全事故的调查处理，采取有效技术措施，防止事故重复发生。

4.4　生产部长安全生产责任。

4.4.1　及时传达、贯彻、执行有关安全生产的指标，坚持生产与安全同计划、同布置、同检查、同总结、同评比的"五同时"原则。

4.4.2　在保证安全的前提下组织指挥生产，监督检查各车间对安全生产各项规章制度的执行情况。

4.4.3　经常深入现场，发现违反安全生产制度和安全技术规程的行为，应及时制止，严禁违章指挥。

4.4.4　果断正确处理生产中出现的不安全因素、险情及事故，防止事态扩大，坚持"三不放过"原则，并通知有关主管部门共同处理，认真做好记录。

4.4.5 坚持安全生产大检查，按时参加安全生产会议，随时掌握安全生产动态。

4.4.6 合理安排生产计划，充分考虑到职工的劳逸结合。

4.4.7 生产车间发生事故必须亲临现场指挥处理，及时汇报，对事故进行调查分析，做好善后工作。

4.4.8 负责组织对本部门车间管理范围内的危险因素、危险源的识别，安全隐患排查和隐患整改，并报公司安全管理委员会备案。

4.4.9 认真做好本部门区域范围内的生产设备、消防设备、生产用车辆的管理工作，使其保持完好状态，发现问题及时组织处理，确保安全运行。

4.5 车间主任安全生产责任。

4.5.1 对本车间的安全生产全面负责，保证国家、地方的安全生产法规和企业规章制度、安全操作规程在本车间贯彻执行，把安全生产工作列入议事日程，做到常抓不懈。

4.5.2 组织制订并实施车间安全生产管理规定和安全措施提升计划。

4.5.3 组织对本车间新工人（包括实习、转岗人员）和老职工进行车间级（二级）安全教育培训和安全技术教育。

4.5.4 开展岗位安全技术演练，定期组织安全技术考核，及时处理员工提出的安全意见。

4.5.5 每周组织一次全车间安全检查，落实隐患整改，保证生产设备、消防设施、防护器材等处于完好状态，并教育员工加强维护、正确使用。

4.5.6 及时向生产部报告本车间发生的事故，注意保护现场。

4.5.7 建立本车间安全管理组织，充分发挥车间班组安全员的作用。

4.6 车间班组长安全生产责任。

4.6.1 全面负责本班组的安全生产，组织职工学习并贯彻执行公司、车间各项安全生产规章制度和安全操作规程，教育职工遵纪守法，制止违章行为。

4.6.2 组织并参加安全活动，坚持班前讲安全、班中检查安全、班后总结安全。

4.6.3 负责对本班组新工人（包括实习、转岗人员）和老职工进行班组级（三级）岗位安全教育培训。

4.6.4 负责班组安全检查，发现不安全因素及时组织消除，并报告上级。

4.6.5 发生事故立即向车间主任报告，并组织抢救，保护好现场，做好详细记录。

4.6.6 搞好生产设备、消防设施、防护器材和急救器具的检查维护工作，使其经常保持完好和正常运行。

4.6.7 督促教育员工合理使用劳动保护用品、用具，正确使用灭火器材。

4.7 车间安全员安全生产责任。

4.7.1 在车间主任和安全生产委员会的领导下，负责车间的安全生产工作，协助车间主任贯彻上级安全生产的方针和规定，并检查督促执行。

4.7.2 负责或参与制定车间安全生产管理制度,并检查执行情况。

4.7.3 负责编制车间安全技术措施计划和隐患整改方案,并负责及时上报和检查落实。

4.7.4 做好职工的安全思想、安全技术教育与考核工作,负责车间的二级安全教育培训,督促检查班组三级安全教育培训。

4.7.5 参加车间设备改造、工艺条件变动方案的审查,使之符合安全技术要求,落实工艺装备检修停工、开工的安全措施。

4.7.6 负责车间安全设备、灭火器材、防护器材和急救器具的管理,掌握车间尘毒情况,提出改进建议。

4.7.7 负责组织车间危险源、危险因素的识别评价,并提出对车间重大危险源、重大危险因素的控制措施方案。

4.7.8 每天要深入现场检查,及时发现隐患,制止违章作业。

4.8 车间工人安全生产责任。

4.8.1 认真学习和严格遵守各项规章制度和操作规程,不违反劳动纪律,不违章作业,对本岗位的安全生产负直接责任。

4.8.2 按规程操作,严格执行工艺纪律,做好各项记录,交接班必须交接安全情况。

4.8.3 正确分析、判断和处理各种事故隐患,把事故消灭在萌芽状态;如发生事故,要正确处理,及时、如实地向上级报告,并保护现场,做好详细记录。

4.8.4 认真监视、检查生产设备和生产环境,发现异常情况及时处理和报告。

4.8.5 正确操作、精心维护设备,保持作业环境整洁,搞好文明生产。

4.8.6 必须按规定着装和做好防护措施上岗;妥善保管和正确使用各种防护器具和灭火器材。

4.8.7 积极参加各种安全培训和演练活动。

4.8.8 有权拒绝违章作业的指令,对他人违章作业加以劝阻和制止。

4.9 综合管理部安全责任。

4.9.1 负责宣传国家有关安全生产的法律法规、方针政策,制定和完善安全环保工作管理制度,并督促检查其在各单位的执行情况。

4.9.2 协助安全管理委员会进行安全责任考核工作,对安全管理人员、部门负责人安全职责的履行情况及安全生产责任制的落实情况进行定期考核。

4.9.3 组织开展安全风险评价工作,深入生产作业现场,开展安全检查,对查出的安全隐患督促相关部门限期整改。

4.9.4 在生产经营活动中,出现危及生产作业人员生命安全时,有权立即停止生产或指挥现场人员撤离。对"违章指挥、违章作业、违反劳动纪律"的相关部门或人员有权进行处理和处罚。

4.9.5 做好公司各部门安全工作后勤保障工作,组织公司员工进行安全教育培训以及公司环境卫生垃圾分类管理和清运工作。

4.9.6 对公司伙房、油库、锅炉房、办公室、职工宿舍以及公司厂区环境和车辆管理等安全工作负全责。

4.9.7 负责安排各类安全会议、培训等相关准备工作。

4.9.8 加强对特种作业人员和特种设备的管理工作,做好登记和换证工作。

4.9.9 督促检查部门车间对消防设备、器材的管理情况。

4.9.10 负责审查新建、改建、扩建、大修工程项目设计计划,参与项目安全卫生评价审查、工程验收和试运行工作,执行安全卫生、劳动防护设施和环保"三同时"工作。

4.9.11 健全安全保卫制度,认真做好公司安全保卫管理工作。

4.9.12 协助和参与企业职工伤亡事故的登记、统计、报告、调查、分析和处理工作

4.9.13 负责对本部门管理范围内的安全隐患、危险因素、危险源的识别排查和隐患整改,并报公司安全生产委员会备案。

4.10 设备部安全生产责任。

4.10.1 贯彻国家、上级部门关于设备安装、检修、维护保养及施工方面的安全规程和规定,做好主管业务范围的安全工作,负责制定和修改各类机械设备的安全操作规程和管理制度。

4.10.2 负责机械设备、航吊、叉车、消防设备、电气、动力、仪表、管道、通排风装置的维护管理,使其符合安全运行要求。

4.10.3 负责组织对机械设备、消防设施、电力线路进行定期检查,发现安全隐患及时排除。

4.10.4 在制订有关设备安装、改造方案和编制设备检修计划时,应有相应的安全卫生措施内容,并确保实施。

4.10.5 在安装新设备、改造旧设备时,做到安全卫生设施与设备主体工程同时设计、同时施工、同时投产。

4.10.6 组织本业务范围内的安全大检查,对检查出的有关问题要有计划地及时解决,按期完成安全技术措施计划和事故隐患整改项目。

4.10.7 负责对本部门管理范围内的安全隐患、危险因素、危险源的识别排查和隐患整改,并报公司安全生产委员会备案。

4.11 技术部安全生产责任。

4.11.1 编制或修订工艺文件,工艺技术指标必须符合安全生产的要求,并经常督促检查执行。

4.11.2 组织对各生产车间操作者的工艺技术和产品安全培训。

4.11.3 负责贯彻工艺纪律管理规定,经常检查工艺纪律执行情况,及时纠正存在问题。

4.11.4 负责组织工艺技术方面的安全检查，及时改进技术问题。

4.11.5 开展安全技术研究工作，积极采用先进技术和安全设施。

4.11.6 协助总工程师进行安全隐患的分析和安全事故的调查处理，制定整改技术方案。

4.11.7 负责对本部门管理范围内的安全隐患、危险因素、危险源的识别排查和隐患整改，并报公司安全生产委员会备案。

4.12 财务部安全生产责任。

4.12.1 按国家有关规定提取安全环保工作费用，专项用于安全环保工作，并建立安全费用专用账。

4.12.2 负责监督劳动保护用品及职业病防治费用的合理使用。

4.12.3 负责安全隐患整改所需材料费用的支出和审查。

4.12.4 负责符合国家、省、市有关标准和规定的设备、配件、劳动保护用品等费用的支出和审查。

4.12.5 负责对本部门管理范围内的安全隐患、危险因素、危险源的识别排查和隐患整改，并报公司安全生产委员会备案。

4.13 物流部安全生产责任。

4.13.1 按计划及时供应安全生产所需的设备、材料。

4.13.2 负责各类劳动防护用品的采购。

4.13.3 加强对购入设备、配件、原材料及各类劳保用品的质量管理，保证所购物资的安全可靠性能符合国家标准和公司要求。

4.13.4 按规定做好各类库存物品的安全管理，特别是易燃易爆、危险化学品的管理，预防安全事故的发生。

4.13.5 做好物流车辆的安全管理，定期检测和保养，做好货车驾驶员的安全教育工作。

4.13.6 负责对本部门内的安全隐患、危险因素、危险源的识别排查和隐患整改，并报公司安全环保部备案。

4.14 质量部安全生产责任。

4.14.1 组织、指导、督促本部门遵守安全生产的法律、法规和安全生产规章制度。

4.14.2 熟悉安全生产技术措施，监督生产安全保障措施。

4.14.3 严格监督检查入厂物资的质量、型号、规格等，检查是否满足技术要求。

4.14.4 对产品在生产过程中进行检查、监督，防止产品不合格的发生。

4.14.5 配合总工程师进行质量安全事故分析，及时写出分析报告和处理意见。

4.14.6 负责对检验人员进行安全教育，要求检验人员遵守车间、部门的各项安全管理制度，确保安全生产。

4.14.7 负责安全试验，做好实验室安全管理工作，安全保管和使用化学试剂，严格遵守试验设备安全操作规程。

4.14.8 发现安全隐患，立即通知安全员或相关责任人，有权责令停止生产。

4.14.9 负责对本部门内的安全隐患、危险因素、危险源的识别排查和隐患整改，并报公司安全环保部备案。

4.15 非生产岗位安全责任。

4.15.1 积极参加公司组织的安全生产知识的学习活动，增强安全生产观念和意识。

4.15.2 遵守国家、地方的有关安全生产法律、法规，劳动纪律和企业的规章制度。

4.15.3 操作设备时，严格遵守安全操作规程。

4.15.4 发现安全生产中的隐患，及时向企业有关负责人反映。

4.15.5 进入车间做好防护措施，正确使用劳保用品，遵守车间安全管理规定。

4.15.6 对所履行的岗位职责，因未执行安全操作规程、违章违纪、失职、渎职所造成的安全事故负主要责任。

10.5 危险废物管理制度

根据《中华人民共和国固体废物污染环境防治法》的定义，危险废物是指列入国家危险废物名录或者根据国家规定的危险废物鉴别标准和鉴别方法认定的具有危险特性的废物。随着工业的发展，工业生产过程排放的危险废物日益增多，据估计，全世界每年的危险废物产生量为3.3亿吨。危险废物对人类的危险相当大，主要体现在以下方面。

1) 破坏生态环境。危险废物在雨水、地下水的长期渗透、扩散作用下，会严重污染水体和土壤。

2) 影响人类健康。危险废物通过摄入、吸入、皮肤吸收、眼接触而引起毒害，或引起燃烧、爆炸等危险性事件；长期接触或重复接触危险废物可能导致慢性中毒、致癌、致畸、致变等危害。

3) 制约可持续发展。危险废物不处理或不规范处理处置所带来的大气、水源、土壤等的污染将对国家、人类的可持续发展产生严重影响。

可见危险废物的治理势在必行。工业企业对危险废物污染防治也成为一项非常关键和必需的政治和人道任务。

以下是一个危险废物污染防治责任制度示例。

例 GS-MS10-05：危险废物污染防治责任制度

1. 目的

为贯彻执行《中华人民共和国环境保护法》《中华人民共和国固体废物污染环境防

治法》及有关法律、法规，预防危险废物污染，保护环境，特制定本制度。

2. 范围

适用于公司的危险废物管理。

3. 职责

3.1 公司总经理为危险废物防治工作的第一负责人，对公司环境保护工作负全面的领导责任。

3.2 危险废物污染防治工作领导小组是公司各项环境保护工作的决策、监督和协调组织。

3.3 综合管理部为危险废物污染防治工作的归口管理部门，负责日常危险废物处理的管理。

3.4 各部门是危险废物防治工作的执行单位，对各自的危险废物防治负责。

4. 内容与要求

4.1 设置以总经理为首、各部门领导组成的危险废物污染防治工作领导小组：

组长：总经理

副组长：

成员：

4.2 遵循环境保护"预防为主，防治结合"的工作方针和"三同步"原则，做到生产建设与保护环境同步规划、同步实施、同步发展，实现经济效益、社会效益和环境效益的有机统一。

4.3 按照"管生产必须管环保"的原则，生产部、各车间是公司危险废物污染防治工作的主要责任部门；各部室必须把危险废物污染防治工作纳入本部门管理工作中。

4.4 各部门必须严格遵守国家和地方人民政府颁布的环境保护法律、法规、标准和要求，积极参加与公司环境保护有关的环境保护工程项目建设，并接受危险废物污染防治工作领导小组和综合管理部分管领导的指导和监督。

4.5 公司员工应自觉遵守国家、地方和公司的各项环境保护法规、制度，保证环境保护设施正常使用，减少生产过程中危险废物的排放。

4.6 生产生活产生的危险废物的收集、贮存、转移、处置必须遵守国家和公司的有关规定。

4.6.1 设定危险废物存放区域并进行分类，做好标识。

4.6.2 危险废物的收集、贮存、转移必须使用符合标准的容器和包装物。

4.6.3 危险废物的容器和包装物以及收集、贮存、转移危险废物的设施、场所，必须设置危险废物识别标志。

4.6.4 禁止向危险废物存放区以外的环境中倾倒、堆放危险废物。

4.6.5 禁止将危险废物混入非危险废物中。

4.7 产生危险废物的部门按公司《危险废物出入库管理制度》办理危险废物入库，由综合管理部按规定统一办理危险废物的转出。

4.8 公司制定危险废物污染事故预防措施和应急预案,定期进行事故演练。发生危险废物污染事故或其他突发性事件,公司按应急预案消除或减轻对环境的污染危害,及时通知可能受到危害的单位和个人,并及时向事故发生地环境保护行政主管部门报告,接受调查处理。

4.9 根据公司生产实际情况,综合管理部应密切配合生产部门安全、有效地处理好危险废物的回收与排放,杜绝环境污染事故的发生。

4.10 对于新建、扩建、改建工程项目,公司应严格遵循《中华人民共和国环境影响评价法》和"三同步"原则,以及国家和地方政府最新的相关法规,严格把关,防止新污染源生产。

4.11 综合管理部负责建立健全公司环境保护网络、档案,专人负责各类环境保护统计工作,做好环境保护资料的收集、整理和存档,促进环境保护工作良好进行。

4.12 按国家相关政策和要求,公司对节能减排和环境保护工作成绩显著的单位和个人进行表彰和奖励;对违反规定,造成环境污染事故的单位和个人,视情节轻重,追究其相关责任。

5. 相关文件、表单

危险废物出入库管理制度。

10.6 危险废物仓库管理制度

危险废物产生后到转移前,其存贮、出入库的管理是防止危险废物污染环境、预防危险发生的重要一环。工业企业一般会单独设置危险废物存放库,区分和隔离危险废物,并设有专人进行管理,为规范危险废物的入库、出库和存贮,制定相关的危险废物仓库管理制度。

以下是一个危险废物出入库管理规定示例。

例 GS-MS10-06: 危险废物出入库管理规定

1. 目的

为在生产经营过程中,规范危险废物的出入库和存贮,预防危险废物污染,保护环境,加强危险废物的管理,特制定本制度。

2. 范围

适用于公司危险废物的入库、出库管理。

3. 职责

3.1 综合管理部为本制度的归口管理部门,负责危废库的管理、危废物的申报与处置。

3.2 生产部负责危险废物的收集、预处理、入库。

4. 内容与要求

4.1 各生产车间对生产过程中产生的危险废物必须按技术要求进行妥善收集、分类后，进行预处理。

4.2 各生产车间填写《内部危险废物入库单》，经生产部长确认签字。

4.3 各生产车间每班在交接班时，持《内部危险废物入库单》将预处理好的危险废物转运到危险废物库。

4.4 危险废物库管理员认真核对、称量，确认《内部危险废物入库单》填报的内容与实际一致时，在《内部危险废物入库单》上签字，并留第二联备查。

4.5 各生产车间入库人员将危险废物按类别倒入相应的桶内，或堆放在相应区域。

4.6 综合管理部危险废物管理员定期按国家和省市法规对入库的危险废物进行报批与处置，填写《危险废物转移联单》，办理危险废物的转移出库，并在"固体废物管理信息系统"上登记转移计划和电子转移联单。

4.7 危险废物库管理员按《危险废物转移联单》办理出库，其他情况一律不得办理出库手续。

4.8 危险废物出入库时，危废库管理员及时在《危险废物出入库登记表》上登记。

4.9 危险废物库必须保持分类、有序摆放，并做好标识，做到账、卡、物一致。

4.10 危险废物库管理员做到每天最少一次的危险废物检查，当危险废物泄漏或发生其他危险情况时，应及时处理，必须时启动应急预案。

5. 相关文件、表单

5.1 内部危险废物入库单。

5.2 危险废物转移联单。

5.3 危险废物出入库登记表。

附件1：内部危险废物入库单

内部危险废物入库单

日期：　　　　　　　　　　车间：　　　　　　　　　　编号：

序号	类别	代码	名称	物理状态	存放区号	容器	容器数量	重量/kg

经手人：　　　　　　　　　审批：　　　　　　　　　仓库管理员：

附件2：危险废物出入库登记表

危险废物出入库登记表

月	日	摘要	入	出	结存	经办人	备注

参考文献

[1] 孙科柳，邵帅. 生产绩效管理实操手册 [M]. 北京：中国电力出版社，2014.
[2] 张孝桐. 设备点检管理手册 [M]. 北京：机械工业出版社，2013.
[3] 王海军. 产品质量先期策划（APQP）实用指南 [M]. 北京：机械工业出版社，2018.
[4] 王海军. 生产件批准程序（PPAP）实用指南 [M]. 北京：机械工业出版社，2020.
[5] 杨吉华，严凡高. 中小企业必备管理制度与表格 [M]. 北京：化学工业出版社，2010.
[6] 全国质量管理和质量保证标准化技术委员会（SAC/TC 151）. 质量管理体系 要求：GB/T 19001—2016 [S]. 北京：中国标准出版社，2016.
[7] 国家标准化管理委员会. 职业健康安全管理体系 要求及使用指南：GB/T 45001—2020 [S]. 北京：中国标准出版社，2020.
[8] 全国环境管理标准化技术委员会（SAC/TC 207）. 环境管理体系 要求及使用指南：GB/T 24001—2016 [S]. 北京：中国标准出版社，2016.
[9] 杨霞. 文件管理规程与案例 [M]. 北京：北京大学出版社，2014.
[10] 柴邦衡，刘晓论. 制造过程管理 [M]. 北京：机械工业出版社，2006.
[11] 王海军. 控制计划在汽车制造企业的应用 [J]. 中国认证认可，2016（10）：28-30.
[12] 王海军. 生产件批准程序（PPAP）的应用与实施 [J]. 质量春秋，2017（6）：15-20.
[13] 戴作辉. 提案改善：成本领先战略的助燃剂 [M]. 北京：经济管理出版社，2015.
[14] 全国质量管理和质量保证标准化技术委员会. 质量管理体系文件指南：GB/T 19023—2003 [S]. 北京：中国标准出版社，2003.